국민 요리샘 이보은의 실패 없는 요리 비결

한국인이 즐겨찾는
매일 레시피

국민 요리샘 이보은의 실패 없는 요리 비결

한국인이 즐겨찾는
매일 레시피

펴낸날 초판 1쇄 2013년 1월 5일 | 초판 2쇄 2013년 1월 25일

지은이 이보은

펴낸이 임호준
이사 이동혁
편집장 김소중
책임 편집 권지숙 | **편집** 윤은숙 장재순 나정애 김영혜
디자인 이지선 왕윤경 | **마케팅** 강진수 이유빈 김찬완
경영지원 김의준 나은혜 박석호 | **e-비즈** 표형원 공명식 최승진

사진 조은선 신은혜 | **표지 일러스트** 장영수
요리어시스턴트 손정연 최수연 김민정 최송이 최지수 박수진 이혜진
인쇄 자윤프린팅

펴낸곳 비타북스 | **발행처** ㈜헬스조선 | **출판등록** 제2-4324호 2006년 1월 12일
주소 서울특별시 중구 태평로1가 61 | **전화** (02) 724-7676 | **팩스** (02) 722-9339
홈페이지 www.vita-books.co.kr | **블로그** blog.naver.com/vita_books

ⓒ 이보은, 2013

이 책은 저작권법에 따라 보호를 받는 저작물이므로 무단 전재와 무단 복제를 금지하며,
이 책 내용의 전부 또는 일부를 이용하려면 반드시 저작권자와 ㈜헬스조선의 서면 동의를 받아야 합니다.
책값은 뒤표지에 있습니다. 잘못된 책은 바꾸어 드립니다.

ISBN 978-89-93357-93-6   13590

Prologue

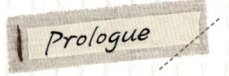

요리 궁금증, 무엇이든 물어보세요.

몇 해 전인가요?
제게 1년 넘게 요리를 배웠던 대학원생 친구가 결혼을 한다는 소식에
함께 수업에 참여했던 팀들이 모두 모인 적이 있어요.
결혼하는 친구에게 제가 만든 요리책 몇 권을 선물로 줬더니
무언가를 주섬주섬 꺼내서 제게 보여주며 이게 뭔지 아냐고 묻더군요.
그것은 빨간색, 파란색 글씨가 꼼꼼하게 쓰인,
제게 배운 요리 레시피가 적힌 공책이었어요.
그 공책을 묶어 나만의 요리책으로 보고 있다며,
선생님 수업이야말로 꼼꼼한 노하우가 가득해 놓칠 수가 없다고 하더라고요.
기본적인 콩나물 삶기에서부터 손님 초대를 위한 일품 메뉴까지,
1년 넘게 배운 수업이 요리에 자신감을 불어넣어주었다고,
예비 남편의 기대도 무척 크다고 자랑 아닌 자랑이 이어졌다지요.
이 흐뭇한 만남으로 저는 요리에 대해 굉장한 자부심과 함께 사명감이 느껴졌습니다.

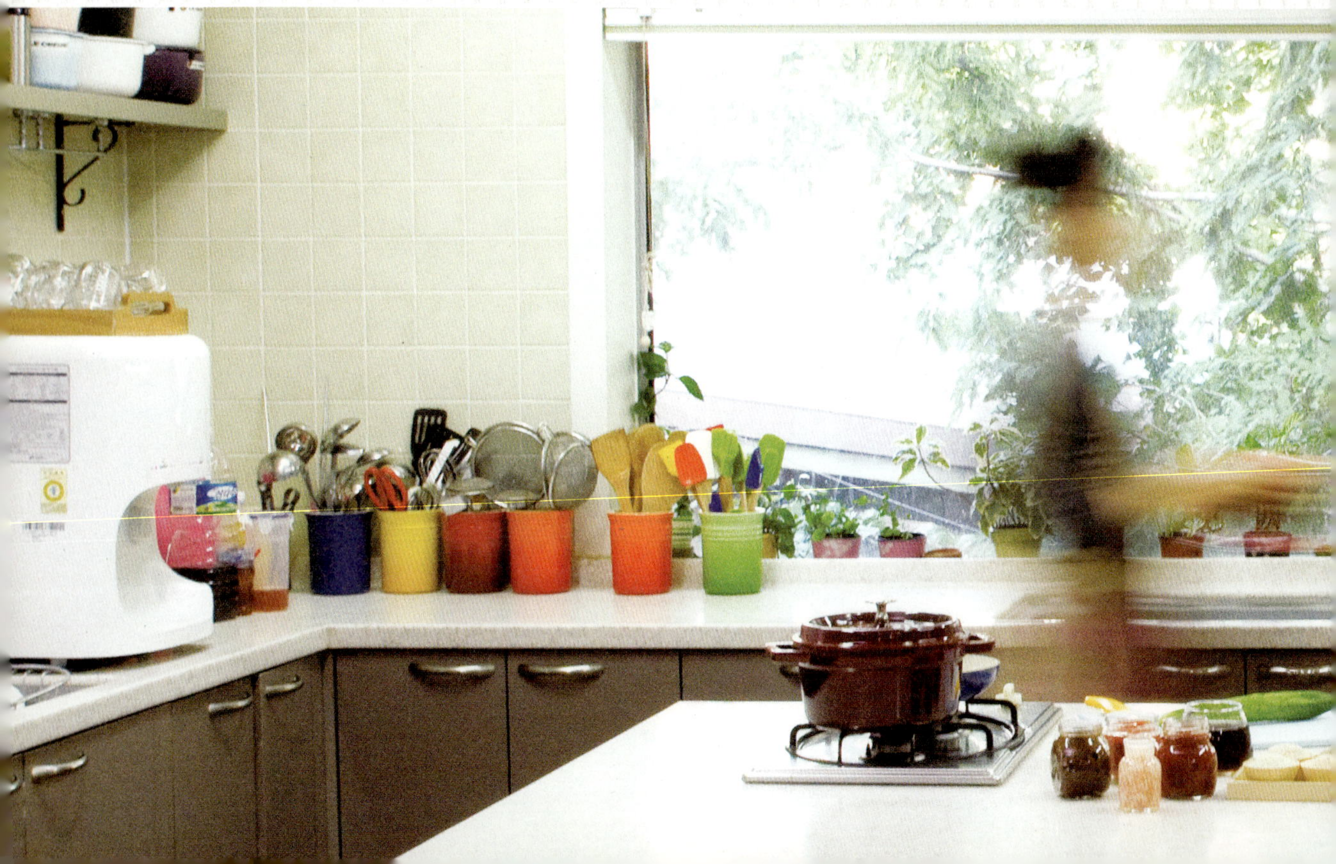

그래서 이 책, 《한국인이 즐겨찾는 매일 레시피》를 엮게 되었어요.
제게 요리를 배운 분들, 그리고 앞으로 배울 분들…
더 많은 분들에게 제 요리의 노하우를 알려드리고 싶어서요.
싱싱한 재료를 고르는 법에서부터 고수들이 즐겨 쓰는 요리 비법까지 차근차근 정리했고,
국, 찌개, 밑반찬, 한 그릇 요리, 별미 요리로 구분해서
한국 사람이 좋아하고 즐겨찾는 요리 190가지를 한 권에 담았어요.
요리를 하다가 생기는 궁금증과 실수의 원인을 포털사이트에서 검색하는 분들,
레시피가 이미 익숙하지만 조금만 더 욕심내서 색다른 요리로 응용해보고 싶은 분들,
이 모든 분들에게 친정언니처럼 자세하고 친절하게 《한국인이 즐겨찾는 매일 레시피》에서 알려드릴게요.
요리 궁금증을 한 번에 풀어주는, 백과사전과 같은 이 책을 보면서
재미있는 요리의 세계에 푹 빠져보시기 바랍니다.

따스한 햇살이 좋은 창가에서
요리연구가 이보은

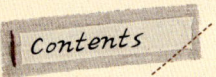

냉장고에 꼭 갖춰야 하는 기본 식재료 …012
주방에 꼭 필요한 시판 양념 …026
요리 고수의 홈메이드 양념장 …028
빠르고 정확한 맛 비결, 계량법 …029

PART 1
뜨끈하고 넉넉해서 빠질 수 없는
국·탕

다양한 기본 국물 만들기
국물별 맛내기 비법
오래 두고 먹는 국물 보관법

쇠고기미역국 …036
새알심미역국 …037
우거지갈비된장국 …038
오징어뭇국 …040
북엇국 …042
황태진국 …043
무굴국 …044
배추마른새웃국 …046
아욱멸치된장국 …048
시금치된장국 …050
김치콩나물해장국 …051
고구마순고추장국 …052
순두부감잣국 …053
연두부조갯국 …054
오이미역냉국 …056

오이지냉국 …058
가지냉국 …059
쇠고기육개장 …060
갈비탕 …062
장터곰탕 …063
쇠고기숙주탕 …064
된장삼계탕 …065
동태매운탕 …066
우럭속풀이탕 …068
연포탕 …070
꽃게탕 …071
대하매운탕 …072
알탕 …074
어묵탕 …076
단호박조개부추탕 …077

 **PART 2** 얼큰하고 깊은 맛으로 입맛 돋우는
찌개·전골·찜

국물 맛 업그레이드하는 홈메이드 조미료
국물과 재료 모두 살리는, 찌개와 찜 비법

- 쇠고기버섯찌개 …084
- 돼지고기두부찌개 …085
- 차돌박이채소장찌개 …086
- 오징어섞어찌개 …088
- 조기콩나물찌개 …089
- 생태수제비찌개 …090
- 미더덕부추된장찌개 …092
- 애호박고추장찌개 …093
- 청양고추강된장찌개 …094
- 달걀순두부찌개 …095
- 참치김치찌개 …096
- 어묵스팸김치찌개 …097
- 돼지고기묵은지전골 …098
- 닭가슴살배추말이전골 …100
- 흰살생선전전골 …102
- 두부샌드전골 …104
- 고등어배추양념찜 …106
- 흰살생선미나리두부찜 …107
- 표고버섯완자찜 …108
- 북어찜 …110
- 모시조개풋고추찜 …112
- 단호박들깨부추찜 …113
- 마늘된장두부찜 …114
- 꽈리고추찜 …115

PART 3 다양하게 한 상 가득 차리는 매일 반찬

매일 반찬의 기본, 볶음과 조림 비법
매일 반찬을 풍부하게 하는 무침과 김치 비법

옛날불고기 …122
쇠고기장조림 …124
돼지고기김치볶음 …126
양파제육볶음 …128
오겹살주물럭 …130
간장게장 …131
고등어무조림 …132
김치팬볶음 …134
양배추베이컨볶음 …135
비엔나파프리카볶음 …136
말린애호박들기름볶음 …137
브로콜리아몬드볶음 …138
브로콜리보리새우볶음 …139
어묵오징어채볶음 …140
잔멸치꽈리고추볶음 …141
감자채볶음 …142
마늘종홍새우볶음 …143
피망양파볶음 …144
우엉마늘채볶음 …145
미역줄기볶음 …146
호두가지볶음 …147
김치떡볶음 …148
새우살동그랑땡 …149
멸치어묵조림 …150
두부조림 …151
메추리알감자조림 …152
단호박조림 …153
우엉호두조림 …154
조기구이 …155
더덕구이 …156
두부무채무침 …158

얼갈이된장무침 …159
우거지지짐이 …160
열무고추장무침 …162
미나리무침 …163
콩나물무침 …164
시금치무침 …165
오이파래무침 …166
김무침 …167
도토리묵무침 …168
부추양파무침 …169
무장아찌무침 …170
배추김치 …172
깍두기 …175
깻잎김치 …176
배추겉절이 …177
오이부추소박이 …178
부추김치 …180
즉석나박김치 …182
무생채 …183
우엉장아찌 …184
마늘종피클 …185
파프리카피클 …186
가지나물 …187
들깨즙취나물 …188
숙주나물 …189
달걀찜 …190
청양고추달걀말이 …192
다시마튀각 …194
미역자반 …195
검은콩자반 …196
두부강정 …197

PART 4 간편하고 든든하게 한 끼 해결
한 그릇 요리

한 그릇 요리의 기본, 맛있는 밥 짓기
탱탱한 면 삶기 비법
먹기 좋고 보기 좋은, 고명 비법

오므라이스 …204
카레라이스 …206
김치볶음밥 …208
열무새우볶음밥 …210
피망 속 볶음밥구이 …212
콩나물주꾸미볶음밥 …214
고추잡채덮밥 …215
마파두부덮밥 …216
가지불고기덮밥 …217
단호박수수밥 …218
얼큰이굴밥 …219
도토리묵밥 …220
양파돈부리 …221
김치알밥 …222
쌈밥 …224
캘리포니아롤 …226
샐러드김밥 …228
참치고추장 삼각주먹밥 …230
멸치주먹밥 …232
우엉유부초밥 …233
떡국 …234

애호박빡빡수제비 …236
바지락칼국수 …238
물냉면 …240
콩국수 …241
오이비빔면 …242
콩나물쫄면 …243
열무김치말이국수 …244
메밀냉국수 …246
야끼우동 …248
쌀국수 자장면 …249
싱가포르식 쌀국수볶음 …250
토마토쿨파스타 …252
해장북어죽 …254
전복죽 …255
쇠고기장국죽 …256
닭가슴살흰죽 …257
연두부호두죽 …258
단호박죽 …259
채소크림수프 …260
표고버섯수프 …262
감자콘우유수프 …263

 **PART 5** 평범한 날도 특별하게 만드는
별미 요리

맛있는 샐러드 비결, 베스트 드레싱
실패 없는 튀김과 부침 비법

- 탕수육 …270
- 닭볶음탕 …272
- 찜닭 …274
- 저수분수육보쌈 …276
- 매운고추갈비찜 …278
- 고추장양념해물불고기 …280
- 오징어찰밥김치순대 …282
- 잡채 …284
- 북어포골뱅이무침 …287
- 해물누룽지탕 …288
- 닭꼬치스끼야끼 …290
- 닭봉찜 …292
- 연어 봉지 스테이크 …293
- 히레가스 …294
- 치킨도리아 …296
- 탄두리커리 & 차파티 …297

- 모차렐라파프리카 파스타 …298
- 닭다리허브구이 …299
- 버섯프라이 …300
- 궁중떡볶이 …302
- 라볶이 …304
- 숙주만두 …305
- 동태전 …306
- 부추전 …308
- 메밀찹쌀배추전 …309
- 옥수수빠스 …310
- 단호박맛탕 …311
- 스콘 & 밀크티 …312
- 포토퓨 …314
- 파프리카소스 그린샐러드 …315
- 구운가지 새우샐러드 …316
- 호두드레싱 바나나샐러드 …317

★ 이 책에 나오는 모든 레시피는 3~4인분 기준으로 작성되었습니다.
　단, PART 4의 죽과 수프는 2~3인분 기준으로 작성되었습니다.
★ 레시피의 카놀라유는 동량의 식용유로 대체 가능합니다.
★ 레시피의 옅은 소금물은 물 1컵에 소금 1작은술 비율입니다.

냉장고에 꼭 갖춰야 하는 기본 식재료

장을 볼 때면 구입 목록에서 빠지지 않는 식재료들이 있죠. 자주 사용하는 식재료일수록 품질 좋은 것으로 제대로 조리하고, 남은 재료는 싱싱하게 보관하세요. 가장 자주 사용하는 식재료에 대한 정보를 알려드릴테니 우리 집 식탁을 더욱 신선하게 만드세요.

육류

돼지고기

돼지고기

고르기
- 엷은 핑크색이 가장 질이 좋으니 색을 잘 보고 구입하세요.
- 근육은 결이 곱고 탄력이 있고, 지방은 흐물거리지 않고 끈기 있는 것이 좋아요.

누린내 제거
- 볶음이나 구이를 할 때는 청주와 생강, 양파, 매운 고추 등을 넣어서 양념하세요.
- 편육을 할 때에는 생강, 대파잎을 넣어서 삶거나 물에 된장, 커피, 녹차잎 등을 넣어서 삶으세요.
- 튀김을 할 때에는 생강가루, 마늘가루를 뿌리세요.

육질 연하게 하는 법
- 양파즙, 파인애플즙, 사과즙, 배즙 등을 넣어 양념하세요.
- 고기망치로 두드리거나 칼로 근육을 끊어내기도 해요.

양념하는 법
구이용 양념을 할 때에는 양념장을 먼저 만들어 양념장이 충분히 섞인 뒤 고기를 넣고 재워야 고기에 간이 잘 배고 고기가 연해져요. 그리고 양념에 고춧가루를 너무 많이 넣으면 고기가 쉽게 타고 텁텁한 맛이 나요. 맵게 먹고 싶다면 고추기름을 넣거나 청양고추를 잘게 다져 넣는 게 좋아요.

보관법
5℃ 이하의 저온에서 보관하며, 밀봉하지 않으면 쉽게 변질되니 밀폐용기나 랩으로 싸서 보관하세요. 냉장 보관은 2~4일 이상 보관 기일을 넘기지 않도록 하고, 냉동한 고기를 해동할 때에는 저온에서 서서히 해동시키고 일단 해동시킨 고기는 다시 얼리지 않도록 하세요.

쇠고기

고르기
- 구이용은 마블링이 잘잘하게 많이 들어가 있어야 고기가 연하고 맛이 좋아요.
- 전골용은 색이 선홍색이면서 지방이 많은 것을 골라야 기름지지 않고 국물이 감칠맛 나면서 담백해요.
- 장조림용은 지방이 많이 낀 것, 고기가 너무 두툼해서 질겨 보이는 것은 피하세요.
- 사골국물용 사골은 자른 단면에 비치는 빛깔을 자세히 살펴보고 손으로 꼭꼭 눌러보는 것이 좋아요. 빛깔이 거무스레하거나 무르면 오래된 것이므로 무조건 피하고, 속이 꽉 차 있고 흰빛이나 분홍빛을 띠며 눌러봤을 때 단단한 것이 좋아요.

조리 및 손질법
쇠고기는 핏물만 잘 빼주어도 돼지고기보다 누린내가 덜해요. 종이타월에 고기를 올리고 손바닥으로 두드려 핏물이 완전하게 배어나오게 한 뒤 조리하는 것이 좋아요. 그리고 통후추를 곱게 빻아 뿌리거나 말린 파슬리 또는 바질 등의 향신료를 뿌려도 누린내가 없어지고 맛이 좋아요.

보관법
- 다짐육은 종이타월로 감싸 랩으로 싸서 냉동 보관하세요.
- 양지머리, 사태, 등심은 한 번 먹을 분량씩 랩으로 싸서 지퍼백에 넣어 보관해요.
- 불고기감은 미리 밑간해서 랩으로 싼 뒤 밀폐용기에 넣어 보관하면 해동 과정 없이 바로 조리할 수 있어요.

닭고기

고르기
- 손으로 만져보아 탄력이 있고 촉촉한 정도의 수분이 있는 것이 좋아요.
- 색이 연한 분홍빛이고 투명하며, 겉껍질에 도톨도톨한 돌기가 많이 돋아 있는 것이 좋아요.
- 살이 두툼하고 푹신한 것이 좋고, 닭 껍질을 들어보아 기름이 많이 낀 것은 피하세요.
- 껍질에 주름이 있거나 살집이 축 늘어진 닭은 피하세요.

조리 및 손질법
- 필요 이상의 지방은 미리 떼어내고 조리하세요. 특히, 냄새가 심한 항문 주위의 지방은 가위로 잘라내세요.
- 우유에 20분 정도 담가두면 우유가 나쁜 냄새를 말끔하게 없애줘요.
- 닭육수를 낼 때는 향신채를 듬뿍 넣거나 통후추, 청주 등을 넣어 누린내를 없애서 끓이도록 하세요.
- 튀길 때에는 밑간을 충분히 해줘야 잡내나 누린내가 없는데, 다진 마늘과 생강, 맛술, 소금, 후춧가루, 녹말가루를 넣고 고루 섞어서 밑간에 사용하세요. 또는 튀김옷에 카레가루나 녹차가루를 섞기도 해요.

보관법
닭가슴살은 겉면이 마르지 않게 랩으로 감싼 뒤 냉동 보관하고, 닭다리살, 닭봉, 닭날개 등 부위별로 나눠 냉동실의 냄새가 배지 않도록 랩으로 감싸서 보관해요.

해산물

고등어

🖉 고르기
푸른색이 선명하고 손으로 눌렀을 때 탄력이 있는 것, 눈이 선명하고 툭 튀어나온 듯한 것이 신선해요.

🖉 조리 및 손질법
1. 비늘을 벗기고 머리와 꼬리, 내장을 없애 소금을 뿌린 것으로 구입하세요. 조리 용도에 알맞게 잘라오면 더욱 편해요(조림이나 찜은 어슷하게 작게 토막 내는 것이 좋고, 구이는 배를 갈라 등뼈를 제거한 뒤 두껍게 포를 떠서 구입하세요).
2. 고등어를 옅은 소금물에 두 차례 정도 씻은 뒤 종이타월에 올려 물기를 완전히 닦아주세요.
3. 조림이나 찜용은 양념을 뿌려 밑간을 충분하게 하세요. 구이용일 때에는 소금, 후춧가루, 생강즙이나 청주를 뿌려 밑간한 뒤 조리하세요.

🖉 보관법
고등어는 되도록 바로바로 먹는 것이 좋아요. 조리하고 한 토막 정도 남게 되면, 배를 갈라 소금을 뿌려 절인 뒤 랩으로 감싸 냉장고 신선실에 보관했다가 바로 조리하세요.

조기

🖉 고르기
외형상 머리가 떨어지지 않고 비늘의 크기가 고르고 일정한 것이 좋아요. 살이 통통하고 길이가 고르고 비린 냄새가 심하지 않은 것으로 고르세요.

🖉 조리 및 손질법
1. 조기는 칼로 꼬리에서 머리 쪽으로, 즉 비늘 반대 방향으로 비늘을 긁어낸 뒤 옅은 소금물에 흔들어 씻어요.
2. 씻은 조기를 서로 달라붙지 않도록 한 마리씩 띄엄띄엄 채반에 올리고 소금을 뿌려 1시간 이상 꾸덕하게 말리세요. 그래야 살에 탄력이 생겨 부서지지 않아요.
3. 조기를 튀길 때에는 찹쌀가루, 밀가루, 튀김가루 등에 골고루 튀김옷을 입혀 튀기고, 조기를 찜하거나 조릴 때에는 미리 양념을 발라 재워주세요.

🖉 보관법
비늘을 긁어내고 씻어서 채반에 올려 꾸덕하게 말린 뒤 서너 마리씩 지퍼백에 넣어 냉동 보관하세요.

오징어

고르기
오징어는 살이 도톰하고 탄력 있으며, 껍질에 윤기가 많이 나는 것으로 고르세요. 오징어의 길이가 지나치게 긴 것보다는 몸통과 다리 길이가 같은 것으로 골라야 맛있어요.

조리 및 손질법
1. 오징어는 배를 가르고 내장과 먹물을 없앤 다음 소금을 뿌린 것으로 구입하세요.
2. 오징어 몸통은 굵은 소금으로 비벼서 껍질을 벗기고, 다리에 붙은 흡반 역시 굵은 소금으로 훑어가면서 없앤 뒤 옅은 소금물에 몸통과 다리를 흔들어 깨끗이 씻으세요.
3. 오징어는 몸통 안쪽에 칼집을 넣어 적당한 크기로 썰고 다리도 칼집을 약간씩 넣어서 원하는 길이보다 약간 길게 써는 것이 좋아요.
4. 오징어는 따로 밑간하지 않는데, 단 튀김 요리에만 우유나 우스터소스, 카레가루 등으로 밑간을 해요.

보관법
해물은 되도록 장시간 보관하지 않고 바로 먹는 것이 좋지만, 부득이하게 보관해야 한다면 손질을 다 마친 뒤 볶음, 탕 등 조리 용도에 맞게 썰어 랩으로 싸서 냉동 보관하세요. 조리할 때 해동 없이 바로 조리해야 싱싱하게 먹을 수 있어요.

낙지

고르기
머리와 다리가 흐물거리지 않고 탄력이 좋은 것, 색이 선명하고 흡반에 뻘이 많이 차 있는 것이 신선해요.

조리 및 손질법
1. 낙지는 모양 그대로 구입해서 머리 쪽을 뒤집어 내장과 몸통 쪽의 먹물을 가위로 잘라 내요.
2. 굵은 소금을 뿌려 거품이 나오지 않을 때까지 바락바락 주물러 씻어요.
3. ❷의 낙지 살이 탱글거리면 물에 두 번 정도 씻고 물기를 제거해요.
4. 낙지는 칼집을 넣지 않고 먹기 좋은 크기로 썰어야 익혔을 때 모양이 살아요.

보관법
낙지 역시 냉동시키지 않고 그대로 먹어야 제맛이지만, 혹시 남았을 경우 손질을 마친 뒤 먹기 좋은 크기로 썰어 랩으로 싸서 냉동시켜요. 이때, 먹물과 내장을 말끔히 없애야 상하지 않아요.

오징어

낙지

꽃게

고르기

- 게의 배 쪽을 보면 아래에서 가슴 쪽으로 삼각형 모양의 딱지가 있는데, 가늘고 뾰족한 것이 수게이고 넓고 둥근 것이 암게예요. 여름철 게는 수게가 대부분이지만 날이 추워지기 시작하는 가을에는 알이 가득 찬 암게가 맛이 좋아요. 살을 선호하면 수게를, 알을 선호하면 암게를 고르세요.
- 게를 들어봤을 때 가벼운 것보다는 몸이 단단하고 무게가 느껴지는 것이 속살이 많아요. 수게의 경우 꼬리가 삼각형으로 뾰족한 것, 암게는 꼬리의 끝만 뾰족하고 등 모양은 둥근 것이 맛있어요.
- 게는 부패하기 쉽고 세균성 식중독을 일으킬 수 있으므로 꼭 살아 있는 것을 구입하거나 구입한 뒤 바로 조리하는 것이 좋아요.

조리 및 손질법

1. 꽃게는 흐르는 물에서 큰 솔로 구석구석 씻어야 해요. 특히 등딱지와 배, 다리에는 모래와 이물질이 많으니 신경 써서 잘 닦고 씻은 뒤에는 물기를 닦아주세요.
2. 가위로 꼬리 부분과 먹을 수 없는 다리 끝부분을 깨끗하게 다듬고 등딱지를 떼어낸 뒤 몸통 위쪽으로 삐죽 튀어나온 게의 입을 잘라내세요.
3. 등딱지를 떼어낸 뒤 하얗게 여러 겹 붙어 있는 아가미를 손으로 뜯어내고 가위로 깨끗하게 제거하세요.
4. 게의 몸통을 갈라 누런 내장을 없애세요. 내장이 흘러나오지 않고 들러붙은 것은 싱싱한 것이므로 내장을 칼로 떼어내고 꽃게를 받아놓은 물에 슬쩍 헹궈 살이 녹아내리지 않도록 주의해서 건져내세요.
5. 몸통을 자를 때에는 가위를 사용하지 않고 칼로 토막 낸 뒤 조리하세요.

보관법

남은 꽃게는 깨끗하게 손질해서 토막 낸 뒤 밀폐용기에 담아두면 1~2일 정도 보관할 수 있어요. 한 번 해동한 것은 쉽게 상하고 맛도 떨어지니 다시 냉동하지 않도록 하세요.

꽃게

새우

고르기
싱싱한 새우는 머리가 떨어지지 않고 수염과 머리 부분에 윤기가 많이 나요.

조리 및 손질법
- 구이, 튀김을 할 때에는 등 쪽 두 번째 마디를 꺾어 이쑤시개를 이용해 긴 내장을 빼낸 뒤 옅은 소금물에 흔들어 씻어요.
- 튀김을 할 때, 꼬리 쪽 삼각형 모양의 물주머니를 떼어내야 기름이 튀어 화상을 입는 사고를 방지할 수 있어요.
- 수염은 가위로 짧게 잘라주고 머리 쪽의 굵은 다리도 입안에 상처를 낼 수 있으니 가위로 잘라주는 것이 좋아요.
- 새우의 모양을 살려 손질하려면 씻을 때 소금물에 가볍게 헹궈 건져내는데, 머리와 꼬리가 떨어지지 않도록 체에 넣어서 헹궈주세요.
- 먹기 좋은 크기로 썰어서 조리할 때에는 씻은 뒤 소금을 뿌려주세요. 살이 단단해져 조리 도중에 덜 부서지고, 밑간도 되고 비린내도 제거돼요.

보관법
미리 손질해서 냉동 보관하는 것이 좋아요. 소금물에 헹궈 건진 뒤 랩으로 싸서 지퍼백에 넣어 냉동 보관하세요.

조개류

고르기
퀴퀴한 냄새가 나거나 껍데기가 부서진 것은 피하세요. 되도록 조개껍데기의 색이 짙고 묵직한 것으로 고르세요.

해감하는 법
- 소금의 양 재첩은 민물조개이므로 맹물에 담는 것이 좋아요. 나머지 조개들은 염도 3%의 옅은 소금물에 넣되, 되도록 천일염을 넣어 바닷물과 같은 염도를 맞추는 것이 좋아요.
- 그릇 해감할 때에는 법랑이나 유리그릇에 담는 것이 좋아요. 스테인리스나 코팅 된 그릇에서는 조개가 쉽게 입을 벌리지 않아요.
- 신문지 덮기 해감할 때 가장 애용하는 것이 바로 신문지인데요. 조개가 입을 벌리도록 어두운 환경을 만들어주기가 쉽기 때문이에요.

보관법
조개는 냉동 보관은 피하는 것이 좋아요. 혹시 보관할 수밖에 없을 때에는 소금을 조금 넣은 물에 담가 냉동시키세요. 몇 시간 내에 금방 조리할 거라면 냉장실에 넣어두는 게 좋아요.

채소류 및 기타 식재료

🖉 감자

🖉 고르기
알이 고르고 싹이 나지 않은 것이 싱싱해요. 그리고 묵직한 것이 달고 맛있답니다.

🖉 조리 및 손질법
- 감자는 볶거나 조릴 때 감자의 녹말 성분 때문에 타거나 눌어붙기 쉬워요. 이때는 감자를 썬 뒤 찬물에 담가 녹말기를 없앤 뒤 조리하세요.
- 감자는 껍질을 벗기고 실온에 두면 쉽게 갈변되니 조리하기 전에 찬물에 담가두세요.
- 감자를 구입해서 오래 두면 파랗게 싹이 돋아나 변색되는데, 이렇게 변색된 부분에는 독소가 있어 아린 맛이 나고 식중독을 일으킬 수 있으니 반드시 도려내고 조리하세요.

🖉 보관법
- 감자를 상온에 두면 금방 싹이 돋아요. 양이 많을 경우에는 무지 봉투에 담은 뒤 사과를 1~2개 정도 함께 넣어두면 효소작용으로 인해 쉽게 상하는 것을 막을 수 있어요.
- 손질하지 않은 감자의 양이 적을 때에는 냉장 보관하는 것이 좋은데, 습기가 생기지 않도록 종이타월에 싼 뒤 비닐에 담아 냉장 보관하세요.
- 껍질을 벗기고 썰어서 사용한 감자가 남았을 때에는 식초 몇 방울을 떨어뜨린 물에 담가 냉장 보관해야 색이 변하지 않고 상하지 않아요.

🖉 당근

🖉 고르기
- 빛깔이 선명하고 껍질이 매끈한 것으로 고르는데, 특히 붉은색이 강할수록 단맛이 많이 나요. 그리고 손에 잡았을 때 묵직한 느낌이 드는 것이 좋아요.
- 잎이 난 부분이 검게 변한 것은 오래된 것이고, 크기가 너무 큰 것은 섬유질이 억센 것이니 피하세요. 그리고 깨끗하게 손질된 것보다 검은 흙이 묻어 있는 것이 신선하고 맛도 좋아요.

🖉 조리 및 손질법
- 당근이 갖고 있는 비타민A는 기름에 볶으면 더욱 영양가가 높아지고 몸에 쉽게 흡수되니 조리할 때 기름을 충분히 사용하세요. 여기에 마늘과 마른 홍고추 등의 향신채를 넣어 볶으면 칼칼함이 우러나와 더욱 맛있게 먹을 수 있어요.
- 껍질을 벗길 때에는 칼로 벗기는 것보다 칼날로 긁어내거나 필러로 긁어내는 것이 좋아요.

🖉 보관법
당근은 수분이 마르면 단맛이 없어지니 신문지로 감싸 비닐에 담아 보관하세요.

오이

🖉 고르기
오이는 색이 짙고 가시가 붙어 있으면서 모양이 고른 것으로 골라야 씨가 없고 아삭한 질감이 살아 있어요.

🖉 조리 및 손질법
- 오이에 붙어 있는 잔가시는 물보다는 굵은 소금에 비벼가면서 씻어야 깨끗하게 씻겨요. 오돌토돌한 부분에 농약이 많이 묻어 있으니 표면을 잘 문질러 씻어주세요. 도마에 소금을 뿌리고 오이를 굴려서 씻기도 해요.
- 꼭지 부분은 쓴맛이 나니 깨끗이 잘라내고 조리하세요. 껍질 없이 오이 속만 사용할 때에는 필러를 이용해서 껍질만 얇고 말끔하게 벗기세요.
- 절이는 과정이 많은 오이는 절이는 시간과 소금이 속까지 밸 수 있도록 해주는 것이 중요해요. 오이에 소금을 뿌려서 20분 정도 지나면 위아래로 뒤섞어주고 다시 10분 정도 절이면 맛있게 절여져요.

🖉 보관법
- 랩으로 포장한 것을 그대로 냉장실에 넣어두면 오이가 물컹거리면서 곧 썩어버려요. 하나씩 신문지에 싸서 비닐에 넣어 밀봉 보관하면 1주일 이상 보관할 수 있어요.
- 수분이 많은 오이를 그대로 냉동시키면 해동했을 때 흐물거려서 사용할 수 없어요. 오이를 얇게 썰어 소금에 절인 다음 물기를 꼭 짜서 비닐에 담아 냉동시키면 맛이 조금 떨어지더라도 1개월 정도 보관할 수 있어요. 해동해서 바로 양념에 버무려 먹으면 오이의 아삭함이 살아나요.
- 오이를 씻어 사용하고 난 뒤라면, 물기를 닦고 종이타월로 2~3장 겹겹이 싼 다음 랩으로 돌돌 말아 냉장고 과일칸에 보관하세요.

오이

무

고르기

좋은 무는 색이 희고 생김새가 좋으며, 무청이 싱싱해요. 일부 덜 싱싱한 무는 일부러 무청을 제거해 판매하기도 하니 이런 것은 피하세요. 여름에 나는 무는 연하고, 가을무는 수분이 많고 단맛이 나며, 대체로 매운 무가 요리의 맛을 좋게 해요. 작고 동글한 무는 동치미에, 아래가 둥글고 퍼진 조선무는 깍두기 담그는 데 적당해요.

조리 및 손질법

- 무는 속보다 껍질에 비타민C가 풍부하므로 껍질을 벗겨내지 말고 물에 깨끗이 씻어서 사용하세요. 껍질의 흠은 도려내고 수염은 말끔하게 잘라 손질하면 돼요.
- 무를 채썰 때에는 섬유질 반대 방향으로 채썰어야 무가 쉽게 무르지 않고 썬 모양이 가지런해 보기 좋아요.

보관법

- 무는 특히 겨울철에 많이 보관해 두었다가 먹기도 하는데, 겨울무의 단맛과 수분을 그대로 유지하려면 무를 신문지로 싸서 비닐에 담아 냉장고 과일칸에 보관하거나 김치냉장고에 보관하면 오래 먹을 수 있어요.
- 무를 썰어서 조리했다가 남으면 랩으로 싸서 밀폐용기에 담아 냉장 보관하세요. 무즙을 낼 때 사용하기 좋고, 굴을 씻을 때 무즙으로 씻으면 비린 맛이 덜해서 활용하기 좋아요.
- 무를 강판에 갈아서 조리했다가 남으면 밀폐용기에 담아 냉동 보관하세요. 생선을 조릴 때 비린 맛을 없애는 용도로 쓰거나 조림장에 다시마 국물 혹은 쌀뜨물 대신 섞어서 쓰면 좋아요.

무

애호박

고르기
애호박은 도톰하면서 몸체가 고르고 윤기 있으며, 끝이 마르지 않은 것이 신선해요. 구부러졌거나 울퉁불퉁한 것은 피하세요.

조리 및 손질법
- 애호박은 부드러운 솔로 문질러 상처가 나지 않도록 한 뒤 깨끗이 씻고 꼭지를 잘라내서 사용해요.
- 애호박은 씨가 두툼하게 들어 있으면 꼭 도려내고 조리하세요. 수분이 흘러나오지 않아 요리가 깔끔하게 되고 애호박의 질감을 살릴 수 있어요. 씨를 도려내서 눈썹 모양으로 썰거나, 얇게 썰어서 소금에 살짝 절인 뒤 물기를 완전히 없애면 돼요.

보관법
- 애호박은 랩으로 싼 뒤 상처가 나지 않도록 두꺼운 비닐에 담아 냉장고 채소칸에 넣으면 오래 보관할 수 있어요.
- 사용하고 남은 애호박은 끝부분을 젖은 휴지로 감싼 뒤 신문지로 돌돌 말아 보관하면 오랫동안 신선하게 보관할 수 있어요.
- 소금에 절인 애호박이 남았을 때에는 물에 헹궈 소금기를 없앤 뒤 물기를 꼭 짜 랩으로 싸서 밀폐용기에 넣어 냉장 보관하면 다음 날이라도 국이나 찌개에 넣어 먹을 수 있어요.

가지

고르기
가지는 통통하고 길이가 짧으면서 윤기가 도는 것이 좋으며, 꼭지에 가시가 싱싱하게 돋은 것이 좋아요. 굵기가 너무 굵으면 씨가 많고 맛이 싱거워요.

조리 및 손질법
가지는 칼로 썰어 실온에 두면 색이 검게 변하기 때문에 썰고 난 뒤에는 소금을 약간 넣은 물이나 쌀뜨물에 담갔다가 조리하세요.

보관법
가지는 보관 기간이 짧은 편인데, 사용하고 남은 가지는 공기가 닿지 않도록 랩으로 싸서 신문지에 돌돌 말아 밀폐용기에 넣어서 냉장 보관하면 조금 더 보관할 수 있어요.

버섯류

1. 팽이버섯

- 색이 뽀얗고 갓이 가지런한 것이 좋고, 줄기가 너무 가느다랗거나 뿌리의 색이 변해 있는 것은 피하세요.
- 팽이버섯은 밑동을 1~2cm 자른 뒤 자른 부분을 쥐고 물에 헹궈 물기를 털어 사용하면 돼요. 전골, 찌개에 사용할 때에는 맨 나중에 넣어야 질감이 그대로 유지되어 향이 좋고 야들거려요.

2. 새송이버섯

- 육질이 부드럽고 단단하며 탄력 있는 것이 쫄깃하고 맛있어요. 특유의 향이 잘 배어나 오는 것으로 고르세요.
- 새송이버섯은 갓 부분이 떨어지지 않도록 조심해서 겉의 잡티를 떼어내거나 종이타월 로 닦아내서 용도에 맞게 썰어 사용하면 돼요. 물에 씻지 않아야 버섯의 질감이 좋고 향이 짙어요.

3. 양송이버섯

- 갓 부분이 너무 활짝 피지 않고 갓과 자루 사이가 탄탄하게 이어진 것으로 고르세요.
- 양송이버섯은 갓 부분의 껍질을 벗긴 뒤 갓 안쪽의 이물질을 물기를 꼭 짠 면보로 닦아 낸 다음 기둥을 0.2cm 정도 잘라낸 뒤 용도에 맞게 썰어 사용해요.

4. 느타리버섯

- 갓 표면에 회색빛이 옅게 돌고, 갓 안쪽 면의 모양이 탄탄하게 유지되면서 흰빛이 도 는 것이 신선해요.
- 느타리버섯은 7~8송이씩 붙어 있는데, 한 송이씩 떼어 용도에 맞게 굵게 찢거나 작은 송이 그대로 끓는 물에 데친 다음 찬물에 헹궈 물기를 짠 뒤 사용해요.

5. 표고버섯

- 갓 부분이 너무 활짝 피지 않고 주름지지 않은 것, 색이 선명하고 특유의 향이 잘 배어 나오는 것으로 고르세요.
- 생표고버섯은 기둥을 떼어내고 갓 안쪽의 이물질을 털어낸 뒤 용도에 맞게 썰어 사용 해요. 이때, 떼어낸 기둥은 버리지 말고 볶음을 하거나 국물을 낼 때 넣어서 버섯 향을 진하게 내면 좋아요.
- 마른 표고버섯은 갓이 위로 가도록 물에 담가 30분 이상 불려서 부드러워지면 기둥을 떼어내고 씻은 뒤 용도에 맞게 썰어 사용해요.

✎ 보관법

버섯류는 습기가 없도록 신문지로 싸서 냉장 보관해주세요.

콩나물

조리 및 손질법
- 콩나물의 꼬리는 너무 많이 잘라내면 영양 손실이 커져요. 꼬리 부분의 잔털만 잘라내고 씻으세요.
- 콩나물은 물을 많이 넣고 삶으면 질기고 맛이 없어요. 콩나물을 삶을 때에는 콩나물이 타지 않을 정도의 물만 부어 삶으세요. 그리고 삶는 물에 소금을 넣으면 콩나물의 수분이 빠져나와 질겨지니 소금을 넣지 마세요.

보관법
- 비닐에 담아 파는 콩나물은 진공상태가 아니면 냉장고에 넣어두어도 누렇게 변색되기 쉬워요. 구입한 즉시 깨끗이 씻어 물에 담가두고 바로 조리하는 것이 좋아요.
- 콩나물이 남았을 때에는 다듬어 씻지 않은 채로 종이타월로 싸서 검은 비닐에 담아 냉장 보관하는 것이 가장 좋아요. 콩나물은 빛을 많이 쬐면 머리 부분이 파랗게 변색되고 단백질이 파괴되니 주의하세요.
- 머리와 꼬리를 떼어 다듬은 콩나물을 보관하려면 되도록 찜기에 쪄서 물에 담가 보관해야 아삭한 질감을 유지시킬 수 있어요.

시금치

고르기
뿌리 부분이 짙은 분홍색이고 줄기부터 잎까지 짙은 초록색이 고른 것, 줄기는 억세지 않고 연한 것이 좋아요.

조리 및 손질법
- 시금치를 다듬을 때에는 뿌리 부분을 많이 도려내지 마세요. 분홍색이 도는 부분에 비타민C가 특히 많이 함유되어 있어요.
- 시금치를 깨끗이 씻으려면 흐르는 물에 두세 번 씻은 뒤 옅은 소금물에 흔들어 씻으세요. 시금치에 묻어 있는 농약 성분을 말끔하게 없앨 수 있어요.
- 시금치의 푸른색을 선명하게 살리려면 끓는 소금물에 재빨리 데쳐내세요. 줄기가 잎에 비해 굵거나 억센 것은 줄기와 잎을 나누어 따로 데치거나 줄기 부분부터 넣고 어느 정도 물러지면 잎 부분을 넣고 데쳐야 전체를 균일하게 익힐 수 있어요. 비타민C가 파괴되지 않도록 재빨리 데칠수록 좋아요.

보관법
- 시금치를 보관할 때에는 누렇게 변색된 잎을 떼어내고 신문지나 종이타월로 싸서 분무기로 물을 뿌려준 뒤 채소칸에 넣어두면 2~3일을 보관할 수 있어요. 채소칸의 온도가 너무 낮으면 얼 수 있으니 온도 조절에 유의하세요.
- 시금치를 살짝 데쳐서 찬물에 담갔다가 물기를 털어낸 뒤 한 번 먹을 분량씩 비닐팩에 넣어 냉동 보관하면 오래 두고 먹을 수 있어요.

두부

🖉 고르기
표면이 매끄럽고 모서리가 부서지지 않은 것이 좋고, 두부를 담가놓은 간수가 차고 깨끗한 것으로 고르세요. 주로 팩에 들어 있는 두부를 구입하게 되는데, 제조일자를 반드시 확인해서 유통기한이 먼 것으로 구입하세요.

🖉 조리 및 손질법
- 두부를 팩에서 꺼낼 때 시큼한 냄새가 나기도 하는데, 팩두부는 간수에 담겨 있기 때문에 약간의 쓴맛이 있어요. 신선한 두부라면 물에만 몇 번 헹궈주면 냄새가 쉽게 없어지는데, 구입한 지 하루 정도 지난 경우라면 끓는 소금물에 헹궈주세요.
- 두부를 데쳐서 먹을 때, 그냥 썰어 데치면 부서지는 경우가 많아요. 이럴 때에는 두부를 면보로 싸서 끓는 물에 넣고 데치세요. 면보가 두부 표면을 보호하는 역할을 해서 깔끔한 모양으로 단단하게 삶아져요.
- 두부는 수분이 많아 부치거나 튀길 때 기름도 많이 튀고 쉽게 부서져요. 이럴 때에는 두부를 도톰히 썰어서 채반에 올려 소금을 살짝 뿌려 두면 수분이 빠져나가요. 종이타월로 물기를 닦아내서 조리하면 돼요.

🖉 보관법
- 남은 두부는 밀폐용기에 담아 정수된 물을 붓고 소금을 약간 뿌린 뒤 뚜껑을 덮어두면 냉장고에서 3일 정도 보관가능해요. 두부는 쉽게 상하기 때문에 하루에 한 번 정도 새 물로 갈아주면 좋아요.
- 두부를 냉동 보관하면, 두부 속 수분 때문에 얼음 결정이 생겨 질기고 탄력이 없어져요. 그러나 꼭 냉동을 해야 한다면 두부를 으깨서 최대한 물기를 뺀 뒤 랩으로 싸서 보관하거나 조리 양념을 해서 냉동시키면 바로 요리에 활용할 수 있어요. 냉동했던 두부는 실온에서 해동시켜 만두소나 나물을 무칠 때 사용해요.

두부

달걀

고르기
달걀은 껍데기가 두껍고 거칠며 크기에 비해 무게가 나가는 것, 빛에 비추었을 때 내용물이 잘 들여다보이는 것으로 고르세요. 조리할 때에는 깨뜨렸을 때 노른자가 확실한 모양을 갖추었는지 확인하세요.

조리 및 손질법
- 달걀을 삶을 때에는 냉장고에서 달걀을 꺼내 실온에 30분 정도 두었다가 삶아야 급격한 온도 변화 때문에 달걀이 깨지거나 터지는 것을 방지할 수 있어요. 삶는 물에 소금과 식초를 넣는 것도 달걀을 깔끔하게 삶는 비법입니다.
- 지단을 부칠 때에는 프라이팬을 달군 뒤 부치고, 기름이 많으면 지단이 부풀어 올라 매끄럽지 못하니 적당량만 사용하세요. 또한 멍울 없이 곱게 부치려면 달걀을 체에 한 번 걸러 알끈을 없앤 뒤 부치는 것이 좋아요.

보관법
- 달걀은 물에 씻어서 보관하면 달걀 껍데기가 빨리 무르고 터져 상하기 쉬워요. 보관할 때에는 절대로 물에 닦아 보관하지 말고 종이타월로 껍데기의 이물질을 닦아낸 뒤 보관하세요. 그리고 조리하기 전에 물에 씻어주세요.
- 달걀은 냉장고(3~5℃)에 넣으면 3주일 정도 보관 가능하고, 달걀 전용 케이스에 보관하는 것이 좋아요. 달걀의 숨구멍인 뾰족한 부분이 아래로 가게 보관해야 오랫동안 신선해요.
- 날씨가 선선하고 무덥지 않을 경우에는 바람이 잘 통하는 바구니에 신문지를 구겨서 넣고 달걀을 넣어 보관하면 냉장고에서 보관하는 것보다 훨씬 신선하게 먹을 수 있어요.

주방에 꼭 필요한 시판 양념

신선한 식재료를 갖췄다면 여기에 맛을 더해주는 양념이 있어야겠죠. 주방에 꼭 필요한 시판 양념을 소개합니다.
어느 요리에 어떤 맛을 낼지, 용도에 맞게 정확히 사용한다면 요리 초보도 요리 고수로 거듭날 수 있어요.

된장, 고추장

된장은 몸에 좋은 콩의 성분을 대부분 그대로 담고 있는 전통 발효 식품으로, 국물이나 무침 요리에 구수한 맛과 향을 더하고 음식의 비린내도 잡아줘요. 고추장은 매운맛에 칼칼하면서도 달달한 맛이 가미되어 있어 매콤한 요리에 주로 사용해요.

국간장, 진간장

메주를 소금물에 담가 숙성시켜 걸러낸 국간장은 담백하면서도 깊은 맛이 나기 때문에 나물무침이나 국물 요리의 기본 간을 맞출 때 써요. 진간장보다 짜고 색이 덜 까맣지만, 국에 국간장만 쓰면 색이 너무 탁하니 소금과 함께 간하세요. 그리고 재래식 간장을 5년 이상 묵혀 맛이 진한 것이 진간장인데, 색도 짙고 단맛이 나므로 장조림, 장아찌, 약식 등의 요리에 이용하면 좋아요.

천일염, 구운 소금

바닷물의 수분만 증발시킨 것이 천일염이에요. 일반 소금에 비해 입자가 커서 굵은 소금이라고도 해요. 천일염은 칼슘, 마그네슘 등의 무기질과 수분이 많으므로 채소나 생선을 절일 때 사용하면 좋아요. 흡습성이 높아 잘 굳어지므로 밀폐 보관해주세요. 보통 요리할 때 많이 사용하는 꽃소금, 구운 소금은 천일염을 가공한 정제염이에요.

백설탕, 황설탕

설탕 제조 과정에서 가장 먼저 만들어지는 것이 백설탕인데요, 잘 녹고 쉽게 덩어리지지 않아 단맛을 낼 때 가장 많이 사용해요. 설탕 제조 과정 중에 열이 가해져 황갈색을 띠는 설탕을 황설탕이라고 해요. 강한 단맛과 감칠맛이 나서 과자나 빵을 만들 때 사용해요.

식용유(카놀라유, 올리브유)

카놀라유, 올리브유 등 다양한 식용유가 나오고 있죠. 그중 카놀라유는 유채의 꽃씨로부터 추출한 것으로, 튀김, 부침, 볶음 등의 요리에 사용해요. 올리브유는 올리브나무의 열매를 짜서 낸 기름으로, 끓는점이 낮아 쉽게 타버리기 때문에 튀김에는 적합하지 않고 샐러드드레싱이나 빵 등을 찍어 먹는 소스로 이용하는 게 좋아요. 특유의 향으로 비린 맛을 제거하기도 해요.

식초

식초는 초절임, 냉국, 냉채와 같은 음식에 상큼한 맛을 더해주고, 우엉과 같은 식재료가 갈변되는 것을 막아주는 역할도 해요. 흑초와 같이 맛을 낸 식초음료 제품들도 많이 사용되는데요, 양념장을 만들 때 사용하면 일반 식초보다 깊은 맛을 내거나 재료의 맛을 잘 살려주기도 해요.

청주, 맛술

쌀, 누룩, 물을 원료로 발효해 거른 맑은 술이 청주예요. 음식의 잡내를 없애주고, 고기를 부드럽게 하거나 양념이 잘 배면서 탱탱한 육질을 유지할 수 있게 해요. 특히 생선의 비린내를 제거하는 데 효과적이죠. 맛술은 찹쌀에 소주와 누룩을 넣어서 만든 요리용 술이에요. 청주에 비해 단맛이 있어서 조미의 목적이 클 때 사용하는 게 좋아요.

물엿, 올리고당

물엿은 깊은 단맛을 낼 때 사용하는데, 단맛은 물론 윤기까지 더해서 식욕을 돋워주죠. 올리고당은 사탕수수를 발효해 만든 것으로 식이섬유와 유산균이 풍부해요. 물엿보다 조금 더 단맛이 나고 식어도 잘 굳지 않으니 볶음이나 조림에 사용하고, 고기를 재울 때나 양념장에 설탕 대용으로 사용해도 좋아요.

새우젓, 멸치액젓, 참치액젓

음식에 깊은 감칠맛과 숙성된 맛을 더해주는 젓갈입니다. 새우젓은 감칠맛이 뛰어나 달걀찜 밑국물이나 애호박볶음 등에도 고루 쓰이고, 깍두기, 부추김치 등 액젓의 맛을 뚜렷하게 내는 김치에 쓰여요.
멸치액젓은 특유의 향이 강해서 국물 요리에 깊은 맛을 더할 때나 김치와 같은 발효 음식에 주로 사용해요.
참치액젓은 찌개나 매운탕을 끓일 때 국물의 잡내를 없애면서 깊은 맛을 더하고, 고추장 양념이나 나물무침에도 감칠맛을 더해줘요.

참기름, 들기름

참깨를 압착해 얻은 참기름은 나물무침이나 각종 양념의 마지막에 넣어 고소한 맛과 향을 더해요. 들기름보다 고소한 맛이 더하고 향이 진하답니다. 들깨로 짠 들기름은 독특한 향을 가지고 있어서 나물을 볶을 때나 김을 구울 때 사용하면 맛이 좋아요. 그리고 미역국을 끓일 때 미역의 비린 맛을 잡아주기도 한답니다.

후추, 통후추

후추는 특유의 매운 향이 강해서 소스를 만들 때나 생선의 비린내, 육류의 누린내를 없앨 때 주로 사용하죠. 입자가 큰 통후추는 그때그때 갈아서 사용하면 훨씬 향이 좋아요. 간편하게 사용할 때는 적은 양을 갈아놓은 시판 후춧가루를 사용하면 좋아요. 검은 후추는 매운맛이 강해 고기 요리에 어울리며, 흰 후추는 향과 맛이 순하기 때문에 흰 살생선이나 닭고기 요리에 어울려요.

케첩, 마요네즈

케첩은 토마토, 설탕, 식초 등을 넣어 조린 소스라서 달콤새콤한 맛이 특징인데요, 별미 요리에서부터 가벼운 간식까지 고루 어울려 가장 많이 사용되는 소스예요.
기름과 달걀노른자로 만든 마요네즈는 부드럽고 순한 맛으로 샐러드, 조개류, 생선을 이용한 다양한 요리에 사용돼요.

머스터드소스, 굴소스

알싸하면서도 향긋한 맛이 나서 남녀노소 누구나 좋아하는 소스가 머스터드소스죠. 햄, 소시지 같은 차가운 육류 요리나 생선 요리에 잘 어울려요.
중식 소스 중 가장 널리 쓰이고 있는 굴소스는 짭조름하면서 감칠맛이 나요. 간장 대신 쓰여 볶음 요리에 풍미를 더해주는데요, 채소 한 가지만 굴소스로 볶아 먹어도 양념이 따로 필요 없을 정도예요.

요리 고수의 홈메이드 양념장

집에서 장을 직접 담글 수 없다면, 시판 제품에 맛을 더해 획일화된 장맛에 변화를 줘보세요.
요리 연구가의 20년 노하우가 담긴 이보은표 홈메이드 양념장 베스트3를 소개해요.

맛된장

짠맛이 많이 나는 집된장과 달달한 일본된장을 섞어서 담그하면서 고소한 맛이 일품인 맛된장은 겉절이는 물론 각종 국물 요리, 무침, 볶음, 조림 등에 다양하게 쓸 수 있어요.

준비하기

집된장 1컵, 일본된장 3큰술, 송송 썬 대파 1큰술, 다진 마늘 1/4작은술, 꿀 2큰술, 쌀뜨물 1컵

1. 냄비에 쌀뜨물을 붓고 집된장과 일본된장을 섞어 체에 밭쳐 풀어 넣는다.
2. ❶에 송송 썬 대파, 다진 마늘, 꿀을 넣어 약불에서 은근하게 끓인다.
3. 맛된장이 바특하게 조려지면 차게 식혀 냉장 보관한다.

맛고추장

단맛이 자연스럽게 우러나는 맛고추장이에요. 한소끔 끓인 뒤 차게 식혀 보관하기 때문에 장기간 보관이 가능해요. 장아찌, 무침, 겉절이, 절임 등에 바로 쓸 수 있어요.

준비하기

고추장 1컵, 양파 1/4개, 사과 1/4개, 다진 마늘 1작은술, 물엿 3큰술, 물 1컵, 흑설탕 1큰술, 통깨 1큰술

1. 믹서에 양파, 사과, 물을 넣고 곱게 갈아 즙만 받아서 고추장에 넣어 섞는다.
2. 냄비에 ❶을 넣고 끓으면 다진 마늘, 물엿, 흑설탕을 넣어 한소끔 끓인 뒤 차게 식힌다.
3. ❷에 통깨를 넣어 고루 섞은 뒤 차게 식혀 냉장 보관한다.

맛간장

맛간장은 조림, 볶음 요리에 다양하게 사용할 수 있는데, 특히 나물무침이나 생채소 겉절이를 할 때 맛간장만 있으면 다른 양념은 필요 없어요.

준비하기

간장 2컵, 다시마 우린 물(33쪽) 1/2컵, 양파 1/2개, 사과 1/2개, 국물멸치 5마리, 마늘 5쪽, 레몬 슬라이스 1쪽, 월계수잎 1장, 통후추 5알

1. 양파는 굵게 채썬다. 사과는 껍질째 씻어 큼직하게 토막 낸 뒤 씨를 뺀다.
2. 냄비에 국물멸치를 넣고 볶아 비린 맛을 없앤 뒤 간장, 다시마 우린 물을 붓고 끓인다.
3. 간장이 끓어오르면 준비한 재료를 모두 넣고 간장이 2/3 정도로 졸아들면 불에서 내린 뒤 체에 걸러 맑은 간장만 받아 차게 식힌다.
4. ❸을 병에 담고 밀폐한 뒤 냉장 보관한다.

Step 4

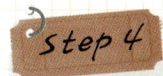

빠르고 정확한 맛 비결, 계량법

'큰술, 작은술, 컵' 등 계량스푼과 계량컵을 이용한 단위가 번거롭게 느껴지지 않으세요? 전문 계량도구로 잰 양을 주방에서 흔히 사용하는 성인용 밥숟가락, 종이컵에 담으면 어느 정도인지 한눈에 알아볼 수 있도록 했어요. 이제 요리 고수처럼 손쉽게 조리하세요.

밥숟가락 계량법

가루류 / 액체류 / 장류 / 다진 재료

1큰술

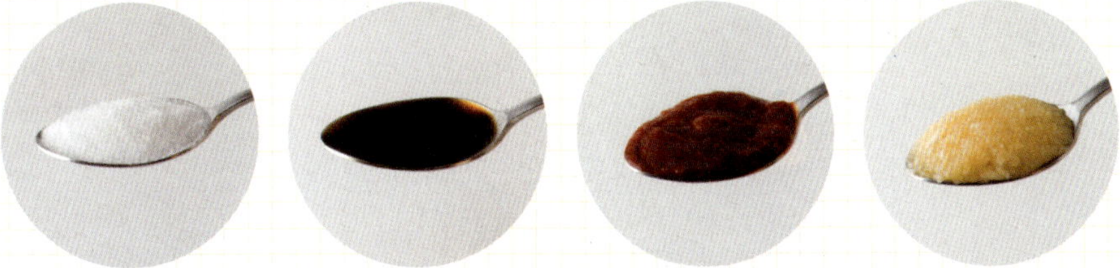

1작은술

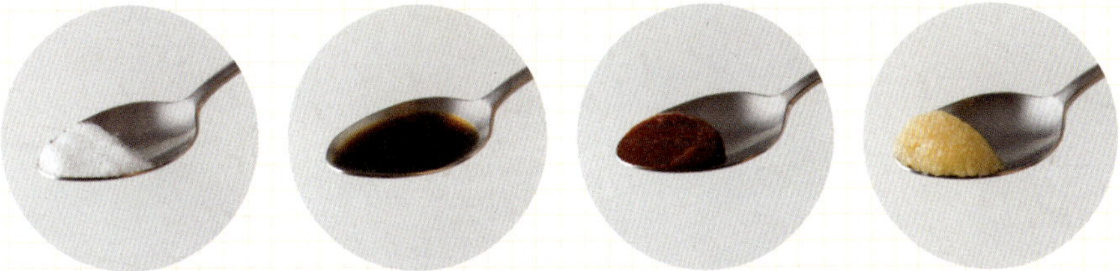

종이컵 계량법

가루류 / 액체류

1컵

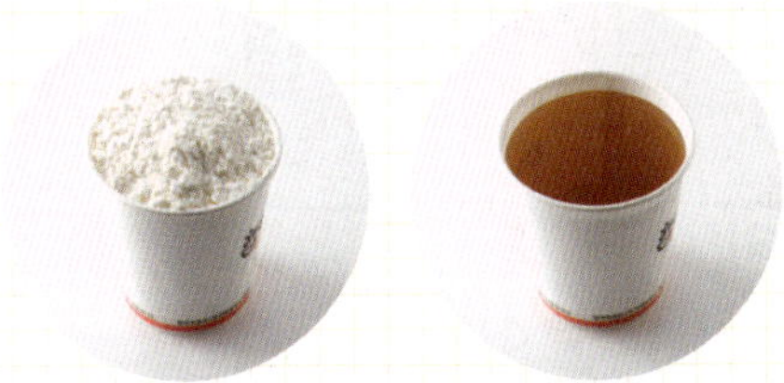

1/2컵

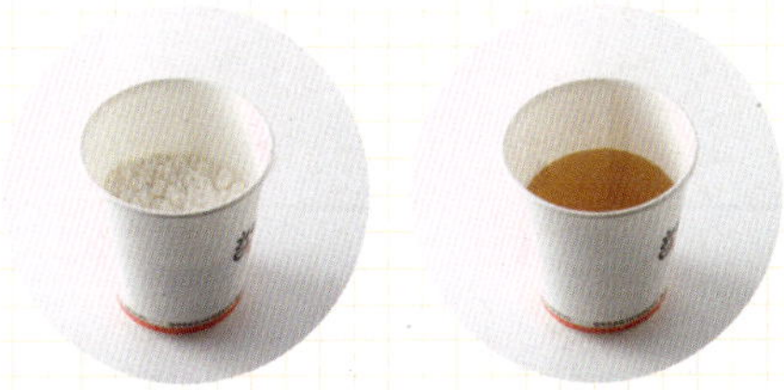

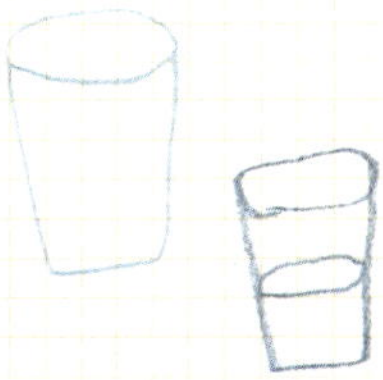

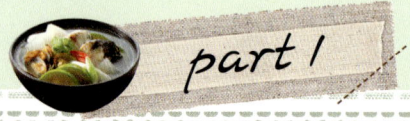

part 1

뜨끈하고 넉넉해서 빠질 수 없는
국·탕

국 없이 식사를 하면 뭔가 허전한 경우가 많죠?
기본 국물 몇 가지만 알고 있으면 국·탕은 쉽게 차릴 수 있어요.
든든한 한 끼를 위해서 넉넉한 국물 요리 비법을 함께 알아봐요.

다양한 기본 국물 만들기

이 책에는 주로 멸치국물과 다시마국물이 기본 국물로 쓰였어요. 멸치와 다시마 외에도 다양한 재료로 국물 요리를 풍부하게 할 수 있으니, 여기 소개하는 국물들을 구비해서 같은 국·찌개라도 색다르게 준비해보세요.

 준비하기

마른 꽃새우 20g, 청주 1큰술, 쌀뜨물 4컵

1. 마른 꽃새우는 체에 밭쳐 잔가시를 털어낸 뒤 마른 냄비에 넣고 볶아 비린 맛을 없앤다.
2. ❶에 청주, 쌀뜨물을 붓고 한소끔 끓인다.

 준비하기

표고버섯 3개, 물 4컵

1. 표고버섯은 밑동을 잘라낸 뒤 마른 면보로 이물질을 깨끗이 털어내고 큼직하게 썬다.
2. 냄비에 물을 붓고 끓으면 표고버섯을 넣어 한소끔 끓인다.

 준비하기

디퍼리(어린 밴댕이 말린 것) 10마리, 무 1/5개(100g), 다시마(사방 10cm 크기) 1장, 쌀뜨물 12컵

1. 무는 큼직하게 썬다.
2. 다시마는 표면의 흰 가루를 털어내고 젖은 면보로 깨끗이 닦아낸 뒤 3~4군데 가위집을 넣는다.
3. 마른 냄비에 디퍼리를 넣고 볶아 비린내를 없앤 뒤 쌀뜨물을 붓고 끓인다.
4. 물이 끓으면 무, 다시마를 넣고 10분 정도 끓인 뒤 다시마를 건져내고 한 번 더 끓인다.
   Tip 건진 다시마는 얇게 채썰어 끓인 국에 고명으로 올려도 좋아요.
5. 국물이 진하게 우러나면 면보에 걸러 육수만 다시 냄비에 넣고 한소끔 더 끓인다.
   Tip 거른 육수가 비린 맛이 나면 청주를 1큰술 넣고 끓이세요.

준비하기
통깨 3큰술, 간장 1작은술, 참기름 1작은술, 쌀뜨물 3컵

1. 믹서에 통깨, 간장, 참기름, 쌀뜨물 1컵을 넣고 곱게 간다.
2. 냄비에 ❶의 깨국물, 나머지 쌀뜨물을 붓고 한소끔 끓인다.

쌀뜨물 넣고 끓인 깨국물

 준비하기
북어 머리 2개, 국간장 1작은술, 청주 1큰술, 물 4컵, 콩가루 3큰술

1. 북어 머리는 냄비에 넣고 볶아 비린 맛을 없앤다.
2. ❶에 국간장, 청주, 물을 붓고 끓인다.
3. 북어 머리에서 국물이 우러나면 콩가루를 넣고 한소끔 끓인다.

북어머리콩국물

 준비하기
사골 600g, 잡뼈 300g, 양파 1/2개, 대파잎 3대분, 마늘 3쪽, 생강 1톨, 물 20컵

1. 사골, 잡뼈는 찬물에 1시간 정도 담가 핏물을 뺀다.
2. 냄비에 물을 2컵 붓고 끓으면 사골, 잡뼈를 넣고 데친 뒤 찬물에 헹구고 뼈에 붙은 이물질을 헹궈낸다.
3. 냄비에 물을 10컵 붓고 양파, 대파잎, 마늘, 생강을 넣고 끓으면 ❷를 넣고 중불에서 20분, 약불에서 40분 이상 끓인다.
4. 국물이 진하게 우러나면 면보에 걸러 육수는 따로 받아두고 뼈만 다시 냄비에 넣은 뒤 물을 8컵 부어서 중불에서 20분, 약불에서 40분 정도 재탕한다.
5. 뽀얗게 끓인 ❹를 면보에 걸러 처음 받아둔 육수와 섞은 뒤 다시 진하게 끓인다.

사골국물

 준비하기
다시마(사방 10cm 크기) 1장, 물 4컵

1. 다시마는 표면의 흰 가루를 털어내고 젖은 면보로 깨끗이 닦아낸 뒤 잘게 자른다.
2. 볼에 물을 붓고 다시마를 넣어 30분 정도 우린다.

다시마 우린 물

✓ 기본 국물 레시피는 모두 4인분을 기준으로 했어요. 그때그때 만들어 먹는 것이 가장 좋지만, 재료를 두 배 정도 준비해서 국물을 만든 뒤 차게 식혀 밀폐용기나 지퍼백에 넣어 냉동 보관해서 여러 번 나누어 먹어도 좋아요.

국물별 맛내기 비법

뜨거운 국물은 크게 맑은국, 토장국, 사골국물로 나눌 수 있는데요,
각 국물별로 맛내는 비법이 조금씩 다르니 이것만 살~짝 기억해두세요.

맑은국

멸치, 버섯 등 국물 재료를 푹 우려 낸 색이 맑은 국이에요. 시원하면서 담백하고 깔끔한 맛이 특징이지요.

1. 멸치, 다시마와 같은 해산물 재료를 푹 우려 맑은국을 끓일 때에는 특유의 비린 맛이 나지 않도록 하는 게 중요해요. 물을 붓고 끓이기 전에 마른 팬에 넣고 볶는 것, 잊지 마세요.
2. 북어 머리, 표고버섯 기둥을 함께 넣고 끓이면 국물이 진하면서도 담백해서 좋아요. 이때도 북어 특유의 비린 맛을 없애려면 북어 머리를 물에 살짝 씻어 마른 냄비에 볶은 뒤 국물을 내야 해요.
3. 맑은국에 무를 껍질째 씻은 뒤 큼직하게 썰어 넣으면 무의 시원한 맛이 우러나 더욱 맛있어요. 단맛을 좋아하는 분은 양파를 넣고 끓이는 것도 좋아요.

토장국

맹물보다는 쌀뜨물을 끓인 뒤 고추장이나 된장을 풀어 탁하게 끓인 국이에요. 장의 얼큰하고 구수한 맛이 특징이지요.

1. 토장국을 끓일 때 마른 새우를 약간 넣기도 하는데, 마른 새우는 냄비에 넣고 달달 볶아 비린 맛을 없앤 뒤 끓여야 풍미가 좋아요.
2. 토장국을 끓일 때 장류는 제시한 분량만큼만 사용하도록 하고 간이 모자랄 때에는 장을 더 넣기보다 소금으로 맞추는 것이 더 담백하고 구수하면서 짠내가 나지 않아요.
3. 토장국은 진한 맛으로 먹는 국이라 된장을 넣을 때 집된장만 사용하면 짠맛이 도드라질 수 있어요. 집된장 1큰술에 일본된장 1작은술을 넣어 끓이면 된장 맛이 구수하면서 감칠맛이 생겨 훨씬 진하게 먹을 수 있어요.

사골국물

사골은 소뼈를 여러 번 푹 고아낸 국이에요. 뼈에서 우러난 진하고 고소한 맛이 특징이지요.

1. 사골국물에 시원한 맛을 보태려면 끓일 때 마른 홍고추를 1개 정도 넣어주면 좋아요. 시원함은 물론 칼칼한 맛이 나서 특히 전골 끓일 때 좋답니다.
2. 사골은 핏물을 완전히 빼줘야 잡내나 누린 맛이 없어지는데, 찬물에 담가만 놓지 말고 30분 간격으로 핏물을 버리고 새로운 물로 갈아주는 것이 좋아요.
3. 사골만 넣어서 만든 국물은 진하긴 하지만 깊은 맛이 조금 부족할 수 있어요. 잡뼈를 핏물을 빼서 함께 넣고 진하게 끓이면 좋은데요. 단, 뼈의 잡내를 없애기 위해 대파잎, 마늘, 양파 등의 향신채는 꼭 넣어야 해요.

오래 두고 먹는 국물 보관법

자주 쓰는 국물은 한 번에 많은 양을 만들어 냉동 보관하면 좋은데, 꺼내어 쓸 때 좀 더 편하고 깔끔하게 보관할 수 있는 방법을 알아두면 좋죠. 자칫 모르고 놓칠 수 있는 보관법을 알아볼게요.

보관 1
멸치나 마른 새우로 만드는 국물은 비린 맛이 나지 않게 마른 팬에 볶은 뒤 끓이는 게 중요하죠. 이 방법은 냉동실에 넣고 보관할 때에도 냉동실에 냄새가 배지 않고 오래 보관하기 좋은 방법이니 꼭 기억해두세요.

보관 2
만들어둔 국물은 바로 먹을 것을 빼고 나머지는 냉동 보관해두면 오래 먹을 수 있는데, 유리로 된 밀폐용기 또는 우유팩에 용기의 70~80% 정도 채워 냉동시키면 돼요. 용기에 너무 많은 양을 보관하면 얼면서 국물이 넘칠 수 있으니 양을 정확하게 맞춰 냉동시키는 것이 좋아요.

보관 3
국물을 냉동시킬 때에는 용기 겉면에 국물 만든 날짜를 메모해서 보관하는 것이 좋아요. 무조건 냉동 보관해두었다고 안심하면 안 돼요. 멸치나 다시마국물은 1주일 정도, 사골국물은 되도록 30일 이상을 넘기지 말아야 하거든요. 특히 뚜껑을 잘 덮어 보관해야 냉동실 특유의 냄새가 스며들지 않아요.

보관 4
닭고기나 쇠고기 등 육류로 만든 국물은 한 번 해동시킨 뒤에 절대 다시 냉동시키는 일이 없어야 해요. 고기 육수는 단백질이 풍부해서 냉동과 해동을 반복하면 쉽게 상할 수 있고 맛이 변질되기 때문이에요. 되도록 한 번 먹을 분량씩 나눠 얼려서 깔끔하고 위생적인 국물을 사용하도록 하세요.

쇠고기미역국

뭉근하게 끓여 진한 쇠고기 국물 맛이 일품인 쇠고기 미역국. 특히 생일 때면 떠오르는 음식 중 하나죠. 쇠고기 대신 바지락이나 마른 새우를 넣어 끓여도 맛있어요.

준비하기

쇠고기(차돌양지) 300g, 불린 미역 200g, 다진 마늘 1큰술, 국간장 1큰술, 청주 1큰술, 참기름 1큰술, 쌀뜨물 8컵, 소금 약간

1. 쇠고기는 1cm 두께로 채썬다.
2. 불린 미역은 바락바락 주물러 거품이 나오지 않을 때까지 씻어 찬물에 여러 번 헹군 뒤 물기를 짜고 먹기 좋은 크기로 썬다.
3. 냄비에 국간장, 청주, 참기름을 두르고 쇠고기, 미역을 넣어 강불에서 볶는다.
4. 미역에서 뽀얗게 국물이 생기면 쌀뜨물을 붓고 강불에서 20분 정도 끓이다가 불을 줄여 약불에서 20분간 끓인다.
5. 쇠고기와 미역에서 구수한 국물이 나오면 다진 마늘을 넣고 소금으로 간한 뒤 한소끔 끓인다.

초보라면

미역, 제대로 골라 사용해요.

미역은 크게 마른 미역, 물미역, 염장 미역으로 나뉘는데, 국에 사용하는 미역은 마른 미역이에요. 구입할 때에는 돌이 별로 없고 흰 가루가 많지 않는 것으로, 두껍게 말린 것보다는 얇게 말린 것이 더 부드럽고 맛있어요. 마른 미역은 찬물에 30분 정도 담가 부드럽게 풀리면 거품이 나지 않을 때까지 주물러 여러 번 찬물에 씻어 사용하면 된답니다.

 쌀뜨물 대신 사골국물(33쪽)을 사용해도 좋아요.

새알심미역국

깔끔한 미역국이 생각날 때에는 새알심을 만들어 미역국을 끓여보세요.
채식하는 분들에게 추천해드려요.

준비하기

불린 미역 100g, 다진 마늘 1큰술, 국간장 2큰술, 들기름 2큰술, 물 8컵, 뜨거운 물 약간, 찹쌀가루 2컵, 소금·후춧가루 약간씩

1. 불린 미역은 바락바락 주물러 거품이 나오지 않을 때까지 씻어 찬물에 여러 번 헹군 뒤 물기를 짜고 먹기 좋은 크기로 썬다.
2. 찹쌀가루와 소금을 섞어 체에 내린 뒤 뜨거운 물을 붓고 말랑말랑하게 익반죽해서 반죽을 떼어 지름 2cm 크기로 둥글게 새알심을 만든다.
3. 냄비에 들기름을 두르고 미역을 넣어 강불에서 볶다가 뽀얗게 국물이 생기면 물을 붓고 뚜껑을 덮어 끓인다.
4. 국물이 끓으면 다진 마늘, 국간장을 넣고 한소끔 끓인 뒤 새알심을 넣고 끓인다.
5. 새알심이 익어 떠오르면 약불로 줄여 한소끔 더 끓이고 소금, 후춧가루로 간한다.

초보라면

미역의 비린 맛은 들기름으로 잡아주세요.

미역국의 큰 골칫거리가 바로 비린 맛이죠. 미역은 해조류 특유의 비린 맛이 있기 때문에 손질에 주의해야 해요. 미역을 손질할 때 ❶번 과정처럼 거품이 생기면서 나오는 물기를 깨끗하게 씻어야 해요. 그리고 기름진 맛이 나는 참기름보다 담백하고 고소한 들기름을 사용해 뽀얀 국물이 생길 때까지 볶아야 미역이 부드러워지고 고소해져 비린 맛이 없어진답니다.

✔ 물 대신 사골국물(33쪽)을 사용해도 좋아요.

우거지갈비된장국

푸짐한 식재료의 대명사인 갈비로
진하게 우려낸 육수는 감칠맛이 최고조.
여기에 된장의 구수함으로 향토적인 맛을 더했어요.

준비하기

삶은 우거지 300g, 쇠갈비 300g, 된장 3큰술, 다진 마늘 1큰술, 국간장 2큰술, 참기름 1작은술, 고운 고춧가루 1작은술, 소금·후춧가루 약간씩

쇠갈비육수 대파 1대, 마늘 3쪽, 생강 1/2톨, 물 9컵

1. 삶은 우거지는 찬물에 여러 번 헹궈 물기를 짠 뒤 먹기 좋은 크기로 썬다.
2. 쇠갈비는 겉기름을 말끔히 떼어내고 먹기 좋은 크기로 썬 뒤 찬물에 30분 정도 담가 핏물을 뺀다.
3. 핏물 뺀 쇠갈비를 끓는 물에 데친 뒤 찬물에 헹궈 기름기를 닦아낸다.
   Tip 쇠갈비를 국에 넣고 끓이기 전에 애벌로 데치면 불순물을 쉽게 없앨 수 있어요.
4. 냄비에 분량의 쇠갈비육수를 넣고 끓으면 ❸의 쇠갈비를 넣고 푹 우려서 진한 국물을 낸 뒤 면보에 걸러 육수만 내리고 쇠갈비는 따로 건져둔다.
5. 냄비에 걸러낸 육수를 붓고 된장, 다진 마늘을 체에 받쳐 풀어 넣고 끓인다.
6. 볼에 우거지, 국간장, 참기름, 고운 고춧가루를 넣고 조물조물 무쳐 ❺의 끓는 육수에 넣고 푹 끓인다.
7. ❻에 건져둔 쇠갈비를 넣고 중불에서 한소끔 끓인 뒤 소금, 후춧가루로 간하고 한 번 더 끓인다.

초보라면

육수의 누린내 제거는 핏물 제거에 달려 있어요.
쇠갈비로 육수를 낼 때에는 대파, 마늘, 생강 등의 향신채를 충분하게 넣고 팔팔 끓여서 갈비의 누린내도 없애고 풍미가 느껴지도록 진한 육수를 내야 해요. 특히, 쇠갈비의 누린내를 완전히 없애려면 쇠갈비를 찬물에 30분 이상 충분히 담가 핏물을 빼야 해요.

오징어뭇국

무가 내는 시원한 맛의 국물에 쫄깃한 오징어가 더해진 오징어뭇국.
청양고추를 넣어 칼칼하기까지 해요.

준비하기

오징어 2마리, 무 1/6개(100g), 양파 1/2개, 대파 1대, 청양고추 1개, 홍고추 1개, 고추장 2큰술, 다진 마늘 1큰술, 참치액젓 1작은술, 소금·후춧가루 약간씩

멸치국물 국물멸치 10마리, 청주 1큰술, 물 7컵

1. 오징어는 배를 가르지 말고 내장과 먹물을 떼어낸 뒤 다리의 흡반까지 깨끗이 씻어 몸통은 0.5cm 폭의 링 모양으로 썰고 다리는 칼집을 넣어 5~6cm 길이로 썬다.
2. 무는 껍질째 씻어서 사방 3cm 크기로 얇게 썬다. 대파는 굵게 채썬다. 양파는 대파와 같은 크기로 채썬다. 청양고추, 홍고추는 각각 어슷썰어 씨를 털어낸다.
3. 국물멸치는 머리와 내장을 제거한 뒤 냄비에 넣고 볶아 비린 맛을 없앤 다음 청주, 물을 붓고 푹 끓여 면보에 육수만 거른다.
4. 거른 육수를 다시 냄비에 붓고 무를 넣어 끓인다.
5. 무의 단맛이 우러나면 양파, 대파, 고추장, 다진 마늘을 넣고 매콤한 맛이 나도록 끓인 뒤 오징어를 넣어 한소끔 끓인다.
6. 시원한 국물 맛이 우러나면 참치액젓, 소금, 후춧가루로 간하고 청양고추, 홍고추를 얹는다.

 고수처럼

'오징어배춧국'으로 응용해보세요.

레시피에 무 대신 배추를 넣어서 오징어배춧국을 만들어보세요. 배추는 6줄기를 준비해 물에 씻은 뒤 칼을 뉘어서 먹기 좋은 크기로 썰어 무 대신 넣으면 쉽게 만들 수 있어요.

✓ 멸치국물 대신 마른꽃새우 국물(32쪽)을 사용해도 좋아요.

북엇국

북엇국은 속풀이 해장국으로 최고죠. 잘 마른 노오란 황태 속살로 북엇국을 끓여보세요. 구수한 감칠맛이 뜨끈하게 속을 확 풀어줘요.

 준비하기

북어포 40g, 달걀 2개, 양파 1/2개, 대파 2대, 청양고추 1개, 다진 마늘 1큰술, 국간장 1큰술, 청주 1큰술, 참기름 1큰술, 쌀뜨물 5컵, 소금 약간

1. 북어포는 굵게 찢어놓은 것으로 준비해서 3cm 길이로 썬 뒤 흐르는 물에 헹궈 물기를 뺀다.
2. 양파, 대파는 각각 굵게 채썬다. 청양고추는 얇게 어슷썬다.
3. 달걀은 체로 걸러 알끈을 제거한 뒤 양파, 대파를 넣고 섞는다.
4. 냄비에 다진 마늘, 국간장, 청주, 참기름을 두른 뒤 북어포를 넣고 강불에서 볶아 북어포에서 뽀얗게 국물이 생기면 쌀뜨물을 붓고 5분 정도 끓인다.
5. ❸의 달걀물을 양파와 대파를 한 젓가락씩 떠서 ❹에 넣고 끓인다.
6. 달걀이 익으면 소금으로 간한 뒤 청양고추를 얹는다.

> **초보라면**
>
> **작은 차이로 맛있는 북엇국 만드는 법!**
> ❹번 과정처럼 다진 마늘과 청주를 넣고 볶아야 북어포의 비린 맛이 없어지고 뽀얀 국물이 많이 나 단맛이 우러나요. 또 쌀뜨물을 사용해야 더욱 구수한 맛을 낼 수 있다는 것 명심하세요. 쌀뜨물은 보통 쌀을 세 번째 씻은 물로 준비하는 것이 좋아요. 소금간은 되도록 천일염으로 하는 것이 좋은데, 그래야 국물이 깔끔하면서 쓴맛이 없답니다.

황태진국

한겨울 찬바람에 얼고 녹기를 스무 번 반복해서 만들어진다는 황태로 만든 황태진국은 쫄깃하고 부드러운 식감에 고소하기까지 해요.

준비하기

말린 황태 1마리, 겨울배춧잎 8장, 다시마(사방 10cm 크기) 2장, 대파 1대, 다진 마늘 1큰술, 국간장 1큰술, 청주 1작은술, 들기름 1큰술, 물 6컵, 고춧가루 1큰술, 소금·후춧가루 약간씩

1. 말린 황태는 방망이로 자근자근 두드리고 머리, 꼬리, 지느러미를 잘라낸 뒤 물에 잠시 담가서 불린 다음 속살만 발라낸다.
2. 냄비에 잘라낸 황태 머리와 뼈, 물을 넣고 푹 끓인 뒤 면보에 걸러 육수만 내린다.
3. 겨울배춧잎은 큼직하게 찢어 끓는 물에 데친 뒤 찬물에 헹궈 물기를 꼭 짠다. 다시마는 젖은 면보로 흰 가루를 닦고 사방 2cm 크기로 자른다. 대파는 굵게 어슷썬다.
4. 냄비에 발라낸 황태살, 다진 마늘, 청주, 들기름을 넣고 황태살이 오므라들 때까지 강불에서 볶는다.
5. ❹에 황태육수, 국간장, 고춧가루를 넣고 3~5분간 끓이다가 겨울배춧잎을 넣어 푹 우린다.
6. 국물이 끓으면 거품을 걷어내고 다시마, 대파를 넣어 진한 국물이 우러나게 끓인 뒤 소금, 후춧가루로 간한다.

무굴국

무굴국은 바다의 우유, 바다의 보약이라고 불리는 굴로 만든 국이니 그야말로 따로 보양이 필요 없답니다. 굴과 무가 내는 시원한 국물을 맛보세요.

준비하기

굴 150g, 무 1/5개(150g), 두부 1/2모, 쪽파 2대, 풋고추 1개, 마늘 2쪽, 국물멸치 5마리, 국간장 1큰술, 청주 1작은술, 물 4컵, 소금·후춧가루 약간씩

1. 굴은 체에 밭쳐 옅은 소금물에 흔들어 씻은 뒤 물기를 뺀다.
2. 무는 사방 1cm 크기로 썬다. 두부는 사방 1cm 크기로 썰고 물에 헹군 뒤 소금을 살짝 뿌려 밑간한다.
3. 쪽파는 송송 썬다. 풋고추는 송송 썰어 씨를 털어낸다. 마늘은 얇게 편썬다.
4. 국물멸치는 머리와 내장을 제거한 뒤 냄비에 넣고 볶아 비린 맛을 없앤 다음 물을 붓고 푹 끓여 면보에 육수만 거른다.
5. 거른 육수를 다시 냄비에 붓고 무를 넣어 시원한 맛이 우러날 때까지 푹 끓인다.
6. ❺에 마늘, 국간장, 청주를 넣고 소금, 후춧가루로 간한 뒤 굴, 두부를 넣어 한소끔 끓인다.
7. ❻에 쪽파, 풋고추를 얹는다.

초보라면

굴은 마지막에 넣어주세요.
굴은 국을 끓인 뒤 맨 마지막에 넣어야 비린 맛이 덜 나고 굴 특유의 향이 짙게 배어 더욱 감칠맛 나요. 특히, 굴과 같이 해물을 넣는 국에는 멸치국물을 진하게 만들어 육수로 써야 더욱 담백한 맛을 낼 수 있답니다.

✓ 멸치국물 대신 마른꽃새우 국물(32쪽)을 사용해도 좋아요.

배추마른새웃국

식이섬유가 풍부한, 살캉한 배추에 구수한 새우로 밑국물을 만들었어요.
겨울배추의 단맛이 충분하게 우려지도록 은근하게 끓여보세요.

준비하기

배춧잎 4장, 마른 꽃새우 1/3컵, 대파 1대, 국간장 1작은술, 참기름 1작은술+약간,
물 4컵+1큰술, 찹쌀가루 1큰술, 소금·후춧가루 약간씩

1. 배춧잎은 노랗고 부드러운 속대로 준비해서 흐르는 물에 가볍게 씻은 뒤 칼을 뉘여 섬유질 반대 방향으로 납작하게 썬다.
   Tip 배춧잎을 썰 때에는 칼을 비스듬히 뉘여 섬유질 반대 방향으로 썰어주어야 배추의 시원한 맛이 국물에 잘 우러나요.

2. 마른 꽃새우는 체에 밭쳐 잔가시를 털어낸다. 대파는 굵게 채썬다.

3. 볼에 찹쌀가루, 물 1큰술을 넣고 섞어 찹쌀물을 만든다.

4. 냄비에 참기름을 1작은술 두른 뒤 달궈 마른 꽃새우를 넣고 투명해질 때까지 볶다가 물 4컵을 붓고 끓인다.

5. 국물이 한소끔 끓어오르고 새우의 감칠맛이 우러나면 배춧잎을 넣고 무르도록 끓인다.

6. 국물이 끓고 배춧잎이 말갛게 익으면 대파, 국간장을 넣고 끓인다.

7. 국물이 다시 한 번 끓으면 찹쌀물을 풀어 넣어 걸쭉하게 한 뒤 소금, 후춧가루로 간하고 참기름을 한 방울 정도 떨어뜨린다.

초보라면

새우에 따라 국물 맛이 달라져요.
마른 꽃새우는 잘 말라 몸통이 활처럼 휘고 색이 붉고 선명한 것을 사용하는 것이 좋은데, 참기름에 충분히 볶은 뒤 물을 붓고 끓여야 새우의 감칠맛이 제대로 우러나 더욱 시원하고 담백해진답니다. 마른 새우 중에서 보리새우는 국물 맛이 얕게, 홍새우는 머리가 달려 있어 진하게 나니, 기호에 따라 골라 사용하세요.

아욱멸치된장국

'가을 아욱국은 대문 잠그고 먹는다'는 속담이 있을 정도로 맛도 좋고 영양가도 풍부한 아욱. 멸치를 넣어 더욱 개운하답니다.

 **준비하기**

아욱 1단, 중멸치 30g, 고추장 1작은술, 된장 3큰술, 대파 1대, 홍고추 1개, 다진 마늘 1작은술, 쌀뜨물 6컵, 소금 약간

1. 아욱은 줄기를 한쪽으로 꺾어 투명한 껍질을 벗긴 뒤 한 잎씩 떼어낸다.
   > Tip 아욱은 줄기가 굵고 연하여 꺾으면 단번에 부러지는 것이 싱싱해요.

2. 손질한 아욱은 푸른 물이 생기도록 바락바락 주물러 풋내를 없앤 뒤 맑은 물이 나올 때까지 찬물에 여러 번 헹군다.

3. 대파는 굵게 채썬다. 홍고추는 송송 썰어 씨를 털어낸다.

4. 중멸치는 머리와 내장을 제거한 뒤 마른 팬에 볶아 비린 맛을 없앤다.

5. 볼에 쌀뜨물을 붓고 고추장, 된장을 체에 받쳐 풀어 넣는다.

6. 냄비에 ❺의 된장물, 중멸치를 넣고 한소끔 끓인다.

7. 국물이 구수하게 끓으면 아욱을 넣고 거품을 말끔히 걷어내며 한 번 더 팔 팔 끓인다.

8. ❼에 대파, 홍고추, 다진 마늘을 넣고 소금으로 간한다.

초보라면

아욱과 쌀뜨물이 맛을 좌우해요.

아욱은 ❷번 과정처럼 바락바락 주무르고 푸른 물이 더 이상 나오지 않을 때까지 찬물에 여러 번 헹궈주는 것이 중요해요. 그래야 아욱의 심한 풋내를 없앨 수 있고 국이 구수하고 담백해져요.
그리고 쌀뜨물에 된장을 풀어 국을 끓이면 풋내가 없어지는데, 이때 쌀뜨물은 쌀을 깨끗이 씻은 세 번째 물로 사용하는 것이 좋아요. 쌀뜨물이 진하면 국물이 탁하고 텁텁하기 때문이죠.

시금치된장국

비타민이 가득한 시금치에 달달한 새우를 더하고 구수한 된장까지 풀어 자꾸 생각나는 국이에요. 만들기도 간편해서 부담 없이 즐길 수 있어요.

준비하기

시금치 200g, 보리새우 2큰술, 된장 2큰술, 대파 1대, 다진 마늘 1/2 작은술, 쌀뜨물 6컵, 소금 약간

1. 시금치는 밑동을 잘라내고 한 잎씩 떼어낸 뒤 끓는 물에 데치고 먹기 좋은 크기로 썬다. 대파는 굵게 채썬다.
2. 마른 냄비에 보리새우를 넣고 1분 정도 볶다가 쌀뜨물을 붓고 끓여 새우의 달달한 맛이 우러나도록 한다.
3. 된장을 체에 밭쳐 풀어 넣은 뒤 구수하게 끓인다.
4. 국물이 끓으면 시금치, 대파, 다진 마늘을 넣고 한소끔 끓인 뒤 소금으로 간한다.

초보라면

된장국은 밑국물을 끓이고 나서 된장을 풀어요.
된장국은 국물 맛이 특히 좋아야 하는데, 북어 머리, 디퍼리, 마른 새우, 다시마, 가다랭이포 등 천연의 감칠맛이 나는 재료를 이용해서 밑국물을 끓인 뒤 그 국물에 된장을 풀어 끓이면 맛이 더욱 깊어져요.

김치콩나물해장국

시원하고 얼큰한 김치콩나물해장국. 술을 많이 마셔 탈이 났을 때 한 그릇 끓여보세요. 탈 난 속이 금세 괜찮아져요.

준비하기

배추김치 1/4포기, 콩나물 150g, 달걀 1개, 중멸치 30g, 대파 1/2대, 다진 마늘 1큰술, 국간장 1/2작은술, 쌀뜨물 4컵, 소금 약간

1. 배추김치는 양념을 털어내고 국물째 2cm 폭으로 썬다.
2. 콩나물은 뿌리 부분을 다듬어 씻고 물기를 털어낸다.
3. 달걀은 체로 걸러 알끈을 제거하고 곱게 푼다. 대파는 굵게 어슷썬다.
4. 냄비에 배추김치, 중멸치, 다진 마늘, 국간장을 넣고 강불에서 1분 정도 볶는다.
5. 쌀뜨물을 붓고 중불에서 한소끔 끓이다가 뚜껑을 연 채로 콩나물을 넣고 끓인다.
6. 국물 맛이 우러나면 풀어둔 달걀물로 줄알 치고 대파, 소금을 넣은 뒤 한소끔 끓인다.

고수처럼

불린 미역으로 시원한 맛을 더하세요.

불린 미역을 50g 준비해 바락바락 주물러 거품이 나오지 않을 때까지 씻은 뒤 찬물에 여러 번 헹군 다음 먹기 좋은 크기로 썰어두세요. 그리고 ❺번 과정에서 콩나물과 함께 넣으면 더욱 시원한 해장국이 만들어져요.

✓ 쌀뜨물 대신 버섯국물(32쪽)을 사용해도 좋아요.

고구마순고추장국

야들한 고구마순으로 만든 고추장국은 얼큰한 단맛이 특징이에요.
아삭아삭 씹히는 고구마순에서 감칠맛이 우러나거든요.

준비하기

고구마순 200g, 불린 미역 50g, 양파 1/4개, 대파 1대, 고추장 2큰술, 다진 마늘 1큰술, 맛술 1큰술, 쌀뜨물 6컵, 고춧가루 1작은술, 소금 약간

1. 고구마순은 끓는 물에 삶아 부드럽게 만든 뒤 찬물에 여러 번 헹궈 먹기 좋은 크기로 썬다.
2. 불린 미역은 바락바락 주물러 거품이 나오지 않을 때까지 씻어 찬물에 여러 번 헹군 뒤 물기를 짜고 잘게 썬다.
3. 양파, 대파는 각각 굵게 채썬다.
4. 냄비에 쌀뜨물을 붓고 고추장, 고춧가루를 푼 뒤 양파, 대파를 넣고 끓인다.
5. 국물이 끓으면 고구마순, 불린 미역, 다진 마늘, 맛술을 넣고 거품을 말끔히 걷어내며 한소끔 끓인 뒤 소금으로 간한다.

고수처럼

남은 고구마순으로 밑반찬을 만들어보세요.

고구마순이 남으면, 간단하게 만들어 먹을 수 있는 '고구마순들기름볶음'을 해보세요. 고구마순 200g을 끓는 물에 삶아 부드럽게 만든 뒤 찬물에 여러 번 헹궈 먹기 좋은 크기로 썰어두세요. 들기름 1큰술을 두른 팬에 고구마순을 넣고 투명해질 때까지 볶은 뒤 소금으로 간하면 완성이에요.

✓ 쌀뜨물 대신 디퍼리국물(32쪽)을 사용해도 좋아요.

순두부감잣국

부드러운 순두부와 폭신한 감자가 만난 순두부감잣국.
굉장히 순하고 담백한 국이라서 아이들도 무척 좋아해요.

준비하기

순두부 1컵, 감자 2개, 양파 1/4개, 대파 1대, 마늘 3쪽, 국간장 1작은술, 맛술 1큰술, 들기름 1작은술, 고추기름 1큰술, 쌀뜨물 4컵, 소금·후춧가루 약간씩

1. 순두부는 한 숟가락씩 떠서 채반에 올려 물기를 뺀다.
2. 감자는 껍질을 벗기고 2등분해 얇게 썬 뒤 찬물에 담가 녹말기를 뺀다.
3. 양파, 대파는 각각 얇게 채썬다. 마늘은 굵게 편썬다.
4. 냄비에 들기름, 고추기름을 두르고 감자, 양파, 마늘을 넣어 감자가 반 정도 익을 때까지 볶는다.
5. ❹에 국간장, 맛술, 쌀뜨물을 붓고 한소끔 끓인다.
6. 국물이 끓으면 순두부를 한 숟가락씩 떠 넣고 소금, 후춧가루로 간한 뒤 대파를 얹는다.

초보라면

연두부로 부드러운 맛을 내보세요.
순두부 대신 더 부드러운 맛을 내는 연두부를 사용해도 좋아요. 연두부 역시 잘 으깨지므로 채반에 받쳐 물기를 뺀 뒤 국이 다 끓고 난 다음 넣어 한소끔만 끓이세요.

 쌀뜨물 대신 디퍼리국물(32쪽)을 사용해도 좋아요.

연두부조갯국

야들야들 부드러운 연두부에 모시조개로 시원한 맛국물을 낸
연두부조갯국은 깔끔하고 개운한 맛이 천상궁합이에요.

준비하기

연두부 1모, 모시조개 100g, 표고버섯 2개, 대파 1대, 홍고추 1개, 다진 마늘 1큰술, 국간장 1작은술, 청주 1큰술, 참기름 1작은술, 물 5컵+2큰술, 녹말가루 2큰술, 소금·후춧가루 약간씩

1. 연두부는 사방 2cm 크기로 썬다.
2. 모시조개는 껍데기끼리 비벼가며 씻은 뒤 옅은 소금물에 담그고 신문지를 덮어 30분 정도 해감한다.
3. 냄비에 물 5컵을 붓고 끓으면 모시조개를 넣고 입을 벌릴 때까지 끓인 뒤 면보에 걸러 육수만 내리고 모시조개는 따로 건져둔다.

4. 표고버섯은 밑동을 잘라내고 얇게 채썬다. 대파는 송송 썬다. 홍고추는 얇게 어슷썰어 씨를 털어낸다.
5. 볼에 물 2큰술, 녹말가루를 넣고 섞어 물녹말을 만든다.
   Tip 녹말가루가 없다면 찹쌀가루를 이용해도 좋아요.

6. 냄비에 표고버섯, 대파, 다진 마늘, 국간장, 청주, 참기름을 넣고 강불에서 재빨리 볶다가 걸러낸 조개육수를 붓고 한소끔 끓인다.
7. 국물이 끓으면 연두부를 숟가락으로 하나씩 떠 넣고 건져둔 모시조개를 넣은 뒤 국물 맛이 우러날 때까지 끓인다.
8. ❼에 물녹말을 조금씩 넣어가며 풀어 걸쭉하게 한 뒤 한소끔 끓이고 홍고추, 소금, 후춧가루를 넣어 간한다.
   Tip 물녹말은 국물에 덩어리지지 않게 조금씩 부어가면서 끓여야 걸쭉한 국이 돼요.

고수처럼

연두부 모양이 잘 흐트러져요.

연두부는 너무 부드러워서 국물에 처음부터 넣어 끓이면 끓는 도중에 덩어리가 흐트러져 형체를 알아보기 어렵고 국물이 지저분해지죠. 국물이 팔팔 끓어 간이 알맞은 상태가 될 때 숟가락으로 떠 넣어 한소끔만 끓여야 깔끔하고 부드러운 국이 완성됩니다. 또한, 연두부를 이용한 국에는 더욱 부드럽고 더디 식게 하기 위해서 물녹말을 넣어요.

오이미역냉국

시원한 맛을 내는 오이와 미역이 만났어요. 무더운 여름에 더위를 날려줄 오이미역냉국으로 여름철 잃어버린 입맛도 되찾으세요.

준비하기

오이 1개, 불린 미역 80g, 실파 2대, 홍고추 1/2개, 소금 약간

무침양념 다진 마늘 1작은술, 식초 1작은술, 맛술 1작은술, 생강즙 약간, 고운 고춧가루 1/2작은술, 소금 약간

냉국국물 참치액젓(또는 간장) 1작은술, 식초 1큰술, 물엿 1작은술, 다시마 우린 물(33쪽) 3컵, 소금 약간

1. 오이는 소금으로 문질러 씻어 얇게 슬라이스한 뒤 소금을 약간 뿌려 절였다가 숨이 죽으면 물에 헹궈 물기를 꼭 짠다.
2. 불린 미역은 끓는 소금물에 넣고 파랗게 데친 뒤 찬물에 바락바락 주물러 씻어 먹기 좋은 크기로 썬다.
3. 실파는 송송 썬다. 홍고추는 송송 썰어 씨를 털어낸다.
4. 볼에 오이, 미역을 넣고 분량의 무침양념으로 조물조물 무친다.
5. 다른 볼에 분량의 냉국국물을 넣고 섞은 뒤 냉장고에 차게 둔다.
6. 그릇에 ❹의 오이미역무침을 넣고 실파, 고추를 얹은 뒤 냉국국물을 부어서 바로 먹는다.

초보라면

재료를 국물에 미리 담가놓지 마세요.

오이와 미역을 양념에 무친 다음 먹기 직전에 냉국국물을 부어야 재료의 맛을 살릴 수 있어요. 한꺼번에 냉국국물에 담가놓았다가 먹으면 미역의 비린 맛이 두드러진답니다.

고수처럼

곤약을 곁들여 쫀득함을 느껴보세요.

곤약, 청포묵, 도토리묵 등을 곁들이면 쫀득한 식감이 더해져 더욱 맛있는 냉국을 먹을 수 있어요. 곤약의 경우, 200g을 준비해서 얇게 채썰어 끓는 물에 데친 뒤 찬물에 헹궈 ❹번 과정에서 오이, 미역과 함께 무치면 돼요.

오이지냉국

늦봄에 장만해두면 여름 내내 든든해지는 비상 메뉴 오이지.
아삭아삭 잘 삭은 오이지로 만든 새콤달콤한 냉국입니다.

준비하기

오이지 3개, 실파 2대, 청양고추 1개, 참치액젓 1/2작은술, 물 2컵, 얼음 8조각

무침양념 다진 마늘 1/2작은술, 식초 2큰술, 물엿 1큰술, 설탕 1작은술, 소금·통깨 약간씩

1. 노랗게 잘 삭은 오이지를 준비해 물에 헹궈 얇게 슬라이스한 뒤 다시 찬물에 헹구고 물기를 꼭 짠다.
2. 실파는 송송 썬다. 청양고추는 송송 썰고 씨를 털어낸다.
3. 볼에 오이지, 실파, 청양고추를 넣고 분량의 무침양념으로 조물조물 무친다.
4. 그릇에 의 오이지무침, 물, 얼음을 넣어 섞고 참치액젓으로 맛을 낸 뒤 차가울 때 바로 먹는다.

초보라면

오이지냉국의 시원하고 칼칼한 맛을 살리세요.

오이지무침을 처음부터 냉국국물에 넣으면 쫄깃하고 아삭한 맛이 없어지고 오이지가 흐물거려 맛이 없어지니 먹기 직전에 냉국국물을 부어야 해요. 그리고 칼칼한 맛을 더욱 살리고 싶다면 고춧가루로 무치기보다 레시피처럼 청양고추를 넣고 무쳐야 찬 맛에 더 잘 어울려 맛깔스럽답니다.

가지냉국

다양한 메뉴로 변신이 가능한 가지. 냉국에 변화를 주고 싶다면
가지를 이용해 만들어보세요. 무더위에 그만이에요.

1. 가지는 모양대로 얇게 썰어 소금에 살짝 절였다가 물에 헹궈 물기를 꼭 짠다.
2. 실파는 송송 썬다. 청양고추, 홍고추는 씨를 빼고 잘게 다진다. 마늘은 얇게 채썬다.
3. 국물멸치는 머리와 내장을 제거한 뒤 냄비에 넣고 볶아 비린 맛을 없앤 다음 물을 붓고 푹 끓인다.
4. 국물이 끓으면 다시마를 넣어 5분간 더 끓인 다음 다시마를 건져내고 불에서 내려 가다랭이포를 넣어 우리고 면보에 육수만 거른다.
5. 거른 육수에 간장, 맛술, 소금, 후춧가루로 간한 뒤 냉장고에 차게 둔다.
6. 볼에 가지, 실파, 청양고추, 홍고추, 마늘, 통깨, 소금을 넣고 조물조물 무친다.
7. 그릇에 냉국국물을 붓고 ❻의 가지무침을 넣어 차가울 때 바로 먹는다.

준비하기

가지 2개, 실파 2대, 청양고추 1/2개, 홍고추 1개, 마늘 1쪽, 통깨 1/4작은술, 소금 약간

냉국국물 다시마(사방 5cm 크기) 1장, 국물멸치 5마리, 가다랭이포 3큰술, 간장 1작은술, 맛술 1작은술, 물 4컵, 소금·후춧가루 약간씩

 **고수처럼**

냉국 얼음으로 더 간편하고 시원하게 냉국을 즐기세요.
냉국 맛을 한결 업그레이드시키려면 냉국을 미리 만들어 사각 얼음으로 얼려두세요.
따로 얼음을 넣지 않아도 간이 잘 맞고 시원하게 먹을 수 있어 일석이조예요.

쇠고기육개장

진한 국물이 어른거려 자꾸 찾게 되는 그 맛, 쇠고기육개장입니다.
오늘 저녁 식탁에 진하게 한 그릇 올려보는 건 어떨까요?

준비하기

쇠고기(양지머리) 600g, 고사리 50g, 토란대 50g, 숙주 50g, 대파 5대, 국간장 1큰술, 고추기름 2큰술, 소금 약간

향신채 양파 1/2개, 대파잎 1대분, 마늘 4쪽

국건지양념 다진 마늘 2큰술, 국간장 1작은술, 청주 1작은술, 참기름 1큰술, 고춧가루 1과 1/2큰술, 후춧가루 약간

1. 쇠고기는 찬물에 1시간 정도 담가 핏물을 완전히 뺀다. 냄비에 물을 넉넉히 붓고 분량의 향신채를 넣어 끓으면 쇠고기를 덩어리째 넣고 푹 삶는다.

2. 진한 국물이 우러나면 고기를 건져 한 김 식힌 뒤 결대로 찢는다. 육수는 면보에 걸러 다시 냄비에 붓고 끓인다.

3. 고사리는 질긴 부분을 끊어내고 끓는 소금물에 넣어 부드럽게 데친 뒤 찬물에 1시간 정도 담가 아린 맛을 뺀 다음 물기를 꼭 짜고 5cm 길이로 썬다.

4. 토란대는 끓는 소금물에 넣어 부드럽게 데친 뒤 찬물에 하루 정도 담가 아린 맛을 뺀 다음 5cm 길이로 썰고 가늘게 찢는다.

5. 숙주는 콩껍질이 없도록 씻어 끓는 소금물에 데친 뒤 찬물에 헹궈 먹기 좋은 크기로 썬다.

6. 대파는 줄기와 잎을 분리해서 각각 10cm 길이로 썰고 다시 세로로 굵게 썬 다음 끓는 소금물에 데친 뒤 찬물에 헹궈 물기를 뺀다.

7. 볼에 분량의 국건지양념을 넣고 섞는다. 양념의 2/3를 덜어내 다른 볼에 넣고 쇠고기, 고사리, 토란대, 숙주, 대파를 넣어 고루 버무린다.

8. ❷의 육수에 나머지 국건지양념을 넣고 중불에서 5분 정도 끓이다가 ❼을 넣고 한소끔 끓인다. 구수한 맛이 나면 국간장, 고추기름으로 간한다.

고수처럼

집에서 직접 고추기름을 만들어보세요.

칼칼한 맛을 낼 때 많이 사용하는 고추기름은 냄새가 쉽게 배기 때문에 빠른 시일 내에 사용할 분량만 만들어두는 게 좋아요.
식용유와 고춧가루를 2:1 비율로 준비합니다. 팬에 식용유를 두르고 달군 뒤 고춧가루를 넣고 붉은색이 우러나면서 끓으려고 하면 불에서 내려 그대로 두어 고춧가루를 가라앉힌 다음 종이타월에 걸러 깨끗하고 선명한 고추기름을 받아내면 완성이에요.

갈비탕

갈비탕은 이름만 들어도 힘이 나는 것 같아요. 언제나 힘을 북돋워주는 보양식 갈비탕, 가족 건강을 위해서 푸짐하게 차려보세요.

준비하기

쇠갈비 600g, 무 1/5개(150g), 당면 50g, 대파 1대, 달걀지단(사방 10cm 크기) 1장

갈비양념 다진 파 1큰술, 다진 마늘 1큰술, 진간장 1큰술, 참기름 1작은술, 소금·깨소금·후춧가루 약간씩

갈비탕양념장 갈비국물 1/2컵, 다진 파 2큰술, 다진 마늘 1작은술, 진간장 1큰술, 청주 1큰술, 맛술 1작은술, 참기름 1큰술, 고춧가루 3큰술, 후춧가루 약간

1. 쇠갈비는 사방 5cm 크기로 토막 내서 깨끗이 씻고 찬물에 담가 핏물을 완전히 뺀다.
2. 핏물 뺀 쇠갈비를 끓는 물에 데친 뒤 찬물에 씻어 기름기를 제거한다. 냄비에 물을 넉넉히 부은 다음 쇠갈비를 넣고 끓인다.
3. 무는 사방 4cm 크기로 얇게 썬다. 당면은 먹기 좋은 크기로 잘라 미지근한 물에 불린다. 대파는 송송 썬다. 달걀지단은 사방 1cm 크기의 골패 모양으로 썬다.
4. ❷의 갈비국물이 진하게 우러나면 고기만 건져낸다. 볼에 고기, 무를 넣고 분량의 갈비양념으로 고루 버무린다.
5. ❹의 갈비국물은 면보에 거른 뒤 기름기를 걷어 다시 냄비에 붓고 한소끔 끓이다가 당면, 양념한 고기와 무를 넣고 진한 국물이 나도록 다시 한소끔 끓인다.
6. 그릇에 갈비탕을 담고 대파, 달걀지단을 얹는다. 볼에 분량의 갈비탕양념장을 넣고 섞어 갈비탕과 함께 상에 낸다.

끓이고 난 갈비뼈로 해장국을 만드세요.

갈비탕을 끓이고 난 갈비뼈로 다시 국물을 끓인 뒤 우거지, 시래기 등을 넣어서 시원한 해장국을 끓여보세요. 다음 식사에는 우거지갈비된장국(38쪽)을 끓여보면 좋겠죠?

장터곰탕

시골 5일장에서 볼 수 있었던 장터곰탕,
집에서도 구수한 맛을 살려 진하고 맛있게 끓여 먹을 수 있어요.

준비하기

쇠고기(양지머리) 300g, 냉동 사골국물(33쪽) 12컵, 무 1/6개 (100g), 대파 1대, 당면 30g, 다진 마늘 1큰술, 청주 1큰술, 소금·후춧가루 약간씩

1. 냉동 사골국물은 조리 2시간 전에 실온에 두어 해동시킨 뒤 냄비에 붓고 끓인다.
2. 무는 사방 3cm 크기로 얇게 썬다. 대파는 굵게 채썬다. 당면은 먹기 좋은 크기로 잘라 미지근한 물에 불린다.
3. 쇠고기는 찬물에 1시간 정도 담가 핏물을 뺀 뒤 사골국물이 끓으면 덩어리째 넣고 끓인다.
4. 사골국물이 끓고 고기가 익으면 고기를 건져내 결대로 굵게 찢는다.
5. 끓어오르는 사골국물에 무, 대파, 다진 마늘, 청주를 넣고 한소끔 끓인다.
6. 무가 익으면 찢어둔 쇠고기, 당면을 넣고 한소끔 더 끓이고 소금, 후춧가루로 간한다.

초보라면

당면은 꼭 미리 불려두세요.
당면은 미지근한 물에 불린 다음 곰탕국물에 넣고 한소끔 끓여야 쫄깃함도 생기고 쉽게 불지도 않아요.

쇠고기숙주탕

살캉하게 씹히는 숙주는 씹을수록 단맛이 우러나요. 쇠고기숙주탕은 숙주를 넣어 쇠고기 국물 맛을 색다르게 즐길 수 있는 탕이에요.

준비하기

쇠고기(양지머리) 400g, 숙주 150g, 무 1/6개(100g), 대파 1대, 홍고추 1개, 다진 마늘 1큰술, 청주 1큰술, 참치액젓 1큰술, 물 12컵, 소금·후춧가루 약간씩

1. 쇠고기는 찬물에 1시간 정도 담가 핏물을 완전히 뺀다.
2. 냄비에 물을 붓고 끓으면 쇠고기, 청주, 참치액젓을 넣고 끓인다.
3. 숙주는 콩껍질이 없도록 씻어 헹군 뒤 물기를 털어낸다. 무는 사방 3cm 크기로 얇게 썬다. 대파, 홍고추는 각각 얇게 채썬다.
4. ❷의 고기가 익으면 건져내 얇게 슬라이스한 뒤 무와 함께 고기국물에 넣고 끓인다.
5. 무가 익고 국물이 진해지면 대파, 다진 마늘을 넣고 한소끔 끓인 뒤 소금, 후춧가루로 간한다.
6. 그릇에 고기국물과 건지를 담고 숙주를 소복하게 올린 뒤 홍고추를 얹는다.

 물 대신 쌀뜨물 넣고 끓인 깨국물(33쪽)을 사용해도 좋아요.

초보라면

숙주의 비린 맛을 없애려면~
숙주의 비린 맛이 염려된다면 ❸번 과정에서 씻어 물기를 털어낸 숙주를 냉장고에 잠시 차게 넣었다가 국물에 올리면 좋아요. 단, 팔팔 끓어오르는 뜨거운 국물에 올려야 비린 맛이 사라진답니다.

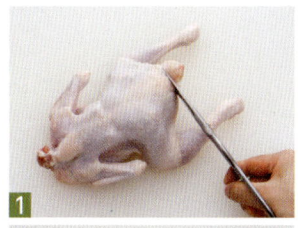

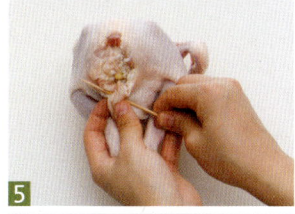

된장삼계탕

닭의 기름기가 둥둥 뜨는 것을 싫어하는 사람들도 된장삼계탕은 국물이 구수해서 좋아해요. 특히 닭고기가 된장에 삶아져 굉장히 부드럽고 연해 퍽퍽한 살집도 먹기에 좋아요.

준비하기

영계 2마리, 수삼 4뿌리, 감초 10g, 대추 10개, 찹쌀 1컵, 양파 1개, 마늘 12쪽, 대파잎 3대분, 된장 2큰술, 물 5컵, 소금·후춧가루 약간씩

1. 영계는 몸속까지 물에 씻고 물기를 뺀 다음 항문을 잘라내 누린내가 나지 않게 한다.

2. 수삼은 흙을 털어내고 물에 씻어 길게 2등분한다. 감초는 물에 씻고 물기를 뺀다. 대추는 주름 부분까지 깨끗이 씻는다.

3. 찹쌀은 깨끗이 씻어 20분간 불린 뒤 체에 밭쳐 물기를 뺀다. 양파는 2~3등분한다. 마늘은 껍질을 벗겨 씻는다. 대파잎은 2~3토막 낸다.

4. 냄비에 물을 붓고 감초를 넣어 20분 정도 끓인 뒤 체에 걸러 감초물만 다시 냄비에 붓고 된장을 푼 다음 양파, 대파잎을 넣고 끓인다.

5. 영계의 몸속에 수삼, 대추, 찹쌀, 마늘을 넣고 꼬치로 꿰서 속재료가 밖으로 흘러나오지 않게 한다.

6. ❹의 된장국물이 끓으면 영계를 넣고 뚜껑을 덮어 중불에서 40분 이상 푹 삶는다. 젓가락으로 찔러보아 푹 들어가고 찹쌀이 완전히 익었으면 불에서 내린다.

7. 꼬치를 뺀 뒤 영계를 그릇에 담는다. 된장국물은 면보에 걸러 기름기 없는 맑은 국물만 영계에 붓고 소금, 후춧가루로 간한다.

동태매운탕

호호 불며 먹는 맛이 최고인 동태매운탕은 추운 겨울에 특히 생각나는 탕 요리 중 하나죠. 손님이 오셨을 때 식사 대접으로 좋은 메뉴예요.

준비하기

동태 1마리, 두부 1/4모, 무 1/6개(100g), 콩나물 100g, 미나리 30g, 대파 1대, 대파잎 2대분, 청양고추 1개, 홍고추 1개, 생강 1톨, 쌀뜨물 2컵, 물 2컵, 소금 약간

매운탕양념 된장 1/2작은술, 다진 마늘 1과 1/2큰술, 다진 생강 1/4작은술, 간장 1작은술, 청주 1큰술, 고춧가루 2큰술, 소금·후춧가루 약간씩

1. 동태는 해동시켜 비늘, 지느러미를 제거하고 배를 갈라 내장과 알을 떼어낸 뒤 체에 밭쳐 옅은 소금물에 흔들어 씻고 물기를 뺀 다음 먹기 좋은 크기로 토막 낸다. 내장과 알, 동태 머리는 버리지 말고 따로 둔다.
   > Tip 동태 아가미는 국물 맛을 진하게 해주기 때문에 비늘 손질할 때 제거하지 마세요.

2. 냄비에 물을 넉넉하게 붓고 대파잎, 생강을 넣어 끓으면 동태살과 동태 머리를 넣어 애벌로 살짝 익힌 뒤 물기를 빼고 식힌다.

3. 두부는 사방 4cm 크기, 1cm 두께로 썬다. 무는 사방 4cm 크기로 얇게 썬다. 콩나물은 머리와 꼬리를 떼어내고 씻은 뒤 물기를 털어낸다.

4. 미나리는 잎과 줄기를 씻은 뒤 물기를 털어내고 3cm 길이로 썬다. 대파는 굵게 어슷썬다. 청양고추, 홍고추는 각각 어슷썰어 씨를 털어낸다.

5. 볼에 분량의 매운탕양념을 넣고 섞는다.

6. 냄비에 무, 콩나물, 동태 머리를 넣고 쌀뜨물, 물 2컵을 부은 뒤 뚜껑을 덮어 끓인다.

7. 국물이 끓으면 매운탕양념을 멍울이 없도록 풀어 넣고 5분 정도 끓인다.

8. 동태살을 넣고 3분 정도 끓이다가 내장과 알을 올려 한소끔 끓인 뒤 소금으로 간하고 두부, 미나리, 대파, 청양고추, 홍고추를 얹어 한소끔만 끓여 바로 먹는다.

고수처럼

동태살을 단단하게 유지하려면 애벌로 익히세요.

동태살에 탄력을 주려면 ❷번 과정처럼 동태를 한 번 애벌로 삶은 뒤 탕을 끓여야 해요. 쌀뜨물에 삶으면 좋은데요, 삶은 뒤 그대로 채반에 올려 식혀야 더욱 살집이 단단해져 쉽게 부서지지 않아요. 그리고 매운탕양념을 만들 때 집된장을 약간 넣어주면 생선 비린내를 잡을 수 있으니 이용해보세요.

우럭속풀이탕

속풀이엔 단연 우럭이죠! 우럭 머리로 국물을 내어 맛이 깊고 달달한 우럭속풀이탕, 칼칼하게 청양고추를 넣은 양념으로 시원하게 속을 풀어주세요.

준비하기

우럭 1마리, 바지락 100g, 무 1/7개(80g), 애호박 1/3개, 쑥갓 50g, 대파 1대, 홍고추 1개, 소금 약간

탕양념 다진 파 1큰술, 다진 청양고추 2큰술, 다진 마늘 1큰술, 다진 생강 1작은술, 간장 2작은술, 청주 1큰술, 소금·후춧가루 약간씩

1. 우럭은 비늘, 지느러미를 제거하고 머리를 잘라 내장을 빼낸 뒤 먹기 좋은 크기로 토막 내 깨끗이 씻는다. 우럭 머리는 버리지 말고 따로 둔다.
2. 바지락은 소금물에 담가 30분 정도 해감한다.
3. 무는 사방 3cm 크기로 얇게 썬다. 애호박은 1cm 두께로 반달썰기 한다. 쑥갓은 짧게 끊어 씻는다. 대파, 홍고추는 각각 굵게 어슷썬다.
4. 냄비에 바지락을 넣고 물을 넉넉히 부어서 바지락이 입을 벌릴 때까지 끓인 뒤 체에 걸러 국물을 내린다.
5. 볼에 분량의 탕양념을 넣고 섞는다.
6. 냄비에 ❹의 바지락국물 4컵을 붓고 한소끔 끓인 뒤 탕양념을 반만 풀어 끓인다.
7. 국물이 끓으면 우럭과 우럭 머리, 바지락, 무, 애호박을 넣고 나머지 탕양념을 넣어 멍울 없이 푼 뒤 거품을 걷어가며 끓인다.
8. 국물이 다시 끓으면 대파, 홍고추를 넣고 한소끔 끓인 뒤 우럭 머리를 건져내고 소금으로 간한 다음 쑥갓을 올려 바로 불에서 내린다.

초보라면

생선 머리에 진한 국물 맛의 비밀이 있어요.
생선의 머리에서는 단맛이 나는 감칠맛 성분이 많이 우러나요. 특히 우럭으로 끓이는 탕의 진한 국물을 맛보려면 우럭 머리를 넣고 함께 끓여야 해요. ❼번 과정처럼 국물 맛을 진하게 낸 뒤 먹기 전에 머리를 꺼내주면 된답니다. 그리고 칼칼하고 매운맛을 내고 싶다면 탕양념의 다진 청양고추를 씨째 다지는 것이 좋아요.

연포탕

쓰러진 소를 벌떡 일으키게 한다는 낙지,
보양식으로 유명한 낙지로 탕을 끓여보세요.
뽀얀 국물에서 나는 시원한 맛이 일품인, 가을철 대표 보양식입니다.

준비하기

낙지 2마리, 미나리 50g, 쪽파 3대, 청주 1큰술, 다시마 우린 물(33쪽) 4컵, 밀가루 2큰술, 굵은 소금 1큰술

초장 고추장 3큰술, 식초 1큰술, 레몬즙 1작은술, 생강즙 약간, 설탕 1큰술

1. 낙지는 먹통을 떼어낸 뒤 볼에 넣고 밀가루, 굵은 소금을 넣어 바락바락 주물러 씻어 물기를 뺀다.
2. 미나리는 잎과 줄기를 씻은 뒤 물기를 털어내고 3cm 길이로 썬다. 쪽파는 3cm 길이로 썬다.
3. 볼에 분량의 초장을 넣고 섞는다.
4. 냄비에 다시마 우린 물을 붓고 끓으면 청주를 넣은 뒤 낙지를 넣어 데치듯이 끓인다.
5. 국물 맛이 우러난 낙지는 뜨거울 때 먹기 좋은 크기로 썰어 미나리와 쪽파를 곁들여 초장에 찍어 먹는다.

고수처럼

국물로 죽을 쑤어 든든하게 마무리하세요.

낙지를 데친 국물에 떼어낸 먹통을 터뜨려 넣고 끓으면 밥을 넣고 죽을 쑤세요. 더욱 든든한 식사를 할 수 있어요.

꽃게탕

속이 꽉 찬 꽃게에서 우러나는 달달하고 시원한 국물이 일품인 꽃게탕이에요. 빨갛게 익은 꽃게를 보기만 해도 군침 돌아요.

준비하기

꽃게 6마리, 무 1/8개(50g), 콩나물 150g, 미나리 80g, 대파 2대, 청양고추 2개, 홍고추 2개, 물 10컵, 소금 약간

양념장 다진 마늘 1과 1/2큰술, 다진 생강 1/2작은술, 청주 1과 1/2큰술, 참치액젓 1작은술, 소금·후춧가루 약간씩

1. 꽃게는 솔로 구석구석 깨끗이 씻은 뒤 등딱지와 몸통을 분리해 내장을 제거한 다음 흐르는 물에 씻고 몸통을 다리와 함께 4등분한다.
2. 무는 껍질째 사방 4cm 크기로 얇게 썬다. 콩나물은 뿌리 부분을 다듬어 씻는다.
3. 미나리는 잎과 줄기를 씻은 뒤 물기를 털어내고 4cm 길이로 썬다. 대파, 청양고추, 홍고추는 각각 굵게 어슷썬다.
4. 볼에 분량의 양념장을 넣고 섞는다.
5. 냄비에 꽃게, 무, 콩나물을 넣고 물 4컵을 부은 뒤 뚜껑을 덮어 끓인다.
6. 꽃게가 익으면 양념장을 풀고 물 6컵을 부어 거품을 걷어가며 5분 정도 끓인다.
7. 미나리, 대파, 청양고추, 홍고추를 얹고 소금으로 간한 뒤 끓이면서 먹는다.

초보라면

꽃게, 말끔히 손질하세요.

게의 몸통을 가르면 누런 내장이 보여요. 내장을 칼로 떼어낸 뒤 받아놓은 물에 슬쩍 헹궈 게살이 녹아내리지 않도록 조심히 건져내세요. 토막 낼 때는 칼을 이용하고, 아가미는 손으로 말끔히 떼어내세요.

대하매운탕

바다내음을 가득 품은 해산물로 끓여 그윽한 풍미가 느껴지는 탕이에요.
빨갛게 끓여진 탕을 보기만 해도 얼큰하고 시원한 맛이
입안에서 감도는 듯해요.

준비하기

대하 8마리, 모시조개 200g, 무 1/6개(100g), 콩나물 150g, 미나리 80g, 대파 2대, 청양고추 1개, 홍고추 1개, 물 8컵, 소금 약간

양념장 고추장 1작은술, 된장 1작은술, 다진 마늘 1과 1/2큰술, 다진 생강 1/2작은술, 참치액젓 1작은술, 청주 1과 1/2큰술, 고운 고춧가루 2와 1/2큰술, 소금·후춧가루 약간씩

1. 대하는 깨끗이 씻어 수염, 다리를 가위로 잘라내고 내장을 제거한다.
2. 모시조개는 껍데기끼리 비벼가며 씻은 뒤 옅은 소금물에 담그고 신문지를 덮어 30분 정도 해감한다.
3. 무는 껍질째 씻어 사방 4cm 크기로 얇게 썬다. 콩나물은 뿌리 부분을 다듬어 씻고 물기를 털어낸다.
4. 미나리는 잎과 줄기를 씻은 뒤 물기를 털어내고 4cm 길이로 썬다. 대파, 청양고추, 홍고추는 각각 굵게 어슷썬다.
5. 볼에 분량의 양념장을 넣고 섞는다.
6. 냄비에 모시조개, 무, 콩나물을 넣고 물 4컵을 부은 뒤 뚜껑을 덮어 끓인다.
7. 무와 콩나물이 익으면 대하, 양념장, 물 4컵을 넣고 거품을 걷어가며 5~6분간 끓인다.
8. 미나리, 대파, 청양고추, 홍고추를 얹고 소금으로 간한 뒤 끓이면서 먹는다.

초보라면

대하 손질할 때 이것만은 꼭!

대하의 내장을 반드시 제거할 필요는 없지만 구이나 튀김 등의 요리를 할 때에는 깔끔하고 고소한 맛을 살리기 위해 제거해주는 것이 좋은데요. 대하의 등 쪽 두 번째 마디를 꺾어 이쑤시개를 이용해 긴 내장을 빼낸 뒤 옅은 소금물에 흔들어 씻으면 돼요. 수염은 가위로 짧게 잘라내고 입안에 상처를 낼 수 있는 머리 쪽의 굵은 다리도 가위로 잘라내면 말끔하게 손질이 끝나요.

알탕

레시틴이 풍부한 알탕은 뭐니뭐니 해도
겨울에 끓여 먹는 것이 제격이지요.
톡톡 씹히는 알과 시원한 국물이 어우러져 환상적인 맛을 냅니다.

준비하기

명란 100g, 고지 100g, 두부 1/4모, 무 1/6개(100g), 콩나물 100g, 쑥갓 30g, 대파 1대, 청양고추 1개, 홍고추 1개, 국물멸치 7마리, 청주 1큰술, 쌀뜨물 6컵, 소금 약간

양념장 고추장 1작은술, 다진 마늘 1큰술, 다진 생강 1/4작은술, 간장 1작은술, 청주 1큰술, 고춧가루 2큰술, 소금·후춧가루 약간씩

1. 명란, 고지는 각각 옅은 소금물에 헹구고 뜨거운 물을 끼얹어 그대로 식힌다.
2. 두부는 사방 4cm 크기, 1cm 두께로 썬다. 무는 사방 4cm 크기로 얇게 썬다. 콩나물은 머리와 꼬리를 떼어내고 씻은 뒤 물기를 털어낸다.
3. 쑥갓은 싱싱한 잎을 골라 씻어 3cm 길이로 썬다. 대파는 굵게 어슷썬다. 청양고추, 홍고추는 각각 어슷썰고 씨를 털어낸다.
4. 볼에 분량의 양념장을 넣고 섞는다.
5. 국물멸치는 머리와 내장을 제거한 뒤 냄비에 넣고 볶아 비린 맛을 없앤 다음 청주, 쌀뜨물을 붓고 끓여 면보에 육수만 거른다.
6. 거른 육수를 다시 냄비에 붓고 무, 콩나물을 넣은 뒤 뚜껑을 덮어 콩나물 익는 냄새가 날 때까지 끓인다.
7. 양념장을 풀고 명란, 고지를 넣어 10분 정도 끓인다.
8. 소금으로 간한 뒤 손질한 두부, 쑥갓, 대파, 청양고추, 홍고추를 넣고 한소끔 끓여 바로 먹는다.

초보라면

알의 비린 맛은 대파로 없애요.
알탕은 고지(명태의 알과 내장) 대신 오징어 알, 낙지 알, 주꾸미 알 등으로 끓여도 맛이 좋아요. 대신 알은 대파를 넣은 끓는 물에 데친 뒤 탕을 끓여야 비린 맛이 제거되고 깊은 국물 맛을 낼 수 있어요.

✔ 쌀뜨물 대신 쌀뜨물 넣고 끓인 깨국물(33쪽)을 사용해도 좋아요.

어묵탕

누구나 쉽게 만들어 먹을 수 있는 어묵탕은 꼬치에서 뽑아 먹는 재미가 쏠쏠하니 꼬치에 끼워 준비해보세요. 뜨끈한 국물이 그리울 때 제격이죠.

준비하기

꼬치용 튀김어묵 400g, 무 1/5개(150g), 은행 12개, 메추리알 5개, 카놀라유 1큰술, 꼬치 약간

가다랭이국물 가다랭이포 2큰술, 국물멸치 5마리, 다시마(사방 10cm 크기) 1장, 간장 2큰술, 맛술 1큰술, 청주 1작은술, 물 6컵, 설탕 1작은술, 소금 약간

고추냉이초장 고추냉이 1작은술, 간장 1큰술, 식초 1큰술, 다시마 우린 물(33쪽) 1작은술, 설탕 1작은술

 가다랭이국물 대신 북어머리콩국물(33쪽)을 사용해도 좋아요.

1. 국물멸치는 머리와 내장을 제거한 뒤 냄비에 넣고 볶아 비린 맛을 없앤 다음 물을 부어 끓으면 불을 끄고 가다랭이포를 넣어 진하게 우린다.
2. 무는 사방 4cm 크기로 얇게 썬다. 다시마는 흰 가루를 닦고 사방 3cm 크기로 자른다.
3. ❶의 가다랭이국물을 냄비에 붓고 끓으면 무, 다시마를 넣고 끓이다가 간장, 맛술, 청주, 설탕, 소금을 넣고 한소끔 끓인다.
4. 어묵은 큼직하게 썰어 끓는 물에 데친다. 메추리알은 완숙으로 삶아 껍질을 벗긴다. 팬에 카놀라유를 두른 뒤 은행을 넣고 굴려가면서 노릇하게 볶고 껍질을 벗긴다.
5. 볼에 분량의 **고추냉이초장**을 넣고 섞는다.
6. 어묵, 은행, 메추리알을 꼬치에 보기 좋게 꽂는다.
7. ❸에 꼬치를 넣고 한소끔 끓인 뒤 그릇에 담고 고추냉이초장을 함께 내어 찍어 먹는다.

초보라면

튀긴 어묵은 기름기를 반드시 빼주세요.
어묵탕의 어묵은 찐 어묵과 튀긴 어묵 중에서 튀긴 것으로 골고루 준비해야 맛있어요. 튀긴 어묵은 끓는 물에 데쳐서 기름기를 뺀 뒤 조리해야 맛이 담백하고 국물이 시원해요.

단호박조개부추탕

칼칼한 고추장양념에 달달한 단호박과 부추가 들어가 색다르게 즐길 수 있는 탕이에요. 문득문득 생각나 자주 해먹게 되는 요리가 될 거예요.

1. 모시조개는 껍데기끼리 비벼가며 씻은 뒤 옅은 소금물에 담그고 신문지를 덮어 30분 정도 해감한다.
2. 냄비에 생강, 물을 넣고 끓으면 모시조개를 넣고 조개가 입을 벌릴 때까지 끓인 뒤 면보에 걸러 육수만 내리고 모시조개는 흐르는 물에 씻어 살만 발라놓는다.
3. 단호박은 씨를 긁어내고 껍질을 벗겨 사방 2.5cm 크기로 썬다. 부추는 씻어서 2cm 길이로 썬다. 대파는 5cm 길이로 굵게 채썬다. 청양고추는 송송 썬다.
4. 볼에 분량의 고추장양념을 넣고 섞는다.
5. 냄비에 걸러둔 조개육수를 붓고 고추장양념을 멍울 없이 푼 뒤 단호박을 넣고 단호박이 살캉하게 익을 때까지 끓인다.
6. 조갯살, 부추를 넣고 대파, 청양고추를 얹은 뒤 소금으로 간한다.

초보라면

부추의 식감을 살려주세요.
단호박조개부추탕은 부추가 늘어지지 않아야 함께 씹는 조갯살의 달달한 맛이 살아 더욱 맛있게 먹을 수 있어요. 부추, 대파, 청양고추 등의 채소를 조개육수에 넣고 끓이면 채소가 늘어지고 맛이 없으니 ❻번 과정처럼 육수가 끓은 뒤 넣어주세요.

준비하기

모시조개 200g, 단호박 1/2개, 부추 30g, 대파 1대, 청양고추 1개, 생강 1/2톨, 물 6컵, 소금 약간

고추장양념 고추장 1큰술, 다진 마늘 1큰술, 간장 1큰술, 청주 1작은술, 소금·후춧가루 약간씩

✓ 물 대신 북어머리콩국물(33쪽)을 사용해도 좋아요.

part 2

얼큰하고 깊은 맛으로 입맛 돋우는
찌개·전골·찜

찌개·전골·찜 요리는 자작하고 얼큰한 국물과
다양한 재료들이 어우러져 내는 맛이 중요하죠.
입맛이 심심할 때 깊고 진한 국물의 찌개·전골·찜 요리에 도전해보세요.

국물 맛 업그레이드하는 홈메이드 조미료

국물을 손쉽게 끓이고 싶거나 끓이고 난 뒤 맛이 조금 부족하다, 심심하다 싶을 때 넣으면 좋은 홈메이드 조미료예요. 천연 재료가 내는 맛과 향으로 국, 찌개의 국물을 더욱 풍미 있게 끓여보세요.

멸치가루

국, 찌개, 전골 등 구수하고 깊은 맛을 내며 향이 짙은 국물을 끓일 때 필요한 멸치가루예요. 국물 요리 외에도 칼슘이 풍부하고 구수해서 나물무침이나 조림반찬 등에 넣기도 하니 꼭 만들어두세요.

멸치가루는 멸치 내장을 제거한 뒤 마른 팬에 달달 볶아 바짝 마르면 믹서에 넣고 곱게 갈아주면 되고, 실온에서 보관하면 자칫 쩐 냄새가 날 수 있으므로 밀폐 지퍼백에 담아 냉동 보관하는 것이 가장 좋아요. 보통 15일 단위로 갈아서 보관해야 신선하고 멸치의 단맛이 유지되니 한꺼번에 많은 양을 만들기보다는 멸치 100g 단위로 만들어서 쓰도록 하세요.

멸치가루는 비린 맛을 완전히 없앤 뒤에 만들어야 오래 보관할 수 있고 요리했을 때 잡내가 없어요.

마른새우가루

새우가루는 체력 보강에 좋은 영양식으로 단백질과 무기질, 비타민, 칼슘 등이 풍부하고 고소한 맛과 풍미가 뛰어나요. 해물이 들어간 국, 찌개 등에 넣으면 향긋하고 고소한 맛이 살아나고, 나물무침에 넣어도 나물의 맛과 향을 배가시켜요.

마른새우가루는 마른 새우를 면보에 싸서 비벼 잔가시와 수염을 부숴낸 뒤 마른 팬에 넣고 바삭하게 볶아서 식힌 다음 믹서에 넣고 곱게 갈아주면 돼요. 보관할 때는 실온에 보관하면 변질될 수 있으니 병에 담아 냉장 보관하면 되고, 10일 정도 사용할 수 있어요.

다시마가루

다시마가루는 음식 맛을 개운하고 깔끔하게 하며, 국, 볶음, 조림 등 거의 모든 요리에 두루 쓰이는 만능 조미료예요. 칼슘, 요오드 등 미네랄과 섬유질이 풍부하고 소화가 잘되어 성인병 예방에 좋다고도 하니 자주 만들어 사용하세요.

다시마가루는 다시마 표면의 흰 가루를 털어내고 젖은 면보로 깨끗이 닦아낸 뒤 3~4군데 가위집을 넣고 마른 팬에 달달 볶아 바삭해지면 믹서에 넣고 곱게 갈아주면 돼요. 보관할 때는 밀폐용기에 담아 실온에 보관하되, 통풍이 잘되고 그늘진 곳에 보관해야 변질될 염려가 없어요. 보관 기간은 20일 정도입니다.

다시마가루

표고버섯가루

마른 표고버섯은 비타민D가 풍부하고 항암작용을 하는 성분이 있어 성인병 예방에 아주 좋은 재료예요. 특히 생표고버섯보다 영양이 뛰어나고 향이 진하며 독특한 감칠맛이 있어 가루 조미료 중에 최고라 할 수 있지요. 버섯의 강한 맛이 많이 나기 때문에 약간만 넣어도 음식의 풍미가 좋아지는 장점이 있어요.

표고버섯가루로 국물을 내면 구수한 맛이 일품인데요. 북어를 넣은 해장국, 오징어를 넣은 무국, 콩나물을 넣어 만드는 시원한 국물에 아주 좋아요.

표고버섯가루는 마른 표고버섯을 거즈로 말끔하게 닦은 뒤 습기가 없도록 바짝 말려서 작게 썰어 믹서에 넣고 곱게 갈아주면 돼요. 보관할 때는 병이나 밀폐용기에 담아 냉장 보관하는데, 표고버섯가루는 잘 변질되지 않으니 한 달 정도 먹을 분량을 만들어 보관해도 좋답니다.

표고버섯가루

국물과 재료 모두 살리는, 찌개와 찜 비법

찌개와 찜 요리는 국물이 깊게 우러나와야 하고 간도 잘 맞아야 하는 데다 재료와의 어우러짐도 중요하죠.
평소 찌개·찜 요리를 준비할 때 빼놓지 않는 저만의 노하우를 전수해드릴게요.

국물 요리

1. 겨울 무 하나로 밑국물을 만들어요.

무가 가장 달달하면서 알싸하게 매운 가을·겨울철에만 가능한 방법이라 아쉽긴 하지만 추운 날씨에 먹는 국물 요리에는 무조건 무로 국물을 만들어요. 단물을 흠뻑 머금은 겨울 무를 큼직하게 썰어 쌀뜨물을 듬뿍 붓고 푹 끓이면 달달한 감칠맛이 진해 국, 찌개, 전골 등의 밑국물은 물론 나물 볶을 때에도 살짝 넣어준답니다.

2. 액젓으로 감칠맛을 내요.

소금, 간장보다 감칠맛을 내는 것이 바로 액젓이지요. 시판 액젓도 좋지만, 멸치가 제철일 때 큼직한 것으로 구입해서 소금에 삭혔다가 끓여 창호지에 내리는 멸치액젓이야말로 진국 중의 진국이라 입맛 까다로운 사람들도 액젓으로 간을 한 국물 맛에는 반하게 마련이랍니다. 특히 밋밋한 채소를 이용한 찌개, 전골에 넣어보세요. 깊이가 있는 국물을 맛볼 수 있어요.

3. 고춧가루보다는 매운맛을 내는 삭힌 고추를 써요.

맑은 뭇국, 담백한 감잣국, 시원한 콩나물 넣은 찌개, 심심한 우거지 넣은 찌개 등 맛이 강하지 않은 국·찌개에 얼큰한 맛을 내려면 고춧가루보다는 노랗게 삭힌 고추를 송송 썰어 넣어보세요. 매콤하면서 깔끔한 국물 맛, 씹히는 고추의 향과 깊이에 너끈히 두 그릇은 먹을 수 있답니다. 고추를 삭히려면, 싱싱하고 매운맛이 강한 청양고추를 꼬치로 3~4군데 구멍을 낸 뒤 소금을 듬뿍 뿌려 묵직한 돌로 꾹 눌러놓아 한 해를 보내면 고추가 푹 삭아요. 삭은 고추를 꺼내 송송 썰어 사용하면 된답니다.

4. 버섯 기둥은 버리지 않아요.

촬영, 방송, 강의를 하다 보면 늘 식재료가 남기 마련인데, 표고버섯 기둥은 절대 버리지 않아요. 버섯 기둥은 국물 맛을 진하게 하고 향을 좋게 하거든요. 마른 표고버섯 기둥, 생표고버섯 기둥 모두

마른 팬에 볶아놓으면 향이 더 진해지고 맛이 좋아져요. 볶은 뒤 지퍼백에 넣고 냉동 보관했다가 국물 요리를 할 때마다 3~4개씩 넣고 푹 끓여낸답니다.

5. 북어 머리는 필수예요.
늘 북어 머리를 10개 정도 냉동실에 넣어두는 습관이 있어요. 멸치보다 훨씬 구수하고 담백하면서 부드러운 맛을 내기 때문에 북어 머리를 선호합니다. 시원한 맛도 한결 더한 북어 머리는 잘 말려놓은 것으로 준비하면 되는데, 국물은 쌀뜨물을 써야 환상 궁합이에요.

6. 들깨가루는 꼭 거피 내어 미리 만들어놓아요.
들깨를 통통하게 볶아서 거피 낸 뒤 곱게 빻아 체에 내린 들깨가루는 담백하고 고소한 맛을 내는 찌개, 전골에 꼭 들어가야 하는 재료랍니다. 된장을 넣은 양념에 들깨가루를 넣으면 된장의 강한 냄새와 맛이 부드러워지거든요. 또한 생선찌개를 끓일 때 비린내도 없애준답니다. 들깨가루는 냉동 보관해야 냄새 없이 오래 보관할 수 있어요.

찜 요리

1. 찜은 재료에 따라 불 조절을 달리하는 것이 중요해요. 찜통을 사용할 수도 있고 전자레인지를 사용할 수도 있는데, 재료에 따라 온도 변화를 줘야 하는 것이라면 찜통을 사용하는 것이 좋지요. 찜통을 이용할 때는 먼저 물을 끓여 김을 충분히 올린 다음 재료를 넣는 것이 순서예요.

2. 찜 요리를 할 때는 수증기가 생겨 재료 겉면에 떨어지기 때문에 요리의 모양이나 색이 변하곤 하죠. 이럴 때에는 종이타월을 재료나 찜 그릇 위에 덮고 찌면 수증기가 요리에 떨어지는 것을 막을 수 있어요. 의도한 대로 요리의 모양과 색을 깔끔하게 내보세요.

3. 찜 요리는 잔열로 뜸을 들여서 재료의 속까지 완전히 익게 하는 것이 포인트예요. 처음에는 중불로 시작해서 익히다가 불을 끄고 잔열로 뜸을 들이세요.

4. 찜기에 까는 천으로 베보자기, 면보 등 김을 충분히 올려주는 얇은 천을 많이 쓰는데, 천 대신 배춧잎, 양배추잎 등을 활용하면 맛이 더욱 좋아요.

5. 요리책에서 안내하는 찜 시간은 증기가 완전히 오른 뒤 재료를 넣은 시점부터 찌는 시간을 말해요. 그리고 찜기의 물은 70% 정도만 붓고 끓여야 증기가 충분히 올라오고 쉽게 타지 않아요.

쇠고기버섯찌개

버섯은 고단백, 저칼로리 식품으로 알려져 있지요.
오늘은 향이 좋은 표고버섯으로 담백한 찌개를 끓여보세요.
버섯을 씹는 식감까지 더해져 더욱 맛있습니다.

준비하기

쇠고기(등심) 200g, 느타리버섯 80g, 표고버섯 3개, 양파 1/2개, 대파 1대, 다진 마늘 1큰술, 국간장 1큰술, 참기름 1작은술+약간, 물 3컵, 소금·후춧가루 약간씩

1. 쇠고기는 4cm 길이로 채썬 뒤 볼에 넣고 참기름 1작은술, 소금, 후춧가루로 조물조물 밑간한다.
2. 느타리버섯은 씻어서 손으로 굵게 찢는다. 표고버섯은 밑동을 잘라내고 1cm 두께로 채썬다.
3. 양파는 굵게 채썬다. 대파는 송송 썬다.
4. 냄비에 참기름을 약간 두르고 밑간한 쇠고기를 넣어 강불에서 1분 정도 볶다가 물을 붓고 거품을 걷어가며 10분 정도 끓인다.
5. 느타리버섯, 표고버섯, 양파, 다진 마늘, 국간장을 넣고 끓인다.
6. 쇠고기와 버섯이 어우러져 맛을 내면 대파를 넣고 한소끔 끓인 뒤 소금, 후춧가루로 간한다.

초보라면

향과 질감을 함께 살린 버섯찌개를 끓이세요.
버섯찌개는 버섯을 씹는 식감도 중요하지만 특유의 향이 있어야 진짜 버섯찌개라고 할 수 있죠. 그래서 버섯찌개에는 느타리버섯과 표고버섯을 주로 사용해요. 새송이버섯, 양송이버섯, 팽이버섯 등을 넣기도 하지만 향이 덜하다는 아쉬움이 있죠.

 물 대신 사골국물(33쪽)을 사용해도 좋아요.

돼지고기두부찌개

칼칼하고 매콤한 맛이 일품이라 추운 날 특히 생각나는 메뉴죠.
돼지고기는 두툼하고 쫄깃한 질감을 고루 갖춘 목살로 준비하세요.
김치와의 궁합이 아주 환상적이랍니다.

준비하기

돼지고기(목삼겹살) 200g, 두부 1/2모, 배추김치 8줄기, 대파 1대, 청양고추 1개, 김칫국물 1컵, 다시마 우린 물(33쪽) 2컵

찌개양념 고추장 1작은술, 다진 마늘 1큰술, 간장 1큰술, 청주 1큰술, 참치액젓 1작은술

1. 돼지고기는 사방 3cm 크기로 얇게 썰어 잔칼집을 넣는다.
2. 볼에 돼지고기를 넣고 분량의 찌개양념을 넣어 조물조물 무친다.
3. 두부는 사방 3cm 크기, 1cm 두께로 썬다. 배추김치는 양념을 살짝 털어내고 2cm 폭으로 썬다. 대파, 청양고추는 각각 굵게 어슷썬다.
4. 냄비에 양념한 돼지고기를 넣고 반 정도 익을 때까지 강불에서 볶다가 배추김치를 넣어 투명하게 익을 때까지 볶는다.
5. ❹에 김칫국물, 다시마 우린 물을 붓고 고기가 익을 때까지 끓인 뒤 대파, 청양고추를 넣어 한소끔 끓이고 두부를 올려 다시 한소끔 끓인다.

초보라면

찌개에는 돼지고기의 기름진 부위가 좋아요.
찌개에 들어가는 돼지고기는 보통 목삼겹살로 준비하는 것이 좋은데요, 적당히 기름지고 살집이 있어서 제격이랍니다. 돼지고기를 양념한 뒤 20분 정도 재워 찌개를 끓이면 고기에 간이 적당하게 배어 더욱 진국이지요.

차돌박이채소장찌개

가족 건강을 생각한다면 저녁 식탁에 올려보세요.
채소와 된장이 어우러져 국물이 개운해요. 냉장고에 남아 있는 채소로
끓여도 좋고, 제철 채소로 끓이면 더욱 신선하고 맛있어요.

준비하기

쇠고기(차돌박이) 150g, 감자 1개, 애호박 1/2개, 대파 1대, 청양고추 1개, 홍고추 1개, 집된장 1큰술, 일본된장 1큰술, 쌀뜨물 4컵, 소금 약간

고기양념 다진 마늘 1/2작은술, 소금·후춧가루 약간씩

1. 쇠고기는 핏물을 닦아 볼에 넣고 분량의 고기양념을 넣어 조물조물 무친다.
2. 감자는 껍질을 벗기고 2cm 두께로 반달썰기 한다. 애호박은 2cm 두께로 은행잎썰기 한다. 대파는 굵게 채썬다. 청양고추, 홍고추는 각각 송송 썰어 씨를 털어낸다.
3. 볼에 감자, 애호박을 넣고 집된장, 일본된장을 넣어 고루 버무린다.
4. 뚝배기에 쌀뜨물을 넣고 끓으면 ❸을 넣어 살캉하게 익을 때까지 한소끔 끓인다.
5. 양념한 쇠고기, 대파, 청양고추, 홍고추를 넣고 거품을 걷어가며 한소끔 끓인 뒤 소금으로 간한다.

> **Tip** 일본된장을 오래 끓이면 맛이 텁텁해지므로 재료가 익으면 바로 불에서 내리세요.

 **고수처럼**

계절에 따라 채소를 바꿔보세요.
차돌박이채소장찌개는 다양한 채소를 이용해 계절에 따라 새로운 요리로 거듭날 수 있어요. 봄에는 달래, 냉이 등을 넣고 가을에는 말린 고사리, 취 등을 넣어서 끓이면 좋답니다. 사진은 '차돌박이미역채소장찌개'예요. 차돌박이 150g, 불린 미역 50g, 감자 1개, 양파 1개, 애호박 1/4개, 청·홍고추 1개씩을 준비해서 끓여보세요.

오징어섞어찌개

쫄깃한 식감을 자랑하는 오징어를 이용한 요리입니다.
오징어와 새우가 내는 바다의 감칠맛이 입안 가득 퍼지고,
달달한 무가 국물 맛을 깊고 시원하게 만들어요.

준비하기

오징어 2마리, 중하 10마리, 무 1/4개(200g), 양파 1/4개, 대파 1대, 풋고추 1개, 쌀뜨물 4컵, 소금 약간

찌개양념 고추장 1큰술, 다진 마늘 1큰술, 간장 1작은술, 청주 1큰술, 고운 고춧가루 1작은술, 소금·후춧가루 약간씩

1. 오징어는 배를 가르지 말고 내장과 먹물을 제거한 뒤 다리의 흡반까지 씻어 몸통은 0.8cm 폭의 링 모양으로 썰고 다리는 칼집을 넣어 5cm 길이로 썬다.
2. 중하는 깨끗이 씻어 수염, 다리를 잘라내고 내장을 제거한 뒤 옅은 소금물에 헹군다.
3. 무는 사방 3cm 크기로 얇게 썬다. 양파, 대파는 각각 굵게 채썬다. 풋고추는 송송 썰어 씨를 털어낸다.
4. 볼에 분량의 찌개양념을 넣고 섞는다.
5. 냄비에 무, 양파, 쌀뜨물을 넣고 끓여 단맛이 나면 찌개양념을 풀어 한소끔 끓인다.
6. 국물이 끓으면 오징어, 중하, 대파를 넣고 거품을 걷어내며 한소끔 끓인 뒤 소금으로 간하고 풋고추를 얹는다.

초보라면

오징어는 껍질째 가볍게 끓여야 맛이 살아요.
오징어로 찌개를 끓일 때 너무 오래 끓이면 오징어의 단맛과 쫄깃함이 없어지고 푸석거려요. 찌개국물에 무의 단맛이 우러나면 양념을 풀고 오징어를 넣어 우르르 한소끔 끓인 뒤 바로 먹어야 해요. 그리고 오징어는 껍질째 찌개를 끓여야 타우린 성분이 유지되어 영양가가 높답니다.

조기콩나물찌개

구이로 많이 해 먹는 조기를 찌개에 넣어 끓이면 별미 중에 별미랍니다.
찌개에 들어가는 국물을 만들 때 쌀뜨물을 이용하면
비린 맛이 없어져 국물이 깔끔해요.

준비하기

참조기 3마리, 콩나물 250g, 미나리 30g, 대파 2대, 마른 홍고추 2개, 쌀뜨물 4컵, 소금 약간

찌개양념 고추장 1큰술, 다진 마늘 1큰술, 다진 생강 1/4작은술, 청주 1큰술, 고운 고춧가루 1큰술, 소금·후춧가루 약간씩

1. 참조기는 비늘을 긁어내고 아가미를 벌려 내장을 뺀 뒤 엷은 소금물에 흔들어 씻은 다음 채반에 올려 1시간 정도 꾸덕하게 말린다.
2. 말린 참조기의 등 쪽에 칼집을 3~4군데 넣은 뒤 소금을 약간 뿌려둔다.
3. 콩나물은 뿌리를 다듬어 씻는다. 미나리는 잎과 줄기를 씻은 뒤 물기를 털어내고 4cm 길이로 썬다. 대파는 굵게 채썬다. 마른 홍고추는 잘게 자른다.
4. 볼에 분량의 찌개양념을 넣고 섞는다.
5. 냄비에 콩나물, 마른 홍고추, 소금을 넣고 쌀뜨물 1컵을 부은 뒤 뚜껑을 덮고 끓인다.
6. 콩나물이 익으면 쌀뜨물 3컵을 붓고 끓으면 찌개양념을 풀어 15분 정도 끓인다.
7. 참조기를 넣고 한소끔 끓인 뒤 미나리, 대파를 얹고 소금으로 간한다.

 **고수처럼**

참조기가 잘 부서진다면~

참조기는 흰살생선 중에서도 살집이 연하고 부드럽지만 자칫 잘못 끓이면 살이 부서져 국물이 탁해지고 비린 맛이 많이 나게 되죠. 그래서 ❶~❷번 과정처럼 참조기를 손질하고 나면 채반에 꾸덕하게 말린 뒤 소금으로 간하는 과정이 필요하답니다. 찌개에 넣을 때에도 찌개국물이 끓고 난 뒤 넣어야 참조기가 국물 맛을 제대로 내준답니다.

생태수제비찌개

생태는 추운 겨울에 더욱 생각나는 생선이죠.
생태수제비찌개는 입안에서 부드러운 생선살이 녹으면서
수제비의 쫄깃함까지 즐길 수 있는 칼칼한 찌개예요.

준비하기

생태 1마리, 두부 1/2모, 무 1/6개(100g), 양파 1/4개, 대파 1대, 홍고추 1개, 풋고추 1개, 다시마 우린 물(33쪽) 4컵, 물 1/2컵, 밀가루 1컵, 소금·후춧가루 약간씩
찌개양념 고추장 1큰술, 다진 마늘 1/2큰술, 다진 생강 약간, 고춧가루 2작은술

1. 생태는 머리, 꼬리, 지느러미를 잘라내고 내장을 제거한 뒤 4토막 낸다.
2. 볼에 밀가루를 넣고 물을 조금씩 부어가면서 반죽한 다음 젖은 행주로 덮어둔다.
3. 무는 사방 3cm 크기로 얇게 썬다. 두부는 무와 같은 크기로 썬다.
4. 양파는 굵게 채썬다. 대파는 굵게 어슷썬다. 홍고추, 풋고추는 각각 굵게 어슷썰어 씨를 털어낸다.
5. 볼에 분량의 찌개양념을 넣고 섞는다.
6. 냄비에 다시마 우린 물을 붓고 끓으면 무를 넣고 찌개양념 풀어 끓인다.
7. 국물이 끓으면 생태를 넣고 끓여 생태가 반 정도 익으면 두부를 넣고 ❷의 수제비 반죽을 얇게 펴서 뚝뚝 떼어 넣어 끓인다.
8. 수제비가 익어서 떠오르면 양파, 대파, 홍고추, 풋고추를 넣고 2분 정도 끓이다가 소금, 후춧가루로 간한다.

초보라면

수제비 반죽이 쫄깃하려면~

수제비는 쉽게 속까지 익어 쫄깃해질 수 있게 반죽하는 것이 중요하죠. 반죽을 치댄 뒤 비닐이나 젖은 면보에 싸두면 글루텐 형성이 활발해져 반죽이 쫄깃해져요. 찌개에 넣을 때에는 생태의 살이 반 정도 익어갈 때쯤 떼어 넣어야 생태가 푸석거리지 않고 푹 익을 때를 맞출 수 있어요.

미더덕부추된장찌개

구수한 된장찌개에 미더덕을 넣으면 시원한 맛이 나요.
몸통이 통통하고 특유의 향이 강한 미더덕을 구입해서 만들어보세요.

준비하기

미더덕 250g, 부추 80g, 양파 1/2개, 대파 1대, 홍고추 1개, 풋고추 1개, 된장 3큰술, 다진 마늘 1작은술, 청주 1큰술, 다시마 우린 물(33쪽) 3컵, 소금 약간

1. 미더덕은 옅은 소금물에 씻은 뒤 꼬치로 말랑한 부분을 찔러 바닷물을 뺀 다음 물에 헹궈 물기를 뺀다.
2. 부추는 뿌리 부분을 잘라내고 씻은 뒤 물기를 털어내고 2cm 길이로 썬다.
3. 양파는 사방 2cm 크기로 썬다. 대파는 송송 썬다. 홍고추, 풋고추는 각각 씨째 곱게 다진다.
4. 냄비에 다시마 우린 물을 붓고 된장을 풀어 끓으면 미더덕, 양파를 넣고 거품을 걷어내며 20분 정도 끓인다.
5. ❹에 대파, 홍고추, 풋고추, 다진 마늘, 청주를 넣고 한소끔 끓인다.
6. 미더덕 향이 밴 구수한 국물이 끓어오르면 부추를 넣고 소금으로 간한다.

초보라면

미더덕의 비린 맛은 밑국물을 먼저 끓이면 없어져요.
❹번 과정처럼 다시마 우린 물에 된장을 풀어서 국물 먼저 끓여주세요. 한소끔 끓고 났을 때 미더덕과 양파를 넣고 끓여야 미더덕의 비린 맛이 없어지고 양파에서 단맛이 우러나요. 미더덕부추된장찌개의 깊고 달달한 감칠맛은 여기서 나오는 거랍니다.

애호박고추장찌개

흔한 식재료인 애호박으로 간편하게 만들 수 있는 찌개예요.
꼭지가 신선하고 표면에 흠집 없는 애호박으로 골라
입맛 살리는 찌개를 끓여보세요.

준비하기

애호박 1/2개, 두부 1/4모, 대파 1대, 홍고추 1개, 풋고추 1개, 고추장 2큰술, 다진 마늘 1작은술, 새우젓 1/2큰술, 물 3컵, 소금 약간

1. 애호박은 2cm 두께로 반달썰기 한다. 두부는 사방 3cm 크기로 도톰하게 썬다.
2. 대파는 굵게 채썬다. 홍고추, 풋고추는 각각 어슷썰어 씨를 털어낸다. 새우젓은 건더기만 준비해서 잘게 다진다.
3. 냄비에 물을 붓고 고추장, 다진 새우젓을 넣고 풀어 거품을 걷어가며 끓인다.
4. 국물이 끓으면 애호박, 두부를 넣고 두부가 익어서 떠오를 때까지 끓인다.
5. 대파, 홍고추, 풋고추, 다진 마늘을 넣고 한소끔 끓인 뒤 소금으로 간한다.

초보라면

작은 차이로 맛있는 애호박고추장찌개 만드는 법!

애호박은 빨리 익고 쉽게 뭉그러지기 때문에 간이 배는 동안 물러지지 않도록 도톰하게 썰어야 해요. 국물에 넣고 푸르게 익으면 바로 불에서 내려주세요. 새우젓은 국물맛을 깔끔하고 담백하게 하는데, 국물에 맛이 퍼지도록 미리 물을 넣고 팔팔 끓여요. 이때 거품을 걷어가며 끓여야 비린내가 없어요. 마지막으로, 애호박 대신 청둥호박, 주키니 호박 등으로도 고추장찌개를 맛깔나게 끓일 수 있는데요. 청둥호박은 씨를 제거해서 끓여야 국물이 담백하고 깔끔하답니다.

청양고추강된장찌개

반찬 없을 때 김이 모락모락 나는 밥 한 그릇에 쓱쓱 비벼 먹기 좋은 칼칼한 찌개예요. 채소를 잘게 썰어 끓여내기만 하면 돼서 직장맘에게 추천하는 요리예요.

준비하기

청양고추 3개, 홍고추 1개, 마른 표고버섯 1개, 양파 1개, 대파 1대, 된장 3큰술, 쌀뜨물 3컵, 꿀 1작은술

1. 청양고추, 홍고추는 각각 송송 썬다.
2. 마른 표고버섯은 물에 불린 뒤 기둥을 잘라내고 얇게 채썬다.
3. 양파는 사방 1cm 크기로 썬다. 대파는 송송 썬다.
4. 냄비에 쌀뜨물을 붓고 된장을 푼 뒤 꿀을 넣어 한소끔 끓인다.
5. 에 표고버섯, 양파, 대파를 넣고 끓인다.
6. 국물 맛이 우러나면 청양고추, 홍고추를 넣고 거품을 걷어가며 한소끔 끓인다.

초보라면

청양고추의 강한 매운맛이 싫다면 '태좌'를 제거하세요.

청양고추를 넣은 강된장찌개는 칼칼한 매운맛이 특징이에요. 구수하기만 한 강된장찌개의 밍밍함을 청양고추의 칼칼함이 보완해준답니다. 입안을 톡 쏘는 강렬한 맛이 오래도록 남아 있을 거예요. 혹시 강한 매운맛을 싫어하는 분이라면 청양고추의 '태좌' 부분을 제거해서 조리하세요. 고추의 매운맛은 씨가 붙어 있고, 씨를 고정시키는 '태좌'라는 부분에서 시작하거든요.

달걀순두부찌개

완전식품으로 유명한 달걀은 아이의 집중력을 높이는 브레인 푸드로 알려져 있죠. 집중력이 흐트러진 아이에게 순두부 넣은 부드러운 찌개로 아침 밥상을 차려주는 것은 어떨까요?

준비하기

순두부 1컵(200g), 달걀 2개, 양파 1/2개, 대파 1/2대, 청양고추 1개, 청주 1큰술, 참치액젓 1큰술, 다시마 우린 물(33쪽) 3컵, 소금 약간

1. 순두부는 한 숟가락씩 떠서 채반에 올려 물기를 뺀다.
2. 달걀은 체로 걸러 알끈을 제거한 뒤 소금으로 간한다.
3. 양파, 대파는 각각 굵게 채썬다. 청양고추는 송송 썬다.
4. 냄비에 다시마 우린 물을 붓고 양파, 대파, 청양고추를 넣어 10분 정도 끓인다.
5. 순두부를 한 숟가락씩 떠 넣고 한소끔 끓인 뒤 청주, 참치액젓으로 간한다.
6. 순두부가 끓으면 달걀물을 부어 줄알 치고 1~2분간 끓인다.

초보라면

작은 차이로 맛있는 달걀순두부찌개 만드는 법!

무엇보다 순두부를 제대로 조리하는 것이 달걀순두부찌개의 포인트죠. ❶번 과정처럼 순두부를 채반에 올려 자연스럽게 물기를 빼면 말랑말랑하게 탄력이 좋아져요. 그리고 순두부의 담백함과 고소함을 그대로 즐기는 것이 좋기 때문에 되도록 간을 하지 않는 것이 좋답니다. 레시피의 참치액젓 외에도 새우젓이나 까나리액젓을 사용해서 간을 옅게 할 수 있어요.

참치김치찌개

감칠맛이 나는 얼큰한 찌개가 생각나는 날,
참치김치찌개를 끓여보세요. 냉장고 속 김치와 참치 한 캔만으로도
푸짐한 찌개를 끓일 수 있죠.

준비하기

배추김치 4줄기, 통조림 참치 (150g) 1개, 양파 1/2개, 다진 마늘 1큰술, 맛술 1큰술, 들기름 1작은술, 다시마 우린 물(33쪽) 4컵, 고운 고춧가루 1큰술, 간장·후춧가루 약간씩

1. 배추김치는 양념을 털어내고 국물째 4cm 폭으로 썬다. 양파는 굵게 채썬다.
2. 참치는 체에 밭쳐 기름기를 뺀다.
3. 냄비에 들기름을 두르고 배추김치, 양파, 다진 마늘, 맛술을 넣고 강불에서 달달 볶는다.
4. 재료가 고루 볶이고 뽀얗게 국물이 생기면 다시마 우린 물을 붓고 고운 고춧가루를 넣어 끓인다.
5. 배추김치가 부드럽게 익으면 참치를 넣고 한소끔 끓인 뒤 간장, 후춧가루로 간한다.

초보라면

참치의 기름기와 덩어리감이 맛을 좌우해요.
찌개에 참치 기름이 많이 들어가면 기름지고 맛이 탁할 수 있는데, 그렇다고 기름을 많이 따라내면 텁텁해서 맛이 없어요. 참치를 체에 밭쳐 자연스럽게 기름을 빼야 참치에 기름이 적당히 남아 국물이 진하고 맛있어져요. 그리고 참치는 통조림에서 갓 꺼내 덩어리감이 남은 상태로 넣어야 살이 부서지지 않고 깔끔하게 먹을 수 있어요.

어묵스팸김치찌개

참치나 돼지고기를 넣은 김치찌개가 지겹다면 어묵과 스팸을 넣어보세요.
부드러운 감칠맛이 무엇인지 알게 될 거예요.

준비하기

사각어묵 50g, 스팸 50g, 배추김치 4줄기, 양파 1/4개, 고추장 1큰술, 다진 마늘 1큰술, 간장 1작은술, 맛술 1큰술, 김칫국물 1컵, 다시마 우린 물(33쪽) 3컵, 후춧가루 1/5작은술

1. 사각어묵은 먹기 좋게 썬 뒤 뜨거운 물을 끼얹어 기름기를 빼고 찬물에 헹군다.
2. 스팸은 종이타월로 겉면의 기름기를 닦아낸 뒤 어묵과 같은 크기로 썬다.
3. 배추김치는 양념을 털어내고 국물째 3cm 폭으로 썬다. 양파는 얇게 채썬다. 김칫국물은 체에 걸러 국물만 내린다.
4. 냄비에 걸러낸 김칫국물, 다시마 우린 물을 붓고 고추장을 푼 다음 다진 마늘, 맛술을 넣고 끓인다.
5. 국물이 끓으면 사각어묵, 스팸, 배추김치, 양파를 넣고 후춧가루로 잡내를 없앤 뒤 끓인다.
6. 국물 맛이 우러나고 김치가 무르게 익으면 간장으로 간한 뒤 한소끔 끓인다.

고수처럼

잘 익은 김치가 없다면~

숙성된 김치가 없어 김치의 깊은 맛을 살릴 수 없다면, 찌개를 끓일 때 약불에서 오랜 시간 끓여 국물에 김치 맛이 많이 우러나도록 하세요. 또는 다진 마늘을 1큰술 정도 듬뿍 넣어서 묵은 잡내를 없애면 숙성 김치의 맛을 그대로 따라 할 수 있어요.

돼지고기묵은지전골

오래 묵은 김치가 남아 있다면 담백한 돼지고기를 넣어 진한 전골을 끓여보세요. 푹 끓여 흐물흐물한 묵은지와 쫄깃한 고기가 어우러져 온 가족이 좋아할 거예요.

준비하기

돼지고기(목살) 400g, 묵은지 1/2포기, 양파 1/2개, 대파 1대, 쌀뜨물 6컵

고기양념 고추장 1큰술, 다진 마늘 1큰술, 다진 생강 1/4작은술, 간장 1작은술, 청주 1큰술, 고춧가루 1큰술

전골양념 다진 마늘 1큰술, 국간장 1작은술, 맛술 1큰술, 소금 약간

1. 돼지고기는 사방 3cm 크기로 얇게 썬다.
2. 양파, 대파는 각각 굵게 채썬다.
3. 볼에 분량의 고기양념을 넣고 섞은 뒤 돼지고기를 넣어 조물조물 무친다.
4. 냄비에 묵은지를 넣고 쌀뜨물을 부은 뒤 묵은지가 무르게 익도록 은근하게 푹 끓인다.
   > **Tip** 묵은지부터 푹 끓인 뒤 고기를 넣어야 전골 국물에 묵은지 맛이 우러나서 진하고 감칠맛 나게 즐길 수 있어요.
5. 전골국물이 끓으면 양념한 돼지고기, 양파, 대파를 넣고 끓인다.
6. 고기와 김치가 어우러져 끓으면 분량의 전골양념을 넣고 한소끔 끓인다.

고수처럼

목살을 맛 좋게 써는 비법!

근육 사이사이에 지방이 박힌 목살은 살코기와 지방이 적절히 섞이도록 썰어야 해요. 사진과 같이 살코기와 지방이 만나는 부분을 가로질러 썰어주는 것이 먹기에 좋고 쫄깃쫄깃해요.

닭가슴살배추말이전골

닭가슴살을 배춧잎으로 돌돌 말아 냄비 안에 듬뿍 담은 전골이에요.
국물 맛이 담백하고 모양도 좋아 손님 접대용으로 추천해요.

준비하기

닭가슴살 150g, 배춧잎 4장, 쪽파 3대, 홍고추 1개, 풋고추 1개, 간장 2큰술, 소금·후춧가루 약간씩

닭고기육수 대파잎 1대분, 마늘 3쪽, 청주 1큰술, 물 4컵

닭가슴살양념 다진 파 1큰술, 다진 마늘 1큰술, 참기름 약간, 깨소금 1작은술, 소금·후춧가루 약간씩

1. 닭가슴살은 하얀 피막을 떼어내고 씻는다.
2. 냄비에 분량의 닭고기육수를 넣고 끓으면 닭가슴살을 넣어 속살까지 익힌다.
3. ❷의 닭고기육수를 면보에 걸러 따로 두고 닭가슴살은 먹기 좋은 크기로 찢는다.
4. 볼에 분량의 닭가슴살양념을 넣고 섞은 뒤 찢어둔 닭가슴살을 넣고 조물조물 무친다.
5. 배춧잎은 끓는 소금물에 살짝 데친 뒤 찬물에 헹궈 물기를 빼고 길게 2등분한다.
6. 배춧잎을 길게 펼치고 양념한 닭가슴살을 올린 뒤 돌돌 말아 양옆을 아물려서 배추말이를 만든다.
7. 쪽파는 3cm 길이로 썬다. 홍고추, 풋고추는 각각 얇게 어슷썰어 씨를 털어낸다.
8. 냄비에 배추말이를 넣고 쪽파, 홍고추, 풋고추를 얹은 뒤 걸러둔 닭고기육수 3컵, 간장, 소금, 후춧가루를 넣어 한소끔 끓인 다음 상에 내어 끓이면서 먹는다.

Tip 말이 속 닭가슴살은 이미 익힌 것이기 때문에 국물이 끓어 담백한 맛이 우러나면 바로 먹는 것이 좋아요. 닭가슴살은 오래 끓일수록 질기고 퍽퍽해지거든요.

초보라면

배추말이 속을 단단하게 잡으려면~

배추말이 속 닭가슴살이 잘 뭉쳐지지 않아 말이가 흩어지는 경우가 있어요. 이런 경우 배추말이에 약간의 녹말가루를 넣으면 닭가슴살끼리 잘 달라붙어 깔끔하게 조리할 수 있어요.

흰살생선전전골

대구, 명태, 가자미, 복어, 도미 등 담백한 맛을 지닌
흰살생선으로 전골을 끓여보세요.
명절에 남은 생선전이 있다면 요긴하게 활용할 수 있겠죠?

준비하기

흰살생선(대구 혹은 동태살) 200g, 달걀물 1개분, 무 1/6개(100g), 쑥갓 30g, 대파 1대, 홍고추 1개, 풋고추 1개, 다진 마늘 1작은술, 생강즙 약간, 카놀라유 1큰술, 밀가루 3큰술, 소금·후춧가루 약간씩

전골국물 간장 2큰술, 청주 1큰술, 다시마 우린 물(33쪽) 3컵, 소금 약간

1. 흰살생선은 살로만 준비해서 먹기 좋은 크기로 포를 뜬 뒤 생강즙, 소금, 후춧가루로 밑간한다.
2. 밑간한 흰살생선에 밀가루를 얇게 묻히고 달걀물을 입힌 뒤 카놀라유를 두른 팬에 넣고 노릇하게 부친다.
3. 무는 사방 3cm 크기로 얇게 썬다. 쑥갓은 짧게 끊어 물에 헹군 뒤 물기를 털어낸다.
4. 대파는 굵게 어슷썬다. 홍고추, 풋고추는 각각 4cm 길이로 채썬다.
5. 냄비에 분량의 전골국물을 넣고 한소끔 끓인다.
6. 무를 넣고 한소끔 끓으면 흰살생선전을 넣고 살짝 끓여 생선전이 떠오르면 기름을 걷어낸다.
7. ❻에 쑥갓, 대파, 다진 마늘을 넣고 2분 정도 끓이다가 홍고추, 풋고추를 얹고 소금으로 간한다.

초보라면

생선전의 느끼함을 잡은 뒤 살짝만 끓여내세요.

생선전을 이용한 전골은 너무 오래 끓이면 전이 풀어져 맛이 없어요. 생선전에 끓는 물을 끼얹어 기름기를 제거한 뒤 전골에 넣고 잠깐만 끓여야 전의 질감도 살리고 느끼함도 잡을 수 있어요.

두부샌드전골

밭의 쇠고기라 불릴 정도로 양질의 단백질을 가진
두부를 이용한 요리입니다. 지지고 부쳐 먹던 두부를 샌드로 만들어보세요.
정성을 조금만 들이면 보기에도 좋은 두부 요리로 변신한답니다.

🧺 **준비하기**

다진 쇠고기 200g, 두부 1모, 양파 1/4개, 실파 10대, 홍고추 1개, 풋고추 1개, 다시마 우린 물(33쪽) 4컵, 카놀라유 1큰술, 녹말가루 약간, 소금 약간

고기양념 다진 마늘 1/2작은술, 참기름 1/2작은술, 소금 1작은술, 깨소금·후춧가루 약간씩

전골양념 다진 파 2큰술, 다진 마늘 1큰술, 간장 2큰술, 청주 1작은술, 참기름 1작은술, 소금·후춧가루 약간씩

1. 두부는 사방 5cm 크기, 1cm 두께로 썰어 채반에 올린 뒤 소금을 약간 뿌려 물기를 뺀다.
   Tip 소금으로 밑간해서 수분을 빼줘야 부칠 때 두부가 부서지지 않아요.
2. 팬에 카놀라유를 두른 뒤 두부를 넣고 노릇하게 지진 다음 녹말가루를 약간 묻힌다.
3. 볼에 다진 쇠고기를 넣고 분량의 고기양념을 넣어 조물조물 무친다.
4. 실파는 끓는 물에 살짝 데친 뒤 찬물에 헹궈 물기를 뺀다.
5. ❷의 두부에 양념한 고기를 평평하게 올리고 다른 두부로 덮은 다음 데친 실파로 묶어 샌드를 만든다.
6. 양파는 얇게 채썬다. 홍고추, 풋고추는 각각 어슷썰어 씨를 털어낸다.
7. 볼에 분량의 전골양념을 넣고 섞는다.
8. 냄비에 다시마 우린 물을 붓고 두부샌드, 양파, 홍고추, 풋고추를 넣은 뒤 전골양념을 넣어 한소끔 끓인 다음 상에 내어 끓이면서 먹는다.

고수처럼

고기소를 무르지 않게 하려면 소금으로 간하세요.
두부샌드에 들어가는 고기소처럼 단단하게 모양을 유지해야 하는 경우에는 양념할 때 간장 대신 소금을 넣어야 해요. 그래야 고기가 무르지 않고 두부에 달라붙어 먹기 편해진답니다. 게다가 두부와 고기가 조화를 이루어 두부샌드도, 국물도 맛이 더 좋아져요.

고등어배추양념찜

빛깔이 노릇노릇하고 고소한 맛이 나는 배추속대와 고등어를 넣어 만든 맛깔스러운 찜 요리예요. 심심하게 양념해서 더욱 맛있어요.

준비하기

고등어 1마리, 속음배추 1포기, 대파 1대, 청양고추 2개, 쌀뜨물 1컵, 소금 약간

찜양념 고추장 2큰술, 다진 마늘 1큰술, 다진 생강 1/2작은술, 간장 1큰술, 맛술 1큰술, 물엿 1큰술, 깨소금·후춧가루 약간씩

1. 고등어는 머리, 꼬리를 잘라내고 배를 갈라 내장을 제거한 뒤 소금물에 깨끗이 씻어 물기를 닦는다.
2. 속음배추는 포기째 씻어 머리 부분을 잘라낸 뒤 세로로 큼직하게 4등분한다.
3. 대파는 4cm 길이로 굵게 채썬다. 청양고추는 송송 썬다.
4. 볼에 분량의 찜양념을 넣고 섞는다.
5. 냄비에 속음배추를 깔고 고등어를 통째로 올린 뒤 대파를 얹고 찜양념을 고루 끼얹은 다음 쌀뜨물을 부어 중불에서 고등어가 익을 때까지 찐다.
6. ❺에 청양고추를 올리고 국물을 끼얹어가며 약불에서 뜸들이듯 3~4분간 끓인다.

초보라면

쌀뜨물은 고등어의 비린 맛을 잡아줘요.
고등어로 찜을 할 때 가장 걱정되는 부분이 비린 맛이죠. 양념장을 끼얹은 뒤 쌀뜨물을 붓고 잘박하게 찜을 하면 고등어의 비린 맛을 없앨 수 있을 뿐만 아니라 간이 고르게 배고 고등어를 타지 않게 익힐 수 있어요.

흰살생선미나리두부찜

미나리의 향긋함이 은은하게 퍼지는 찜 요리예요.
생선, 채소, 두부가 들어가 담백하면서도
영양이 가득해 다른 영양식이 필요 없답니다.

1. 흰살생선은 채반에 올려 물기를 뺀 뒤 녹말가루를 묻혀 들기름 1/2큰술을 두른 팬에 넣고 살짝 지진다.
2. 두부는 사방 3cm 크기, 1cm 두께로 썬 뒤 소금을 약간 뿌려 물기를 뺀 다음 들기름 1/2큰술을 두른 팬에 넣고 노릇하게 지진다.
3. 팽이버섯은 밑동을 잘라내고 물에 흔들어 씻는다. 미나리는 잎을 떼어내고 줄기 부분을 씻은 뒤 4cm 길이로 썰어 찬물에 잠시 담갔다가 물기를 털어낸다.
4. 볼에 분량의 찜양념을 넣고 섞는다.
5. 김이 오른 찜통에 흰살생선, 두부, 팽이버섯, 미나리를 차례로 올리고 3~4분간 김을 오르게 한다.
6. ❺에 찜양념을 끼얹어 맛을 낸다.

준비하기

흰살생선(대구 혹은 동태살) 150g, 두부 1/2모, 팽이버섯 1/2봉지, 미나리 80g, 들기름 1큰술, 녹말가루 1큰술, 소금 약간

찜양념 참치액젓 1큰술, 청주 1큰술, 물엿 1/2작은술, 다시마 우린 물(33쪽) 4큰술, 소금·후춧가루 약간씩

초보라면

미나리의 향으로 잡내를 없애주세요.
미나리를 넣어서 찜을 하면 미나리의 향이 은은하게 퍼져 흰살생선의 잡내가 없어지고 풍미가 좋아집니다. 미나리 잎도 버리지 말고 함께 넣어주면 좋아요.

표고버섯완자찜

체력 관리가 필요한 남편을 위해 식사대용으로 좋은 찜 요리 어떠세요?
아침식사를 자주 거르는 바쁜 수험생에게도 좋은,
맛과 영양이 가득한 요리입니다.

준비하기

생표고버섯 8개, 다진 쇠고기 300g, 두부 1/4모, 된장 1큰술, 다진 파 1큰술, 다진 마늘 1큰술, 간장 1큰술, 청주 1큰술, 쌀뜨물 2컵, 녹말가루 2큰술, 소금 약간

1. 생표고버섯은 기둥을 떼어내고 깨끗하게 씻어 물기를 닦는다.
2. 볼에 손질한 생표고버섯을 넣고 녹말가루를 넣어 고루 묻힌 뒤 된장, 간장, 청주를 넣고 조물조물 버무린다.
3. 두부는 곱게 으깬 뒤 면보에 밭쳐 물기를 뺀다.
4. 볼에 다진 쇠고기, 으깬 두부, 다진 파, 다진 마늘을 넣고 조물조물 버무린 뒤 직경 3cm 크기로 둥글려 완자를 빚는다.
5. 냄비에 표고버섯, 완자를 넣고 쌀뜨물을 부은 뒤 찐다.
6. 표고버섯과 완자에 간이 배면 소금으로 간하고 약불에서 10분 정도 더 찐다.

초보라면

마른 표고버섯은 물에 불려 사용하세요.

생표고버섯은 갓에 부피감이 있어 된장의 깊은 맛이 훨씬 잘 배는데, 만약 생표고버섯이 없다면 마른 표고버섯을 물에 불려서 사용하세요. 물에 불린 뒤에 양념해서 쪄야 쫄깃하게 씹히는 맛이 좋아진답니다.

북어찜

포슬포슬한 북어 속살에 매콤한 고추장 양념이 어우러진 북어찜은 어른들이 특히 좋아하죠. 밥반찬으로도 좋지만 술안주용으로 준비하면 센스 만점!

 **준비하기**

북어 1마리, 쪽파 2대, 실고추 약간, 쌀뜨물 3컵, 통깨 1큰술

찜양념 고추장 2큰술, 다진 마늘 1큰술, 간장 1큰술, 청주 1큰술, 올리고당 1큰술, 참기름 1큰술, 식용유 1큰술

1. 북어는 쌀뜨물 1과 1/2컵에 담가 부드러워지면 굵은 뼈대, 머리, 꼬리, 지느러미를 제거한 뒤 등 쪽 껍질에 잔칼집을 넣는다.
   Tip 잔칼집을 넣을 때 껍질 쪽으로 넣어야 찜을 할 때 북어 모양이 흐트러지지 않아요.
2. 쪽파는 송송 썬다. 실고추는 짧게 끊는다.
3. 볼에 분량의 찜양념을 넣고 섞는다.
4. 손질한 북어에 찜양념을 고루 펴 바르고 30분 정도 재운다.
5. 냄비에 양념한 북어를 넣고 나머지 쌀뜨물을 부은 뒤 뚜껑을 덮어 약불에서 10분 정도 찐다.
6. 찐 북어를 먹기 좋은 크기로 썰어 접시에 담고 쪽파, 실고추를 얹은 뒤 통깨를 뿌린다.

초보라면

찜 요리의 양념은 고추장으로 하세요.

찜을 할 때 고추장 대신 고춧가루를 쓰는 경우가 종종 있는데요, 국물이 적고 오래 익히는 찜 요리의 경우 고춧가루로 양념을 하면 쉽게 타버리므로 양념은 꼭 고추장으로 만들어서 재워야 해요. 양념에 파를 넣지 않는 이유도 마찬가지 이니 파는 요리가 완성되고 고명으로 올려내는 것이 좋아요.

모시조개풋고추찜

남녀노소 누구나 좋아할 만한 찜 요리예요. 술과 함께하면 더욱 맛있는 요리인데요, 특히 와인을 마실 때 인기가 좋아요.

준비하기

모시조개 250g, 풋고추 5개, 마른 홍고추 2개, 마늘 3쪽, 생강 1/2톨, 청주 1큰술, 고추기름 1작은술, 카놀라유 1큰술, 소금·후춧가루 약간씩

1. 모시조개는 껍데기끼리 비벼가며 씻은 뒤 옅은 소금물에 담그고 신문지를 덮어 20~30분간 해감하고 물기를 뺀다.
2. 풋고추, 마른 홍고추는 각각 어슷썰어 씨를 털어낸다.
3. 마늘, 생강은 각각 얇게 편썬다.
4. 팬에 카놀라유를 두른 뒤 마른 홍고추, 마늘, 생강을 넣고 강불에서 매운 향이 나도록 볶다가 모시조개를 넣고 중불로 줄여서 익힌다.
5. 조개가 입을 벌리면 청주, 고추기름, 소금, 후춧가루를 넣고 뚜껑을 덮어 아주 약한 불에서 찐다.
6. 조개에 맛이 배면 풋고추를 넣고 버무린다.

초보라면

조개찜은 불 조절이 중요해요.
조개류로 찜을 할 때에는 조개가 입을 벌릴 때까지만 중불로 익히고 양념이 배면 불을 아주 약하게 조절해서 잔열로 충분하게 쪄야 해요. 그래야 조개 맛을 살리고 비린 맛을 잡을 수 있답니다.

단호박들깨부추찜

미네랄과 비타민이 풍부하고 맛까지 달콤한 단호박에
고소한 들깨를 넣어 다양한 풍미를 느낄 수 있는 찜이에요.
부추가 주는 따뜻한 기운까지 느껴보세요.

1. 단호박은 필러로 껍질을 벗기고 씨를 제거한 뒤 2cm 폭으로 반달썰기해서 옅은 소금물에 흔들어 씻는다.
2. 조선부추는 뿌리 부분을 잘라내고 씻은 뒤 물기를 털어내고 3cm 길이로 썬다.
3. 볼에 분량의 찜양념을 넣고 섞는다.
4. 김이 오른 찜통에 내열용기를 넣고 단호박을 넣은 뒤 찜양념을 끼얹어 뚜껑을 덮고 5분 정도 살캉하게 찐다.
5. 단호박이 속까지 익으면 조선부추를 얹고 들깨가루를 뿌려 부추의 숨이 죽을 때까지 충분히 뜸을 들인다.

준비하기

단호박 1/2개, 조선부추 50g, 들깨가루 2큰술, 소금 약간

찜양념 간장 2큰술, 맛술 1작은술, 들기름 1/2작은술, 멸치국물(41쪽 3번 과정) 4큰술

초보라면

찜 요리엔 거피를 낸 들깨가루를 쓰세요.
들깨가루는 생들깨가루와 거피를 낸 들깨가루 두 종류가 있어요. 마트에서 쉽게 구할 수 있는 들깨가루가 바로 거피를 낸 들깨가루인데요, 보드랍고 색이 연하고 뒷맛이 개운해서 찜 요리에는 되도록 거피를 낸 들깨가루를 넣는 것이 좋아요.

마늘된장두부찜

찜 요리는 어렵다고 생각하는 분들이 많은데요.
마늘된장두부찜은 구하기 쉬운 재료에 만드는 방법도 간편해서
누구나 도전해볼 만해요.

준비하기

두부 1모, 애호박 1/4개, 마늘 20쪽, 대파 1대, 홍고추 1개, 소금 약간

찜양념 집된장 1큰술, 일본된장 1큰술, 맛술 1큰술, 다시마 우린 물(33쪽) 1/2컵

1. 두부는 사방 4cm 크기, 2cm 두께로 썰어 채반에 올린 뒤 소금으로 밑간한다.
2. 애호박은 2cm 두께로 반달썰기 한다. 대파, 홍고추는 각각 송송 썬다.
3. 마늘은 껍질을 벗기고 끓는 물을 끼얹어 아린 맛을 없앤다.
4. 볼에 분량의 찜양념을 넣고 섞는다.
5. 김이 오른 찜통에 두부, 애호박, 마늘을 차례로 넣고 찜양념을 끼얹어 3분 정도 찐다.
6. ❺에 대파, 홍고추를 얹고 다시 한 번 김을 충분하게 올려 1분 정도 찐다.

초보라면

마늘의 아린 맛은 끓는 물로 없애요.

마늘은 껍질을 벗기고 꼭지를 잘라낸 뒤 쌀뜨물에 데치면 아린 맛도 없고 그대로 먹어도 좋을 정도로 단맛만 남아요. 쌀뜨물이 찐 마늘에 달달한 감칠맛까지 더해주니 되도록 쌀뜨물을 이용하세요.

꽈리고추찜

괜스레 입맛 없을 때 식욕 증진에 도움을 주는 꽈리고추찜 어떠세요?
꽈리고추는 비타민C가 풍부해서 더운 여름을 이겨내기에 거뜬한 요리입니다.

1. 꽈리고추는 씻어 꼭지를 떼어낸 뒤 칼집을 2~3군데 넣는다.
2. 볼에 쌀가루, 소금을 넣고 섞은 뒤 꽈리고추를 넣어 버무린다.
3. 김이 오른 찜통에 꽈리고추를 넣고 10분 정도 찐다.
4. 쪄낸 꽈리고추는 채반에 올려 1시간 정도 꾸덕하게 말린다.
5. 볼에 분량의 찜양념을 넣고 섞은 뒤 ❹의 꽈리고추를 넣고 고루 버무린다.

준비하기

꽈리고추 20개, 쌀가루 1/2컵, 소금 약간

찜양념 다진 파 1큰술, 다진 마늘 1작은술, 간장 1큰술, 참기름 1작은술, 고운 고춧가루 1작은술, 깨소금 1작은술, 소금 약간

고수처럼

꽈리고추찜에는 쌀가루가 좋아요.
꽈리고추로 찜을 할 때 밀가루, 쌀가루, 찹쌀가루 등 다양한 가루를 이용하는데요, 밀가루와 찹쌀가루는 바삭한 성질이 있어 튀각이나 부각을 할 때 이용하면 좋고, 찜을 해서 양념에 버무려 먹을 때에는 부드럽고 쫀득한 쌀가루를 이용하는 것이 좋아요.

part 3

다양하게 한 상 가득 차리는
매일 반찬

한 끼에 적어도 두 가지 이상 챙겨야 하는 밑반찬. 더 이상 고민하기 싫죠?
오래 두고 먹을 간단 반찬부터 푸짐한 고기반찬까지,
다양한 조리법으로 한 상 가득 차려보세요.

매일 반찬의 기본, 볶음과 조림 비법

매일 먹는 밑반찬 중 가장 자주 하게 되는 요리가 볶음과 조림일 거예요. 볶는 순서, 양념 넣는 타이밍 등 작은 차이가 맛을 완전히 바꿔놓는답니다. 우리 집 식탁의 업그레이드를 위해 볶음·조림 노하우를 알아두세요.

볶음 요리

1. 볶음 요리는 단시간에 재빨리 볶아요.
볶음 요리를 할 때 가장 주의할 점은 강불에서 재빨리 볶아 가열 시간을 줄이는 것이에요. 그러기 위해서는 볶기 전에 모든 재료가 완벽하게 준비되어야 볶는 과정이 재빨리 이루어지겠죠. 재료 손질과 양념장 담을 그릇까지 준비해두어 조리하는 시간을 최대한 단축시키는 것이 좋아요.

2. 볶기 전에 팬을 충분하게 달궈요.
볶음 요리를 할 때 가장 중요한 것이 바로 열이에요. 팬이나 냄비를 충분하게 달군 뒤 재료를 넣고 볶아야 제대로 볶아져요. 팬이나 냄비를 달구지 않고 불 위에 올려 바로 볶으면 맛도 떨어지고 재료에 수분이 생겨 흐물거리고 쉽게 상할 수 있어요. 또 볶는 시간도 오래 걸려 재료의 질감을 떨어뜨리죠. 불 위에서 충분하게 팬을 달구고 식용유를 두른 뒤 재료를 볶으세요.

3. 향신채를 먼저 볶아 향을 내세요.
볶음 요리를 할 때 볶는 순서가 있어요. 양파, 마늘, 파, 생강 등의 향신채를 먼저 넣고 볶아야 재료의 잡내를 없애고 맛을 한결 풍미 있게 만들 수 있어요. 또 이렇게 볶아야 향이 재료에 스며들어 맛이 더욱 살아요. 어떤 향이 어떤 요리에 잘 맞는지는 볶는 재료에 따라 달라지는데, 콩나물, 시금치 등의 채소를 볶을 때에는 파, 마늘을 먼저 볶고, 생선이나 육류를 볶을 때에는 양파, 마른 홍고추, 생강, 마늘, 파 등의 향이 진한 향신채를 먼저 볶아야 재료의 잡내를 없앨 수 있어요.

4. 채소는 딱딱한 것부터 먼저 볶으세요.
채소를 볶을 때에는 딱딱하고 색이 진한 것부터 볶아야 모든 재료가 균일하게 익습니다. 한꺼번에 모든 재료를 넣고 볶으면 부드러운 것은 너무 익어 물러지고 딱딱한 것은 제대로 익지 않죠. 당근, 감자 등의 딱딱한 채소를 먼저 넣고 볶은 뒤 시금치, 표고버섯, 양배추, 부추 등 쉽게 익는 채소는 나중에 넣어주세요.

5. 고기와 채소를 함께 볶을 때에는 고기부터 애벌로 익히세요.
고기와 함께 볶는 채소는 고기부터 먼저 애벌로 볶은 뒤 채소를 볶아서 섞어야 서로 익는 시간이 비슷해져서 재료의 질감 차이가 없게 되고, 고기에서 나오는 육즙으로 채소의 풍미가 더욱 좋아져요.

6. 볶음양념은 재료가 거의 익어갈 때 넣어요.
채소볶음의 경우, 양념을 처음부터 넣으면 재료에 쉽게 흡수되기는 하지만 수분이 많이 생겨 채소의 질감과 맛이 떨어져요. 양념을 넣을 때는 재료가 거의 익어갈 무렵에 넣어야 딱 알맞은 질감으로 볶아져요.

7. 육류볶음은 종류별로 밑간을 달리해서 볶아요.

쇠고기, 돼지고기, 닭고기는 종류별로 밑간을 달리하는 것이 좋아요. 쇠고기와 돼지고기는 생강즙 또는 청주, 간장으로 밑간을 해야 볶을 때 수분이 생기지 않고 육질이 잘 살고, 닭고기는 맛이 담백하므로 소금, 생강즙 또는 청주로 밑간해서 재운 뒤 볶는 것이 좋아요. 고기를 생것 그대로 볶다가 양념을 하면 간이 잘 배지 않을 뿐 아니라 잡내가 심하게 날 수 있으니 육류로 볶음을 할 때에는 반드시 밑간하는 과정을 거치도록 하세요.

조림 요리

1. 조림 요리의 노하우는 간을 하는 타이밍에 있어요.

간을 맞춘다는 것이 어렵게 느껴지는 분들이 많죠? 간은 단맛과 짠맛이 잘 어우러지도록 맞추는 것이 중요한데, 생선조림은 처음부터 간을 맞춰 양념하고, 뿌리채소를 포함한 채소류처럼 수분이 생기는 재료는 조림 도중에 간을 해야 해요.

2. 양념할 때 간장을 많이 넣지 마세요.

조림 요리는 주로 간장으로 양념을 해서 조리게 되는데, 서서히 오래 끓여야 하는 조림은 간장이 너무 많이 들어가면 요리가 짜지므로 간장에 물이나 육수, 다시마 우린 물을 섞어서 자작하게 부어가면서 조리면 좋아요. 비율은 보통 간장 3큰술에 물 1/4컵 정도면 알맞아요.

3. 매운 양념으로 조림할 때에는 고추를 사용하세요.

매운양념 조림을 할 때 무조건 고춧가루나 고추장을 많이 넣고 조리는 경우가 많은데, 이렇게 하면 색이 너무 빨갛고 깊은 맛도 나지 않아요. 이럴 때에는 청양고추를 넣고 조리거나 마른 홍고추를 살짝 물에 불려 갈아서 양념으로 사용하면 매운 조림을 손쉽게 만들 수 있어요.

4. 뿌리채소는 약불에서 은근히 조려야 단맛이 나요.

연근, 우엉, 무, 감자 등의 뿌리채소는 재료의 맛이 잘 우러나도록 충분히 조리면 단맛이 나서 맛이 더욱 좋아요. 중불에서 한소끔 끓인 뒤 약불에서 은근히 조리는 게 중요해요.

5. 생선조림은 짧은 시간에 조려야 해요.

생선은 너무 오래 조리면 수분이 적어져 맛이 없고 생선살도 뭉그러지기 쉬워요. 짧은 시간에 약불에서 조리는 게 가장 좋은 방법이에요. 무를 넣은 생선조림의 경우에는 무를 한 번 데친 뒤 양념장에 재우고, 생선도 따로 양념장에 재운 다음 함께 조리면 더 맛있어요. 참고로 생선살이나 두부처럼 뭉그러지기 쉬운 재료를 조릴 때에는 녹말가루를 묻혀 한 번 지진 뒤 조려야 모양이 잘 잡혀요.

6. 조림 요리의 완성은 윤기예요.

조림 요리는 태우지 않고 거무스름하면서 윤기 나게 조리는 것이 중요하죠. 강불에서 시작해 한소끔 끓어오르면 국물이 계속 끓을 정도의 약불로 줄이고 뚜껑을 덮어 서서히 익힌 뒤 국물이 거의 잦아들고 간이 다 밴 상태일 때 불을 높여 뚜껑을 연 채 재빨리 뒤적여서 수분을 날려보내면 돼요. 간이 고루 배어 잘 익은, 윤기 나는 조림이 완성될 거예요.

7. 냄비에 재료가 넘치지 않도록 주의하세요.

재료를 냄비에 넣고 조림을 할 때에는 냄비 용량의 반만 넣고 조림을 해야 맛있고 윤기 나는 조림 요리를 맛볼 수 있어요. 지나치게 재료가 많으면 국물이 넘치거나 뒤적이기 힘들어져 색이 곱지 않고 간이 고루 배지 않아 맛이 없어요.

8. 하루 지나야 간이 가장 잘 스며들어요.

조림 요리는 조리한 즉시 먹는 것보다 다음 날 먹는 것이 더 맛있을 수 있는데, 하루 정도 지나면 간이 가장 잘 스며들기 때문이에요. 무조림, 콩자반, 장조림 등이 여기에 해당돼요.

매일 반찬을 풍부하게 하는 무침과 김치 비법

매일 반찬 중에 볶음과 조림이 쉬운 편에 속한다면 무침과 김치 반찬은 내공이 더욱 필요한 요리예요. 열이 많이 가해지지 않는 만큼 재료 본연의 맛을 잘 살려야 하거든요. 무침과 김치를 잘 만드는 비법을 배워 매일 반찬을 완벽하게 차려보세요.

무침 요리

1. 무침을 하는 채소의 상태를 살펴주세요.

무침 채소는 익혀 무치거나 생것 그대로 무치는 두 종류로 나눌 수 있어요.

콩나물, 숙주, 시금치와 같은 채소는 끓는 물에 익혀 무침을 하는 것으로, 물에 데치거나 삶는 요령이 중요해요. 콩나물, 숙주는 소금을 넣지 않은 물에 삶는 것이 좋고, 시금치는 끓는 물에 소금을 넣어 빠르게 데쳐야 해요.

상추, 깻잎, 오이와 같은 채소는 생것 그대로 무침을 하는데, 오이는 소금에 절이지만 상추, 깻잎은 절이는 과정 없이 바로 양념에 버무려야 질감이 살아 있어 맛있어요.

2. 무침양념은 되도록 미리 만들어 놓으세요.

고춧가루를 넣은 양념장은 미리 만들어서 고춧가루 색이 진하게 우러날 시간을 주는 것이 좋아요. 그래야 재료를 무쳤을 때 식감이 뛰어나고 양념이 재료에 금방 스며들어요.

3. 오래 두고 먹을 무침은 새콤달콤하게 무치는 것이 좋아요.

도라지, 더덕 등 오래 두고 먹을 무침은 새콤달콤하게 간을 진하게 맞추는 것이 좋아요. 고추장보다는 고춧가루로 양념을 해야 수분이 많이 생기지 않고 오래 두고 먹을 수 있어요.

4. 나물을 생으로 무칠 때에는 양념 순서가 중요해요.

나물생채의 무침양념에는 식초, 설탕, 참기름 등을 넣어서 즉석에서 맛을 내는데, 식초를 많이 넣어 먹을 경우에는 참기름으로 버무린 뒤 맨 나중에 식초를 넣어야 새콤한 맛이 살아나요.

5. 콩나물은 비린내 없이 삶는 것이 중요해요.

나물무침 중에서 가장 손쉬운 콩나물은 삶는 방법이 중요해요. 콩나물을 삶을 때에는 냄비에 물 1/2컵, 청주 1큰술을 넣은 뒤 콩나물을 넣고 냄비 뚜껑을 덮고 삶아야 콩나물 비린내가 나지 않으면서 살캉하게 익어요. 그리고 콩나물 삶아지는 김이 올라오고 정확히 1분 뒤에 불에서 내려 찬물에 재빨리 헹궈야 아삭한 질감이 살아나요. 너무 오래 삶으면 콩나물이 질겨지고, 익기 전에 뚜껑을 열면 콩나물 특유의 비린 맛이 나니 주의하세요.

6. 여름철 인기 메뉴, 열무무침에는 양념 궁합이 있어요.

열무에 가장 잘 어울리는 양념은 들깨와 들기름, 또는 된장과 고추장이에요. 들깨와 들기름은 열무의 파릇한 색과 아삭한 맛을 살려주면서 고소함까지 줘 열무의 맛을 한층 맛깔스럽게 해요. 된장과 고추장은 열무를 살짝 데친 뒤 함께 섞어 조물조물 무치면 마치 시골집에서 먹는 듯, 향토적인 맛을 즐길 수 있어요.

7. 물파래는 물에 충분히 헹궈야 비린 맛이 나지 않아요.

물파래는 향이 좋은 밑반찬으로, 새콤달콤하게 무침을 하면 입맛을 돋워주죠. 파래를 씻을 때 여러 번 맑은 물에 헹궈야 무쳤을 때 비린 맛이 나지 않고 향이 좋아요. 특히 손질을 잘해야 하는데, 물파래에 이물질이 많으니 넓은 그릇에 담아 물을 넉넉하게 붓고 하나하나 건지듯이 손질해야 깨끗해져요.

김치류

1. 배추김치에 넣는 무속(무채)은 절대 채칼로 썰지 마세요.

배추속을 만들 때 무를 손쉽게 채칼로 써는 경우가 많은데, 채칼로 썰게 되면 무가 으스러지고 물이 많이 생겨 나중에 배추김치가 지저분해져요. 반드시 손칼로 얇게 채썰어야 무채 크기가 일정하면서 수분이 많이 생기지 않아요.

2. 깍두기는 단맛을 살리는 게 중요해요.

겨울철에 먹는 깍두기는 껍질째 썰어 담가야 아삭하고 싱싱하게 오래 즐길 수 있어요. 특히 겨울 무는 달고 매운 것이 특징인데, 매운 것일수록 깍두기를 담갔을 때 무에서 단맛이 많이 우러나 더욱 맛있어요.

깍두기를 소금에 절일 때, 금방 먹는 깍두기에는 설탕을 조금 뿌려 함께 절였다가 절인 물을 버리지 말고 그대로 양념해서 버무려주세요. 그러면 조금 찐득한 국물이 생기면서 달달하고 감칠맛이 뛰어난 깍두기가 돼요. 국물에 밥까지 비벼 먹는 깍두기의 비결이랍니다.

3. 동치미는 큰 무보다 작은 동치미 무를 사용해야 맛있어요.

총각무와 비슷하게 생긴 동치미 무는 무의 알이 더 크고 길어요. 무가 매끈하고 들었을 때 묵직하면서 탄력이 있는 것으로 준비하세요. 또 무청이 파랗고 싱싱한 것이 좋고, 모양이 예쁘고 잔뿌리가 많지 않은 것으로 골라야 해요.

4. 열무처럼 여린 채소는 너무 만지면 안 돼요.

열무를 이용해서 시원하게 담그는 열무김치야말로 여름철의 별미죠. 이 열무김치를 담글 때 너무 주물럭거리면 잎과 줄기가 상해서 풋내가 나니 주의해야 해요. 따라서 열무를 절일 때에는 소금으로 직접 절이지 말고 소금물에 담가 절이고, 양념을 바를 때도 손으로 버무리지 말고 밀가루죽을 물에 타서 양념을 섞은 다음, 열무 한 켜마다 양념국물을 한 번 뿌리는 식으로 항아리에 층층이 담는 것이 좋아요.

5. 김치 담그는 젓갈은 계절을 구분하는 것이 좋아요.

자주 담가 먹는 봄, 여름, 가을의 김치에는 다른 젓갈보다 깔끔하고 담백한 까나리액젓을 많이 사용하고, 겨울의 저장용 김치에는 까나리액젓 이외의 젓갈을 주로 써요. 까나리액젓을 사용하면 김치가 쉽게 무르기 때문이죠. 굳이 계절을 따지지 않는 젓갈은 새우젓인데, 주로 깍두기나 총각김치, 부추김치, 쪽파김치 등 액젓의 맛을 뚜렷하게 내는 김치에 사용해요.

6. 겉절이는 바로 버무려서 먹어야 제맛이 나요.

겉절이는 무쳐서 바로 먹기 때문에 채소에 수분이 없도록 충분히 물기를 뺀 뒤 버무리는데, 절이는 과정이 없으므로 배추 같은 채소는 미리 염도 3%의 옅은 소금물에 씻어 숨이 약간 죽게 해요. 또 겉절이는 찹쌀죽이나 밀가루죽 등을 넣지 않는데, 이런 것들은 발효숙성을 위해서 넣는 것이므로 바로 먹는 겉절이에는 넣지 않아요.

이렇게 필요할 때마다 즉석에서 무쳐내는 겉절이 김치는 상추, 시금치, 연배추, 풋배추, 오이, 쑥갓 등 여러 가지 채소로 다양하게 즐길 수 있어요.

7. 채소를 절임할 때 초절임 물은 차갑게 부어야 해요.

채소의 아삭한 맛이 중요한 초절임(피클, 초절이, 장아찌)은 초절임 물을 차게 식혀서 재료에 부어야 더욱 아삭하게 즐길 수 있어요. 또 초절임은 재료를 푹 삭게 만들어야 더욱 맛이 좋기 때문에 무거운 그릇이나 돌로 짓눌러 재료가 초절임 물에 푹 잠기도록 해야 해요.

옛날불고기

잘박한 양념국물에 밥을 쓱싹 비벼 먹어도 맛있는 옛날불고기.
누구나 좋아하는 든든한 메뉴로, 손님 접대에도 좋아요.

준비하기

쇠고기(불고기감) 600g, 팽이버섯 1봉지, 양파 1/2개, 대파 1대

불고기양념 다진 마늘 1큰술, 간장 5큰술, 배즙(또는 사과즙) 2큰술, 청주 1큰술, 참기름 1작은술, 깨소금 1작은술, 설탕 2큰술, 소금·후춧가루 약간씩

불고기국물 가다랭이포 2큰술, 다시마(사방 10cm 크기) 2장, 간장 1큰술, 맛술 2큰술, 청주 2큰술, 물 1과 1/2컵

1. 쇠고기는 얇게 슬라이스한 것으로 준비해서 종이타월에 올려 핏물을 뺀 뒤 칼등으로 자근자근 두드려 연하게 한 다음 사방 4cm 크기로 썬다.
    > Tip 불고기감은 살코기와 지방이 적절하게 마블링된 것으로 고르는 것이 좋고, 지방이 두껍지 않아 볶았을 때 기름이 적게 나오는 것이 알맞아요.

2. 팽이버섯은 밑동을 잘라낸다. 양파는 굵게 채썬다. 대파는 굵게 어슷썬다.

3. 볼에 분량의 불고기양념을 넣고 섞는다.

4. ❸에 손질한 쇠고기를 버무려 냉장고에서 1시간 정도 재운다.

5. 냄비에 불고기국물의 물을 붓고 끓으면 다시마, 간장, 맛술, 청주를 넣고 한 번 더 끓인다.

6. 냄비를 불에서 내려 가다랭이포를 넣고 우린 다음 면보에 걸러 식힌다.

7. 불고기 판을 불에 달군 뒤 불고기국물을 넣고 끓인다. 국물이 끓으면 양념한 쇠고기를 펼쳐 넣고 익힌다.

8. 쇠고기가 반쯤 익으면 팽이버섯, 양파, 대파를 넣고 함께 볶는다.

초보라면

쇠고기의 식감을 살리려면~

쇠고기를 잘박한 국물에 충분히 잠기게 한 뒤 익혀야 고기가 부드러우면서 육즙이 많이 생겨요. 여기에 밥을 비벼 먹거나 당면, 국수사리 등을 넣어 함께 먹으면 금상첨화랍니다.

쇠고기장조림

냉장고 속에 없으면 살짝 섭섭한 고기반찬 중의 하나죠.
짭조름하고 부드러워 아이들이 특히 좋아하는 장조림 반찬,
오늘 꼭 만들어보세요.

준비하기

쇠고기(홍두깨살) 600g, 달걀 2개, 마늘 2쪽, 생강 1/2톨, 대파 1대, 마른 홍고추 1개, 진간장 3/4컵, 다시마 우린 물(33쪽) 2컵, 설탕 1/4컵

1. 쇠고기는 큼직하게 토막 내어 기름기와 힘줄을 칼로 잘라낸 다음 찬물에 담가 핏물을 뺀다.
   - **Tip** 장조림용은 홍두깨살이나 우둔살로 준비하는데, 살코기가 연하고 선홍빛을 띠는 것으로 고르세요.
2. 달걀은 끓는 물에 굴려가면서 12분간 완숙으로 삶은 뒤 찬물에 헹궈 껍질을 벗긴다.
3. 대파는 큼직하게 토막 낸다. 마늘, 생강은 각각 껍질을 벗겨 통으로 준비한다. 마른 홍고추는 2등분해서 씨를 털어낸다.
4. 냄비에 다시마 우린 물을 붓고 끓으면 쇠고기, 삶은 달걀, 마늘, 생강, 대파, 마른 홍고추를 넣고 뚜껑을 덮어 끓인다.
5. 고기가 반쯤 익으면 대파는 건져내고 고기가 속까지 익을 때까지 푹 삶는다.
6. 국물이 반 정도 졸아들면 진간장, 설탕을 넣고 끓인다.
7. 윤기가 돌도록 뚜껑을 열고 끓이다가 국물이 다시 반 정도 졸아들면 불에서 내린다.
8. 고기를 건져내어 결대로 찢거나 얇게 썰어 그릇에 담고 달걀도 먹기 좋은 크기로 썰어 담은 뒤 간장국물을 끼얹어낸다.

초보라면

곁들임 재료로 다양한 맛을 내보세요.

쇠고기장조림에는 레시피의 달걀 외에 다양한 곁들임 재료가 있어요. 마늘종, 꽈리고추, 마늘, 메추리알 등을 기호에 맞게 넣어보세요. 더욱 다양한 밑반찬을 만들 수 있어요.

고수처럼

육즙이 많이 빠지지 않게 하세요.

쇠고기장조림은 핏물을 뺀 뒤 처음부터 찬물에 넣고 삶으면 육즙이 많이 빠져나와서 맛이 없어요. 끓는 물에 고기를 넣어야 육즙이 덜 빠져나오고, 다시마 우린 물을 사용해야 더욱 감칠맛이 나요.

돼지고기김치볶음

목삼겹살의 쫄깃쫄깃한 맛이 일품인 돼지고기김치볶음은 김치가 너무 익었다 싶을 때 만들기 좋은 반찬이에요. 뚝딱 만든 반찬 하나가 식탁을 푸짐하게 만들 거예요.

준비하기

돼지고기(목삼겹살) 300g, 배추김치 1/2포기, 양파 1/2개, 대파 1대, 카놀라유 1작은술, 쌀뜨물 1컵, 깨소금 1큰술

볶음양념 고추장 1큰술, 다진 마늘 1큰술, 청주 1큰술, 고춧가루 1큰술, 설탕 1큰술

1. 돼지고기는 사방 3cm 크기, 1cm 두께로 썰어 칼집을 여러 번 넣는다.
2. 배추김치는 양념을 털어내고 국물째 3cm 폭으로 썬다.
3. 양파는 굵게 채썬다. 대파는 굵게 어슷썬다.
4. 볼에 돼지고기를 넣고 분량의 볶음양념을 넣어 조물조물 무친 뒤 20분 정도 재운다.
5. 팬에 카놀라유를 두른 뒤 양파를 넣고 투명해질 때까지 강불에서 볶다가 양념한 돼지고기를 넣어 볶는다.
6. 돼지고기가 익으면 배추김치를 넣고 볶다가 쌀뜨물 1컵을 붓고 끓인다.
7. 재료와 양념이 고루 어우러지면 대파를 넣고 2분 정도 더 볶아 국물을 거의 없앤 다음 그릇에 담고 깨소금을 뿌린다.

초보라면

신김치에는 설탕을 넣어주세요.
돼지고기김치볶음은 신김치를 활용하기 좋은 반찬이지만, 자칫 군내가 염려된다 싶으면 설탕을 조금 넣고 볶아주면 좋아요.

 고수처럼

남은 삼겹살로 찌개를 끓이고 싶다면~
돼지고기 삼겹살로 찌개를 끓일 때에는 생강이나 청주를 약간 넣은 물에 삼겹살을 데쳐 기름기를 없애고 김치와 볶은 뒤 찌개를 끓이면 담백하고 고소해요.

양파제육볶음

양파제육볶음은 양파의 천연 감칠맛을 잘 살린 요리로, 청양고추의 칼칼함까지 더해 질리지 않는 맛을 자랑해요.

준비하기

돼지고기(뒷다리살) 600g, 양파 1개, 대파 1대, 청양고추 2개, 카놀라유 1작은술, 통깨 약간

볶음양념 고추장 2큰술, 다진 마늘 1큰술, 간장 1큰술, 청주 1큰술, 참기름 1/2작은술, 올리고당 1과 1/2큰술, 고운 고춧가루 1큰술, 후춧가루 약간

1. 돼지고기는 얇게 슬라이스해서 사방 5cm 크기로 썬다.
2. 양파는 굵게 채썬다. 대파는 굵게 어슷썬다. 청양고추는 송송 썬다.
3. 볼에 분량의 볶음양념을 넣고 섞은 뒤 돼지고기를 넣어 조물조물 무친다.
4. 팬에 카놀라유를 두른 뒤 양파를 넣고 강불에서 투명해질 때까지 볶다가 양념한 돼지고기를 넣고 볶는다.
5. 고기가 익으면 대파, 청양고추를 넣고 고루 섞은 뒤 통깨를 뿌린다.

초보라면

뒷다리살의 퍽퍽함은 양파로 해결해요.
돼지고기 뒷다리살은 다른 부위보다 퍽퍽해서 꺼리는 분들이 있죠. 이럴 때에는 양파를 듬뿍 넣고 볶아주면 퍽퍽함을 없앨 수 있어요.

 고수처럼

'중화풍 제육배추볶음'을 만들어보세요.
돼지고기 뒷다리살과 속음배추를 두반장으로 양념해서 볶다가 닭육수를 붓고 살짝 끓인 뒤 물녹말로 걸쭉하게 익히면 중화풍의 제육배추볶음으로 근사하게 탈바꿈된답니다.

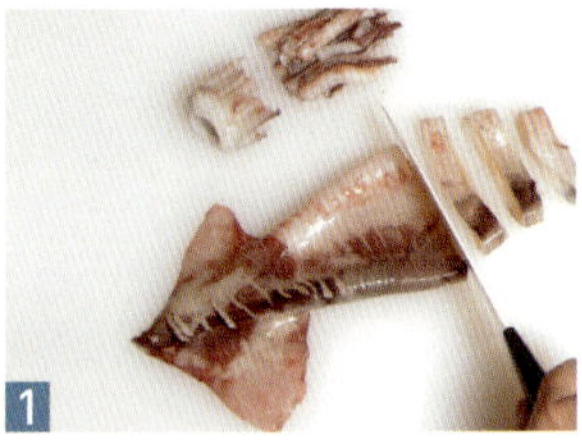

오겹살주물럭

오겹살주물럭은 쫄깃한 오징어와 돼지고기의 깊은 맛이 어우러진 메뉴로 손님상에 올리는 반찬은 물론 주말 별식으로도 손색없어요.

준비하기

오징어 1마리, 삼겹살 300g, 대파(흰 부분) 2대분

주물럭양념 고추장 3큰술, 다진 마늘 1큰술, 곱게 간 사과 3큰술, 간장 1큰술, 참치액젓 1작은술, 청주 1큰술, 참기름 1작은술, 설탕 1큰술, 소금 약간

1. 오징어는 몸통과 다리를 분리해서 내장을 뺀 다음 잔칼집을 넣는다. 몸통은 1cm 폭으로 링 모양으로 썰고 다리는 흡반을 제거해 씻은 다음 5cm 길이로 썬다.
2. 삼겹살은 사방 4cm 크기로 얇게 썬다.
3. 대파는 5cm 길이로 얇게 채썰어 찬물에 담가놓는다.
4. 볼에 분량의 주물럭양념을 넣고 섞은 뒤 오징어, 삼겹살을 넣고 주물러 30분 이상 재운다.
5. 팬을 뜨겁게 달군 뒤 ❹를 넣어 강불에서 볶는다.
6. 오징어와 삼겹살이 익으면 접시에 담고 대파를 물기를 털어내고 소복하게 올린다.

초보라면

대파의 쓴맛은 잎 부분을 데쳐서 없애세요.
대파는 흰 부분의 단맛이 좋아 고기의 곁들임 재료로 많이 사용하죠. 그렇지만 특유의 쓴맛이 문제가 되는데요, 쓴맛이 나는 잎 부분을 끓는 물에 데쳐 점액질을 빼주면 쓴맛이 싹 사라진답니다.

간장게장

이미 밥도둑으로 정평이 나 있는 간장게장은 두말할 필요가 없죠?
짭조름한 간장양념도 두고두고 먹을 수 있는 효자 메뉴를
비리지 않게 담그는 법, 바로 여기에 있어요.

1. 꽃게는 솔로 깨끗하게 씻어 물기를 뺀다.
2. 냄비에 분량의 향신채, 간장양념을 넣고 섞어 5분 정도 끓인 다음 건더기를 체로 걸러내 국물을 차게 식힌다.
3. 밀폐용기에 꽃게를 담고 ❷의 간장국물, 소주, 매실청을 붓는다.
4. 뚜껑을 닫고 냉장고에서 3일 정도 숙성시킨다.

준비하기

꽃게(암케) 3마리, 소주 1/2병, 매실청 1/4컵

향신채 양파 1개, 청양고추 3개, 마늘 7쪽, 생강 1톨, 통후추 10알, 월계수잎 3장

간장양념 간장 3컵, 물 3컵, 설탕 2큰술

고수처럼

오래 두고 먹으려면 국물은 따로 보관하세요.
오래 두고 먹을 간장게장은 냉장고에서 3일간 숙성시켜 간장국물이 스며들면 간장과 꽃게를 따로 두세요. 꽃게는 냉동시키고 간장국물은 냉장시켰다가 먹기 직전에 꽃게에 간장국물을 부으세요. 간장국물에 오래 숙성시키면 꽃게의 살이 녹아내려 단맛이 빠져버려요.

고등어무조림

오메가3가 듬뿍 들어 있어 건강 식재료로 알려진 고등어,
칼칼한 양념에 은근하게 졸여 부드러운 식감도 즐길 수 있어요.

🧺 **준비하기**

고등어 1마리, 무 1/5개(150g), 대파 1대, 청양고추 1개, 홍고추 1개, 쌀뜨물 2컵, 소금 약간

조림양념 고추장 2큰술, 다진 파 1큰술, 다진 마늘 1큰술, 다진 생강 1/4작은술, 간장 1큰술, 청주 1큰술, 다시마 우린 물(33쪽) 1컵, 물엿 1큰술, 후춧가루 약간

1. 고등어는 머리, 꼬리, 지느러미를 잘라내고 내장을 제거한 다음 먹기 좋은 크기로 토막 낸다.
   Tip 고등어는 눈알이 투명하고 비늘에서 윤기가 많이 나며 통통한 것으로 구입하세요.

2. 볼에 쌀뜨물을 붓고 소금을 넣은 다음 고등어를 10분 정도 담갔다가 물에 헹궈서 물기를 뺀다.

3. 무는 사방 5cm 크기, 1cm 두께로 썬다. 대파는 굵게 어슷썬다.

4. 청양고추, 홍고추는 각각 송송 썰어 씨를 털어낸다.

5. 볼에 분량의 조림양념을 넣고 섞는다.

6. 냄비에 무를 깔고 고등어를 평평하게 올린 다음 대파를 얹는다.

7. ❻에 조림양념을 듬뿍 끼얹은 다음 뚜껑을 덮고 중불에서 국물이 반 정도 졸아들 때까지 끓인다.

8. 뚜껑을 열고 불을 약불로 줄인 뒤 국물을 끼얹어가며 국물이 반 정도 남을 때까지 조린 다음 그릇에 담고 청양고추, 홍고추를 얹는다.

초보라면

아이들 반찬으로 만들 때는 뼈를 발라주세요.
몸에 좋은 고등어를 가족들이 많이 먹기를 바라지만, 아이들은 생선 먹기가 번거로워서 손을 잘 대지 않아요. 고등어를 손질할 때 굵은 뼈대를 말끔히 발라내면 아이들에게 더욱 사랑받는 반찬이 될 거예요.

 고수처럼

뿌리채소가 영양을 채워줘요.
고등어를 조릴 때 함께 넣는 채소로 뿌리채소를 선택하면 영양 면에서 훨씬 좋아요. 무 외에 우엉, 연근, 당근, 토란, 감자 등을 넣어도 좋아요. 레시피처럼 냄비에 깔고 그 위에 고등어를 올려 조리면 뿌리채소의 영양도 취할 수 있고 고등어도 쉽게 타지 않아 일석이조예요.

김치팬볶음

냉장고에 항상 자리 잡고 있는 반찬 중의 하나인 김치. 매일 먹는 김치를 팬에 볶아 아삭하고 달달하게 즐겨보는 건 어떨까요?

준비하기

배추김치 1/4포기, 양파 1/2개, 쪽파 2대, 다진 마늘 1큰술, 카놀라유 1큰술, 물 2큰술, 깨소금 1큰술, 설탕 1큰술

1. 배추김치는 양념을 털어내고 국물을 짠 다음 3cm 폭으로 썬다.
2. 양파는 얇게 채썬다. 쪽파는 2cm 길이로 썬다.
3. 팬에 카놀라유를 두른 뒤 양파, 다진 마늘을 넣고 투명해질 때까지 볶다가 배추김치, 설탕을 넣고 중불에서 10분 정도 볶는다.
4. 물을 넣고 약불에서 20분 정도 더 볶아 김치가 투명해지면 불에서 내린 다음 쪽파, 깨소금을 넣고 버무린다.

고수처럼

- **'잔멸치김치볶음'으로 응용해보세요.**
  김치만 볶아 먹기가 심심하다면 잔멸치를 넣어보세요. 잔멸치를 팬에 먼저 볶은 뒤 간장으로 살짝 양념해서 김치를 넣고 볶으면 씹히는 맛이 아주 좋아요.

- **일식으로도 요리할 수 있어요.**
  배추김치를 다 볶고 나서 가다랭이포를 듬뿍 넣고 쪽파를 송송 썰어 뿌려보세요. 김치볶음일 뿐인 요리가 근사한 일본식 요리처럼 변신해요. 더 고소한 맛을 내고 싶다면 깨소금, 검은깨를 가루 내어 뿌려주세요.

1

2-1

2-2

3

양배추베이컨볶음

볶을수록 감칠맛 나는 양배추를 색다르게 즐겨볼까요?
양배추가 베이컨과 만나면 별다른 양념이 없어도 제법 맛있는 반찬이 돼요!

1. 양배추는 사방 3cm 크기로 썰고 소금물에 헹군 뒤 물기를 뺀다.
2. 베이컨은 1cm 폭으로 썰어 마른 팬에 넣고 강불에서 굽듯이 볶은 뒤 따로 둔다.
3. 팬에 올리브유를 두른 뒤 양배추를 넣고 강불에서 숨이 죽을 때까지 볶다가 베이컨, 간장, 맛술을 넣어 볶는다.
4. 양배추와 베이컨이 어우러지면 통깨를 뿌린다.

 준비하기

양배추 1/4개, 베이컨 3줄, 간장 1작은술, 맛술 1큰술, 올리브유 1큰술, 소금·통깨 약간씩

초보라면
심지를 도려내야 질기지 않아요.
양배추는 굵은 심지를 도려내야 질긴 섬유질이 입안에 남지 않아요. 굵은 심지는 칼로 조심조심 도려내세요.

고수처럼
치즈가루를 뿌리면 아이들이 더욱 좋아해요.
❸번 과정에서 베이컨을 넣을 때 아이들이 좋아하는 파마산 치즈가루를 뿌려주세요. 치즈의 고소한 향과 맛이 아이들을 사로잡을 거예요. 반찬은 물론 빵에 올려 샌드위치로 즐겨도 좋아요.

비엔나파프리카볶음

알록달록 색이 예쁜 파프리카는 비타민, 칼슘, 철분 등 몸에 좋은 영양 성분이 풍부하답니다. 당도 높은 채소계의 보석, 파프리카와 함께 비엔나소시지를 볶아보세요.

 준비하기

비엔나소시지 12개, 노랑·주황 파프리카 1/2개씩, 양파 1/2개, 마늘 2쪽, 카놀라유 1큰술, 소금·후춧가루 약간씩

1. 비엔나소시지는 어슷하게 2등분하고 끓는 물에 살짝 데친 다음 찬물에 헹궈 물기를 뺀다.
2. 노랑·주황 파프리카는 각각 씨를 제거하고 4cm 길이로 채썬다. 양파, 마늘은 각각 얇게 채썬다.
3. 팬에 카놀라유를 두른 뒤 양파, 마늘을 넣고 투명해질 때까지 볶다가 비엔나소시지를 넣어 볶는다.
4. 비엔나소시지가 노릇하게 익으면 파프리카를 넣고 고루 섞은 뒤 소금, 후춧가루로 간한다.

초보라면

파프리카, 제대로 손질·보관하세요.
파프리카 손질법을 정확하게 알지 못하는 분들이 의외로 많아요. 씨를 제거할 때에는 칼보다 가위로 도려내면 훨씬 쉽고요, 씨를 제거한 뒤에는 물에 한 번 헹궈 물기를 털어내야 깔끔하답니다. 남은 파프리카는 물기를 없애서 팩이나 랩으로 싸서 냉장 보관해요.

말린애호박들기름볶음

말린 애호박은 비타민D가 매우 풍부해요. 들기름의 고소하고 깊은 맛을 더하되 다른 간은 심심하게 해서 웰빙 메뉴로 즐기세요.

1. 말린 애호박은 물에 5분 정도 담가 조물조물 씻은 뒤 물기를 꼭 짜서 굵게 채썬다.
2. 볼에 애호박, 다진 파, 다진 마늘, 국간장을 넣고 조물조물 무친다.
3. 팬에 들기름, 카놀라유를 두르고 지글지글 끓어오르면 애호박을 넣고 강불에서 들기름이 충분히 스며들 때까지 볶는다.
4. 깨소금을 뿌리고 모자라는 간을 소금으로 맞춘다.

준비하기

말린 애호박 30g, 다진 파 1큰술, 다진 마늘 1작은술, 국간장 1작은술, 들기름 1큰술, 카놀라유 1큰술, 깨소금 1작은술, 소금 약간

초보라면

직접 애호박을 말리려면~

애호박은 늦여름과 초가을의 따사로운 햇살에 말려야 단맛을 한껏 느낄 수 있어요. 씨가 많을 경우에는 사진처럼 씨를 도려내고 말려야 나중에 조리했을 때 요리가 깔끔해져요. 이렇게 애호박을 꼬들꼬들하게 말린 호박오가리는 비닐에 담아서 서늘한 곳에 보관하고요, 오래 보관하려면 냉동 보관하세요.

브로콜리아몬드볶음

비타민C가 풍부한 브로콜리를 아몬드와 함께 볶아보세요.
굴소스를 넣어 짭조름하면서도 고소한 아몬드가 씹혀
맛도 식감도 일품이랍니다.

준비하기

브로콜리 1송이(150g), 슬라이스 아몬드 2큰술, 다진 마늘 1작은술, 굴소스 2큰술, 카놀라유 1큰술, 통깨 1큰술, 소금 약간

1. 브로콜리는 한 송이씩 떼어 끓는 소금물에 넣고 데친 다음 찬물에 헹궈 물기를 뺀다.
2. 팬에 카놀라유를 두른 뒤 다진 마늘을 넣고 강불에서 향이 나게 볶다가 브로콜리, 슬라이스 아몬드를 넣어 볶는다.
3. 재료에 기름이 적당히 스며들면 굴소스를 넣고 고루 뒤적이며 볶는다.
4. 재료에 굴소스가 고루 버무려지면 통깨를 뿌린다.

고수처럼

브로콜리 줄기도 요리로 활용하세요.
브로콜리 요리를 할 때면 브로콜리 줄기가 애물단지가 되죠? 이럴 때에는 브로콜리 줄기를 끓는 물에 데쳐 찬물에 헹군 다음 얇게 채썰어 소금간을 해서 볶아 먹으면 좋아요. 브로콜리 줄기에도 비타민C가 풍부하답니다.

브로콜리보리새우볶음

껍질이 단단하고 윤기 나는 투명한 보리새우와 봉오리가 꽉 다물어지고 중간이 볼록한 브로콜리를 준비해 함께 볶아보세요. 비타민을 듬뿍 섭취할 수 있어요.

준비하기

브로콜리 1송이(150g), 마른 보리새우 1/2컵, 실파 2대, 마른 홍고추 1개, 다진 마늘 1작은술, 청주 1작은술, 물엿 1작은술, 카놀라유 1큰술, 설탕 1작은술, 소금 약간

1. 브로콜리는 한 송이씩 떼어 끓는 소금물에 넣고 데친 다음 찬물에 헹궈 물기를 뺀다.
2. 실파는 송송 썬다. 마른 홍고추는 1cm 폭으로 자른다.
3. 팬에 카놀라유를 두른 뒤 마른 홍고추, 다진 마늘을 넣고 강불에서 향이 나게 볶는다.
4. ❸에 마른 보리새우, 청주, 설탕을 넣고 마른 보리새우가 투명해질 때까지 볶는다.
5. 브로콜리, 물엿, 소금을 넣고 재빨리 볶은 다음 실파를 넣어 고루 버무린다.

초보라면

- **브로콜리는 이런 것이 좋은 품종이에요.**
  꽃봉오리가 수북하고 줄기는 짧고 윤기가 있으며, 잎을 눌렀을 때 단단한 것으로 구입해야 해요. 좁쌀 크기만 한 작은 꽃송이들이 많이 피지 않은 것일수록 품종이 좋은 것이니 명심하세요.

- **브로콜리의 색이 선명하게 살도록 데치세요.**
  브로콜리의 초록빛이 선명하게 살도록 데치려면 끓는 물에 소금을 넣고 데치세요. 이때 소금은 천일염이 좋답니다.

어묵오징어채볶음

아이들 도시락 반찬으로 무척 인기가 많은 어묵오징어채볶음.
해산물로 조리 가공된 어묵과 오징어채는 반찬 만들기가 무척 쉽지요.

준비하기

사각어묵 3장(120g), 오징어채 50g, 쌀뜨물 2컵, 카놀라유 1큰술

볶음양념 다진 마늘 1큰술, 간장 2큰술, 맛술 1큰술, 올리고당 1작은술, 고운 고춧가루 1작은술, 깨소금 1큰술, 설탕 1큰술

1. 사각어묵은 끓는 물을 끼얹고 찬물에 헹궈 물기를 닦는다.
2. 기름기 뺀 어묵을 4cm 길이, 1cm 폭으로 썬다.
3. 오징어채는 쌀뜨물에 넣어 주물러 씻은 뒤 4cm 길이로 썬다.
4. 팬에 카놀라유를 두른 뒤 다진 마늘을 넣고 강불에서 향이 나게 볶다가 사각어묵, 오징어채를 넣어 기름이 적당히 스며들도록 볶는다.
5. ❹에 간장, 고운 고춧가루를 섞어 넣고 맛술, 설탕을 넣어 재료에 간이 고루 밸 때까지 볶는다.
6. 불에서 내려 올리고당, 깨소금을 넣고 고루 버무린다.

초보라면

어묵을 조리할 때에는 기름기를 꼭 없애세요.
어묵은 생선살과 밀가루를 반죽해서 튀겨 만들어 겉면이 기름지기 때문에 조리하기 전에 반드시 기름기를 없애주세요. 어묵을 끓는 물에 데치거나 끓는 물을 끼얹은 뒤 찬물에 헹구면 맛이 담백해지고 특유의 쫄깃한 식감도 살아요.

잔멸치꽈리고추볶음

밑반찬의 으뜸 재료인 잔멸치와 은근히 매콤한 꽈리고추를 함께 볶아보세요.
넉넉하게 만들어두면 당분간 밑반찬 걱정은 하지 않아도 돼요.

준비하기

잔멸치 50g, 꽈리고추 12개, 카놀라유 2큰술

볶음양념 간장 3큰술, 참기름 1/2 작은술, 다진 마늘 1큰술, 청주 1큰술, 설탕 1큰술, 올리고당 2큰술, 통깨 1큰술

1. 잔멸치는 흐르는 물에 재빨리 헹궈 물기를 뺀 뒤 마른 팬에 넣고 비린 맛이 없어지도록 바삭하게 볶는다.
2. 꽈리고추는 깨끗이 씻어 꼭지를 떼어내고 어슷하게 2등분한다.
3. 팬에 카놀라유를 두른 뒤 꽈리고추를 넣고 강불에서 숨이 살짝 죽을 때까지 볶은 뒤 접시에 옮겨 담아둔다.
4. 팬에 올리고당, 통깨를 제외한 분량의 볶음양념을 섞어 넣고 끓인다.
5. ❹에 잔멸치, 꽈리고추를 넣고 양념이 고루 배도록 볶은 다음 불에서 내려 올리고당, 통깨를 넣어 버무린다.

초보라면

멸치만 짜다면~
보통 멸치와 꽈리고추를 함께 볶으면 고추에는 간이 배지 않고 멸치에만 짠맛이 도드라질 때가 많죠. 이럴 때에는 멸치와 고추를 각각 볶은 뒤 함께 볶음양념에 조리듯이 버무려야 간이 고루 배요.

감자채볶음

얇게 채썬 감자를 아삭아삭 씹히는 맛이 살도록 볶아내는
감자채볶음은 만들기 간단하면서 언제나 사랑받는 국민반찬이죠.

준비하기

감자 3개, 쪽파 2대, 다진 마늘 1작은술, 맛술 1큰술, 카놀라유 2큰술, 물 2큰술, 소금 1큰술, 통깨 1큰술

1. 감자는 껍질을 벗기고 얇게 채썬다. 쪽파는 송송 썬다.
2. 찬물에 채썬 감자를 담가 주물러서 녹말기를 뺀 다음 체에 받쳐 물기를 뺀다.
3. 팬에 카놀라유를 두른 뒤 다진 마늘을 넣고 강불에서 향이 나게 볶다가 감자를 넣어 투명해질 때까지 볶는다.
4. ❸에 맛술, 소금을 넣고 간한 다음 기름기가 없어지면 물을 끼얹어 증기로 감자 속까지 익힌다.
5. 감자에 간이 배면 불에서 내려 쪽파, 통깨를 뿌린다.

초보라면

감자가 팬에 자꾸 들러붙는다면~

감자가 팬에 들러붙는 건 녹말기 때문에 그런데요. 이럴 때에는 감자를 채썬 뒤 찬물에 담가두면 좋아요. 비벼가면서 헹구면 더욱 좋고요.

고수처럼

'감자카레볶음'으로 응용해보세요.

감자를 볶을 때 카레가루를 넣어보세요. 늘상 먹는 감자채볶음에 카레가 들어가면 향도 좋아지지만 맛도 한결 상큼하죠.

마늘종홍새우볶음

맛과 영양을 두루 챙길 수 있는 메뉴예요.
선명한 초록빛을 자랑하며 비타민C를 가득 품고 있는 마늘종과
칼슘이 풍부한 홍새우가 만났어요.

준비하기

마늘종 5줄기, 마른 홍새우 30g, 카놀라유 1큰술, 소금 약간

볶음양념 다진 마늘 1큰술, 간장 1큰술, 청주 1큰술, 올리고당 1큰술, 참기름 1작은술, 설탕 1작은술, 소금 약간

1. 마늘종은 깨끗이 씻어 3cm 길이로 썬 뒤 끓는 소금물에 데친 다음 찬물에 헹궈 물기를 뺀다.
2. 마른 홍새우는 체에 밭쳐 흐르는 물에 헹궈 물기를 뺀 다음 마른 팬에 넣고 볶아 수분을 없앤다.
3. 팬에 카놀라유를 두른 뒤 마늘종, 다진 마늘을 넣고 강불에서 향이 나게 볶는다.
4. ❸에 마른 홍새우, 간장, 청주, 참기름, 설탕을 넣어 볶고 모자란 간은 소금으로 맞춘다.
5. 마늘종과 새우에 양념이 고루 배면 불에서 내려 올리고당을 넣고 버무린다.

초보라면

마늘종 간 맞추기가 어렵다면~
마늘종은 간이 잘 배지 않는 식재료예요. 이럴 때에는 마늘종을 끓는 물에 살짝 데쳐주는 것이 좋답니다. 마늘종에 간이 잘 밸 뿐 아니라 함께 넣는 부재료와도 어우러짐이 좋아져요.

피망양파볶음

알록달록 살캉한 피망과 천연의 감칠맛이 가득한 양파를 볶아 만든 간편 레시피예요. 색감도 좋고 아삭한 식감도 좋으니 부담 없이 즐겨보세요.

준비하기

청피망 1개, 홍피망 1/2개, 양파 1개, 다진 마늘 1작은술, 굴소스 1큰술, 맛술 1큰술, 카놀라유 1큰술, 소금 약간

1. 청피망, 홍피망은 각각 길게 2등분해 꼭지를 떼어낸 뒤 씨와 씨방을 제거한 다음 얇게 채썬다.
2. 양파는 얇게 채썰어 찬물에 헹군다.
3. 팬에 카놀라유를 두른 뒤 양파, 다진 마늘을 넣고 강불에서 향이 나게 볶는다.
4. ❸에 청피망, 홍피망, 굴소스, 맛술을 넣고 양념이 고루 배도록 볶은 다음 소금으로 간한다.

초보라면

피망, 제대로 고르고 보관하세요.

피망은 윤기가 나며 꼭지가 신선하고 기형이 아닌 것, 그리고 표피가 두껍고 씨가 적은 것이 좋아요. 반으로 갈라 씨를 털어내면 좀 더 오래 보관할 수 있고, 물기가 있으면 상하기 쉬우므로 반드시 물기를 제거해서 신문지, 랩, 비닐 등에 싸서 냉장 보관해야 해요.

우엉마늘채볶음

살캉하게 씹히는 맛이 매력적인 우엉과 알싸한 맛의 마늘을
간장양념 하나로 볶아내면 오늘의 반찬 준비 끝!

1. 우엉은 껍질을 벗기고 씻은 다음 얇게 어슷썬다. 마늘은 굵게 채썬다.
2. 우엉을 식초물에 헹궈 물기를 뺀다.
3. 팬에 카놀라유를 두른 뒤 마늘을 넣고 강불에서 향이 나게 볶다가 우엉을 넣어 숨이 죽을 때까지 볶는다.
4. ❸에 다진 파, 간장, 맛술, 설탕을 넣고 볶는다.
5. 재료에 양념이 고루 배면 깨소금을 뿌리고 불에서 내려 올리고당으로 버무린다.

준비하기

우엉 1대(200g), 마늘 8쪽, 식초 1큰술, 카놀라유 1큰술

볶음양념 다진 파 1큰술, 간장 3큰술, 맛술 1큰술, 올리고당 1큰술, 깨소금 1큰술, 설탕 1큰술

초보라면

우엉의 갈변은 이렇게 해결하세요.

우엉의 껍질을 벗길 때에는 칼날로 긁어 껍질 표피만 긁어내야 해요. 써는 내내 그냥 두면 갈변이 심해지므로 식초물에 담가놓는 것이 좋아요. 식초가 우엉의 변색을 막아 색을 하얗게 유지시키고 떫은맛도 없애준답니다. 혹은 미리 얇게 채썰어 두었다가 마지막 헹구는 물에 식초 한 방울을 넣고 헹구세요.

미역줄기볶음

흔히 먹는 미역줄기볶음에 참치액젓으로 깊은 맛을 더해주세요.
비린 맛 없이 맛있게 볶는 노하우를 전수합니다.

준비하기

미역줄기 200g, 쌀뜨물 4컵, 카놀라유 1과 1/2큰술

볶음양념 다진 마늘 1큰술, 참치액젓 1작은술, 맛술 1큰술, 참기름 1작은술, 물엿 1작은술, 깨소금 1큰술

1. 미역줄기는 5cm 길이로 썬 뒤 찬물에 1시간 정도 담가 짠맛을 없앤다.
2. 냄비에 쌀뜨물을 붓고 끓여 미역줄기를 넣고 데친 다음 찬물에 헹궈 물기를 뺀다.
3. 팬에 카놀라유를 두른 뒤 다진 마늘을 넣고 강불에서 향이 나게 볶다가 미역줄기를 넣고 비린 맛이 없어지고 숨이 죽을 때까지 익힌다.
4. ❸에 참치액젓, 맛술을 넣고 미역줄기가 살짝 물컹하게 익을 때까지 볶는다.
5. ❹에 참기름, 물엿, 깨소금을 넣고 고루 버무린다.

초보라면

염장미역을 사용할 때에는 소금기에 주의하세요.
염장미역을 사용할 때에는 소금기를 충분하게 제거하고 조리해야 짠맛이 덜한데요. 찬물에 30분 정도 담갔다가 맑은 물로 여러 번 갈아줘야 소금기가 거의 빠져요.

호두가지볶음

머리를 맑게 해주고 자양강장 효과가 뛰어난 호두와 항암 작용에 도움이 되는 가지를 함께 볶아보세요. 보약이 따로 필요 없겠죠?

준비하기

호두 1/2컵, 가지 2개, 카놀라유 1과 1/2큰술, 소금 약간

볶음양념 다진 파 1큰술, 다진 마늘 1작은술, 간장 1과 1/2큰술, 맛술 1큰술, 참기름 1작은술, 깨소금 1큰술, 설탕 1작은술

1. 호두는 미지근한 물에 헹군 다음 마른 팬에 넣고 볶아 쓴맛을 없앤 뒤 굵게 다진다.
2. 가지는 1.5cm 두께로 반달썰기 한 다음 소금물에 헹군다.
3. 팬에 카놀라유를 두른 뒤 다진 파, 다진 마늘을 넣고 강불에서 향이 나게 볶다가 가지를 넣고 숨이 죽을 때까지 볶는다.
4. ❸에 간장, 맛술, 설탕을 넣고 양념이 고루 배도록 볶는다.
5. ❹에 다진 호두를 넣고 볶다가 참기름, 깨소금을 넣고 고루 버무린다.

고수처럼

들기름으로 가지를 볶으면 더욱 좋아요.
가지를 볶을 때 들기름을 약간 더하면 좋은데, 들기름은 볶지 않고 짠 생들기름이 좋아요. 들기름이 가지에 깊이 스며들어 씹는 맛이 훨씬 고소해질 거예요.

김치떡볶음

우리의 전통 음식인 김치와 떡이 만난 색다른 요리랍니다.
살짝 심심하게 볶아주면 밥이 없어도 좋은 별식이 돼요.

준비하기

배추김치 12줄기, 떡국떡 100g, 쪽파 2대, 홍고추 1/2개, 카놀라유 1큰술, 통깨 약간

볶음양념 다진 마늘 1작은술, 간장 1작은술, 참기름 1큰술, 설탕 1큰술

1. 배추김치는 물에 씻어 양념을 털어내고 3cm 폭으로 썬다. 쪽파, 홍고추는 각각 송송 썬다.
2. 떡국떡은 물에 헹군 뒤 볼에 넣고 간장, 참기름으로 조물조물 버무린다.
3. 팬에 카놀라유를 두른 뒤 다진 마늘을 넣고 강불에서 향이 나게 볶다가 배추김치, 설탕을 넣고 투명해질 때까지 볶는다.
4. ❸에 양념한 떡국떡을 넣고 고루 섞다가 쪽파, 홍고추를 넣어 버무린 다음 통깨를 뿌린다.

초보라면

떡이 굳어 딱딱하다면~
떡이 딱딱하면 양념이 잘 배지 않죠. ❷번 과정처럼 떡을 물에 헹궈서 꼬들거리게 한 뒤 간장, 참기름에 버무리는 것이 좋아요.

새우살동그랑땡

아이들에게 인기 만점인 메뉴 중의 하나죠. 탱탱한 새우살과 쇠고기로 만든 노릇노릇한 동그랑땡으로 아이들의 마음을 사로잡으세요.

준비하기

다진 쇠고기 50g, 새우살 100g, 달걀 2개, 당근 1/3개, 양파 1/2개, 다진 마늘 1작은술, 빵가루 1/2컵, 카놀라유 1큰술, 소금·후춧가루 약간씩

1. 다진 쇠고기는 분량대로 준비한다. 새우살은 소금물에 헹궈 물기를 뺀 다음 굵게 다진다.
2. 당근, 양파는 각각 잘게 다져 마른 팬에 넣고 강불에서 볶아 식힌다.
3. 볼에 다진 쇠고기와 새우살, 당근, 양파, 다진 마늘, 빵가루, 소금, 후춧가루를 넣고 치대어 반죽한다.
4. 반죽을 한 숟가락씩 떠서 직경 3cm 크기, 1cm 두께로 동그랗게 완자를 빚는다.
5. 볼에 달걀을 풀어 완자를 하나씩 넣고 달걀옷을 입힌다.
6. 팬에 카놀라유를 두르고 달군 뒤 ❺를 넣고 앞뒤로 노릇노릇하게 부친다.

초보라면

완자 모양을 살리려면 녹말가루를 넣어주세요.
완자 반죽에 녹말가루를 넣으면 완자의 모양이 좀 더 잘 잡혀요. 녹말가루가 수분을 흡수해서 쉽게 무르거나 모양이 흐트러지는 것을 방지해주기 때문이죠.

고수처럼

집에서 직접 고기를 다져 조리하면 좋아요.
다진 고기는 정육점에서 다져온 고기보다 집에서 직접 살코기를 다져 사용하는 것이 좋아요. 씹히는 식감이 좋을 뿐 아니라 살코기에 기름이 적어 고기의 크기가 줄어들지 않죠.

멸치어묵조림

달콤짭조름한 양념에 조린 멸치와 어묵은 서로 씹히는
식감이 달라서 먹는 재미도 있고 영양가도 좋아요.

준비하기

잔멸치 30g, 막대어묵 150g, 쪽파 2대, 카놀라유 1큰술

조림양념 다진 마늘 1큰술, 간장 2와 1/2큰술, 청주 1큰술, 물엿 1큰술, 통깨 1작은술, 설탕 1큰술

1. 잔멸치는 마른 팬에 넣고 비린 맛이 없도록 바삭하게 볶는다. 쪽파는 송송 썬다.
2. 막대어묵은 어슷썰어 끓는 물에 넣고 살짝 데친 다음 찬물에 헹궈 물기를 뺀다.
3. 팬에 카놀라유를 두른 뒤 막대어묵을 넣고 강불에서 색이 나도록 볶아 그릇에 옮겨 담아둔다.
4. 팬에 물엿, 통깨를 제외한 분량의 조림양념을 섞어 넣고 끓어오르면 잔멸치, 막대어묵을 넣고 강불에서 고루 버무려가며 조린다.
5. 불에서 내려 쪽파, 물엿, 통깨를 넣고 고루 버무린다.

초보라면

물엿은 팬을 불에서 내린 뒤에 넣어요.
멸치와 어묵을 조림양념에 볶은 뒤 팬을 불에서 내려서 물엿으로 버무려야 해요. 그래야 물엿의 윤기가 잘 살고, 나중에 반찬이 식어도 서로 들러붙지 않아요.

두부조림

문득 어머니가 해주시던 두부조림이 생각나는 날이 있어요.
그런 날 따끈하게 두부조림을 만들어 밥 한술에 얹어 먹으면
그렇게 맛있을 수가 없어요.

1. 두부는 사방 4cm 크기, 1cm 두께로 썰어 체에 밭친 뒤 소금을 뿌려 20분 정도 재우고 물기를 닦는다. 쪽파는 송송 썬다.
2. 팬에 들기름, 카놀라유를 두른 뒤 두부를 넣고 강불에서 앞뒤로 노릇하게 부친다.
3. 볼에 분량의 조림양념을 넣고 섞는다.
4. 냄비에 두부를 깔고 조림양념을 끼얹어 중불에서 조린다.
5. 조림양념이 반 정도 졸아들면 불에서 내려 그릇에 담고 쪽파를 뿌린다.

준비하기

두부 1모, 쪽파 2대, 들기름 1큰술, 카놀라유 1큰술, 소금 1큰술

조림양념 다진 마늘 1작은술, 간장 2큰술, 맛술 1큰술, 물엿 1작은술, 다시마 우린 물(33쪽) 1/2컵, 고춧가루 1큰술, 통깨 1큰술

초보라면

부칠 때 두부가 잘 부서진다면~

두부로 요리를 할 때 가장 애먹는 부분이 두부 모양이 그대로 유지되지 않는 것이죠? 이럴 때에는 두부에 소금을 뿌려 잠시 절여주는 것이 좋아요. 그래야 수분이 빠져 모양이 잘 유지돼요.

고수처럼

들기름과 카놀라유를 함께 써서 부치세요.

두부를 기름에 부칠 때 들기름과 카놀라유를 섞어서 부치면 더욱 고소하고 윤기 있게 조리돼요. 특히 들기름은 지글지글 끓어오르면 들내가 나지 않으니 걱정하지 않아도 돼요.

메추리알감자조림

앙증맞은 메추리알과 쪼글쪼글 알감자가 만났어요.
국물을 끼얹어가며 조려서 만질만질 윤기가 흐르는
먹음직스러운 밑반찬이에요.

준비하기

메추리알 10개, 알감자 200g, 쌀뜨물 2컵, 소금 약간

조림양념 다진 마늘 1작은술, 간장 3큰술, 맛술 1큰술, 참기름 1/2작은술, 물엿 1큰술, 다시마 우린 물(33쪽) 1/4컵, 깨소금 1작은술, 설탕 1큰술

1. 냄비에 물을 넉넉하게 붓고 소금을 넣은 다음 메추리알을 11분간 완숙으로 삶은 뒤 찬물에 헹궈 껍질을 벗긴다.
2. 알감자는 깨끗이 씻어 냄비에 넣고 쌀뜨물을 부어 살캉하게 삶은 뒤 찬물에 헹군다.
3. 냄비에 물엿, 깨소금을 제외한 분량의 조림양념을 넣고 끓어오르면 메추리알, 알감자를 넣고 강불에서 5분, 약불에서 25분 정도 조린다.
4. 메추리알에 간장 색이 배고 알감자 껍질이 쪼글쪼글해지면 불에서 내려 물엿을 넣고 버무린 다음 그릇에 담아 깨소금을 뿌린다.

초보라면

요리시간을 단축하세요.
❷번 과정처럼 알감자를 쌀뜨물에 애벌로 익히면, 조릴 때 간이 더 잘 배고 짧은 시간에 요리가 완성돼요.

고수처럼

윤기 나고 맛있는 알감자조림 비법!
조림양념을 끓인 뒤 메추리알과 알감자를 넣고 조려야 윤기도 많이 나고 간이 잘 배어요. 양념을 넣은 뒤 강불에서 약불로 조절하는 이유는, 알감자 속이 포슬해지려면 강불에서 급속히 익혀야 하고, 간이 잘 스며들게 하려면 약불에서 은근하게 익혀야 하기 때문이에요.

단호박조림

몸을 따뜻하고 편안하게 해주는 단호박,
단호박의 살캉하게 씹히는 맛을 살린 단호박조림이에요.
구수한 다시마 우린 물로 조려 풍미를 더했어요.

1. 단호박은 2등분해 씨를 긁어내고 껍질을 벗긴 다음 3cm 두께로 썬다.
2. 팬에 카놀라유를 두른 뒤 단호박을 넣고 강불에서 젓가락으로 찔렀을 때 살짝 들어갈 정도로 볶은 다음 그릇에 옮겨 담아둔다.
3. 팬에 분량의 조림양념을 섞어 넣고 끓어오르면 단호박을 넣고 조린다.
4. 단호박에 양념이 고루 배면 실고추를 짧게 끊어 넣고 통깨를 뿌려 고루 버무린다.

준비하기

단호박 1개, 실고추 약간, 카놀라유 2큰술, 통깨 1큰술

조림양념 다진 마늘 1/2작은술, 간장 3큰술, 참치액젓 1작은술, 다시마 우린 물(33쪽) 1/2컵, 설탕 1작은술

초보라면

- **단호박 껍질은 필러로 벗기세요.**
  단호박 껍질을 벗길 때에는 단호박을 잘라 안의 씨를 빼낸 다음 통을 잡고 감자필러로 긁어내면 돼요. 그렇지만 단호박은 껍질에도 영양분이 많으니 적당히 벗겨내세요.

- **단호박은 기름에 오래 볶아주세요.**
  단호박은 지용성 비타민을 함유하고 있어 기름에 볶으면 영양가가 더욱 높아져요. 카놀라유에 오래 볶으면 단호박의 영양분도 듬뿍 섭취할 수 있고 소화에도 도움이 돼요.

우엉호두조림

뿌리채소의 대표주자 우엉과 비타민E가 풍부한 호두가 만났어요.
두뇌 회전에 도움이 된다는 호두를 넣었으니
똑똑한 반찬이 만들어지겠죠?

준비하기

우엉 1대(200g), 호두 5개, 식초 1큰술, 카놀라유 1큰술

조림양념 다진 마늘 1작은술, 간장 2와 1/2큰술, 맛술 1큰술, 참기름 1작은술, 물엿 1작은술, 깨소금 1큰술, 설탕 1큰술

1. 우엉은 껍질을 벗기고 씻어 4cm 길이로 썬 뒤 얇게 편썬다.
2. 손질한 우엉을 식초물에 헹궈 물기를 뺀다.
3. 호두는 미지근한 물에 헹군 뒤 물기를 닦고 굵게 다진다.
4. 팬에 카놀라유를 두른 뒤 다진 마늘을 넣고 강불에서 향이 나게 볶다가 우엉을 넣어 숨이 죽을 때까지 볶는다.
5. ❹에 간장, 맛술, 참기름, 설탕을 섞어 넣고 우엉에 양념이 고루 배도록 볶는다.
6. 다진 호두를 넣고 한 번 더 볶은 뒤 불에서 내려 물엿, 깨소금을 넣고 버무린다.

초보라면

우엉에 양념이 잘 배게 하려면~
팬에 카놀라유를 두르고 우엉을 오래 볶은 뒤에 양념을 넣어야 우엉이 야들해져서 간이 알맞게 배고 씹히는 식감이 좋아져요.

조기구이

입맛 없는 날 노릇노릇하게 구운 조기구이로 식탁을 차려보세요.
담백하고 고소한 조기살로 밥 한 그릇 뚝딱 해치우게 된답니다.

준비하기

조기(참조기) 3마리, 밀가루 4큰술, 쌀뜨물 2컵, 카놀라유 2큰술, 굵은 소금 2큰술

1. 조기는 비늘을 긁어내고 쌀뜨물에 담가 씻은 다음 등 쪽에 칼집을 3~4군데 넣고 굵은 소금을 뿌린다.
2. 채반에 ❶의 조기를 올려 1시간 정도 꾸덕하게 둔다.
3. 넓은 그릇에 밀가루를 펼치고 조기를 넣어 앞뒤로 밀가루옷을 입힌다.
4. 팬에 카놀라유를 두른 뒤 조기를 넣고 강불에서 앞뒤로 노릇노릇하게 굽는다.

초보라면

생선의 비린 맛은 쌀뜨물로 없애요.
조기와 같이 비린 맛이 나는 생선은 쌀뜨물에 헹궈야 비린 맛을 없앨 수 있어요.

고수처럼

조기살을 맛있게 구우려면~
조기를 맛있고 탄력 있게 구우려면 손질한 조기를 채반에 올려 물기를 말려줘야 해요. 이렇게 꾸덕하게 만든 조기를 구우면 생선살이 탄력 있어요.

더덕구이

껍질을 벗기면 그윽한 향이 입안 가득 퍼지는 더덕.
입맛 없을 때 고추장양념에 구운 더덕은 생각만 해도
군침 돌게 하는 별미죠.

준비하기

더덕 200g, 실파 1대, 카놀라유 1큰술, 소금 약간

구이양념 고추장 3큰술, 다진 마늘 1작은술, 맛술 1큰술, 물엿 1큰술, 꿀 1큰술, 소금 · 후춧가루 약간씩

1. 더덕은 껍질을 벗기고 3등분한 뒤 반을 갈라 방망이로 살짝 두드려 연하게 만든 다음 소금물에 헹구고 물기를 뺀다.

2. 실파는 송송 썬다.

3. 볼에 고추장, 물엿, 꿀을 넣고 색이 우러나도록 고루 갠 뒤 다진 마늘, 맛술, 소금, 후춧가루를 넣어 간한다.

4. 다른 볼에 손질한 더덕을 넣고 구이양념을 넣어 살살 버무린 다음 30분 정도 재운다.

5. 팬에 카놀라유를 두르고 달군 뒤 양념한 더덕을 넣고 약불에서 살짝 구운 다음 실파를 뿌린다.

 고수처럼

더덕 껍질은 구워서 벗기세요.
더덕의 껍질을 잘 벗기려면 더덕을 석쇠에 올려 살짝 구워내세요. 그러면 껍질이 술술 잘 벗겨진답니다. 이때 껍질을 두껍게 벗겨내면 더덕의 질감이 얇아지고 향이 없어지므로 주의하세요.

두부무채무침

보들보들한 두부는 맛도 고소하고 다이어트에도
효과 좋은 최고의 식재료죠. 아삭한 무와 함께
들기름으로 무쳐내면 감칠맛까지 즐길 수 있어요.

준비하기

두부 1/4모, 무 1/4개(200g), 쪽파 2대, 홍고추 1/2개, 소금 약간

무침양념 다진 마늘 1작은술, 참치액젓 1/2작은술, 들기름 1큰술, 들깨가루 1큰술

1. 두부는 깨끗이 씻어 칼날로 으깬 뒤 면보로 감싸 자근자근 눌러 물기를 뺀다.
2. 무는 얇게 채썬 뒤 소금을 뿌려 20분 정도 절인다.
3. 쪽파는 2cm 길이로 썬다. 홍고추는 씨를 털어내고 굵게 다진다.
4. 절인 무를 물에 헹군 뒤 물기를 꼭 짜서 볼에 넣고 두부, 쪽파, 홍고추를 넣고 섞는다.
5. ❹에 분량의 무침양념을 넣고 조물조물 무친 뒤 소금으로 간한다.

초보라면

두부의 물기는 칼날로 자근자근 빼주세요.

두부에 물기가 많으면 담백한 맛도 살릴 수 없고 조리에도 불편함이 많죠. 두부의 물기를 잘 빼려면, 무조건 눌러 짜기보다는 칼날로 두부를 눌러놓은 뒤 면보로 감싸 자근자근 주물러야 해요. 그래야 두부무침을 할 때도 수분 없이 깔끔하게 먹을 수 있어요.

얼갈이된장무침

토속적인 맛이 그리울 때, 구수한 된장으로 무친 나물이 정답이지요.
할머니가 해주시던 그 맛이 생각나는 날 만들어보세요.

준비하기

얼갈이배추 200g, 소금 약간

무침양념 된장 1과 1/2큰술, 다진 파 1큰술, 다진 마늘 1/4작은술, 참기름 1작은술, 깨소금 1큰술

1. 얼갈이배추는 밑동을 잘라내고 한 잎씩 떼어 깨끗이 씻는다.
2. 손질한 얼갈이배추를 끓는 소금물에 넣고 데친 뒤 찬물에 헹궈 물기를 뺀다.
3. 데친 얼갈이배추를 3cm 길이로 썬 뒤 물기를 꼭 짠다.
4. 볼에 얼갈이배추를 넣고 분량의 무침양념을 넣은 뒤 조물조물 무친다.

초보라면

된장의 짠맛이 강하다면~
된장무침을 할 때 집된장의 짠맛이 도드라지면 꿀을 조금 넣어보세요. 꿀이 짠맛을 완화시켜줘요.

우거지지짐이

충청도 할머니의 손맛이 담긴 메뉴예요.
우거지를 푹 지져내서 식감이 따뜻해 언제 먹어도 맛있는 반찬이랍니다.

준비하기

우거지 250g, 중멸치 30g, 대파 2대, 된장 2큰술, 다진 마늘 1작은술, 맛술 1큰술, 쌀뜨물 1과 1/2컵, 고춧가루 1/2작은술, 소금 약간

1. 우거지는 끓는 소금물에 넣고 데쳐서 찬물에 헹군 뒤 결대로 찢어 물기를 뺀다.
2. 대파는 4cm 길이로 썰어 길게 2등분한다.
3. 볼에 우거지, 된장, 다진 마늘, 맛술, 고춧가루를 넣고 조물조물 무친다.

4. 중멸치는 젖은 면보로 깨끗하게 닦은 뒤 마른 냄비에 넣고 강불에서 볶는다.
5. 멸치의 비린 맛이 없어지면 쌀뜨물을 붓고 한소끔 끓인다.
6. ❺에 양념한 우거지를 넣고 볶다가 대파를 넣고 중불에서 조린다.
7. 국물이 자작하게 졸고 우거지에 된장 맛이 배면 바로 불에서 내린다.

> **초보라면**
>
> **우거지는 손으로 길게 찢어야 제맛이에요.**
> 우거지는 칼로 짧게 썰지 말고 되도록 손으로 결을 살려 길게 찢어서 지짐이를 해야 토속적인 맛이 잘 우러나요.

열무고추장무침

상큼하고 쌉싸름한 열무를 매콤한 고추장으로 무쳐보세요.
보리밥과 함께하면 더욱 맛있게 먹을 수 있어요.

준비하기

열무 250g, 소금 약간

무침양념 고추장 2큰술, 다진 파 1큰술, 다진 마늘 1작은술, 참기름 1작은술, 깨소금 1큰술

1. 열무는 밑동을 잘라내고 씻은 뒤 끓는 소금물에 파랗게 데치고 찬물에 여러 번 헹궈 물기를 뺀다.
2. 데친 열무를 가지런히 도마에 펼치고 포크로 찢어 가늘게 만든 뒤 먹기 좋은 크기로 썬다.
3. 볼에 분량의 무침양념을 넣고 섞는다.
4. ❸에 열무를 넣고 조물조물 버무린다.

초보라면

열무를 포크로 찢으면 질감이 좋아져요.
열무를 부드럽게 먹으려면 끓는 물에 데쳐 포크로 가늘게 찢어주세요. 그냥 먹는 열무보다 질감이 더욱 살캉해지고 양념도 잘 배어들어 맛있게 먹을 수 있어요.

미나리무침

미나리무침은 미나리 특유의 향과 맛을 살려 담백하게 무쳐야 제맛이죠. 특히 술자리가 많은 남편에게 만들어주면 좋아요.

1. 미나리는 잎을 떼어내고 줄기 부분을 씻은 뒤 넓은 볼에 담가 은수저를 10~15분간 넣어서 이물질을 완전히 없앤다.
2. ❶의 미나리를 헹군 뒤 물기를 털어내고 5cm 길이로 썬다. 미나리 잎도 싱싱한 것만 골라서 여러 번 헹군 뒤 함께 썬다.
3. 볼에 멸치액젓, 고운 고춧가루를 넣고 섞어 색이 빨갛게 우러나도록 불린다.
4. ❸에 다진 파, 다진 마늘, 생강즙을 넣어 섞은 다음 미나리를 넣고 고루 버무려 숨이 죽게 한다.
5. 모자란 간은 소금으로 맞추고 깨소금을 뿌려서 버무린다.

준비하기

미나리 250g, 다진 파 1큰술, 다진 마늘 1큰술, 멸치액젓 2큰술, 생강즙 1/4작은술, 고운 고춧가루 2큰술, 깨소금 1큰술, 소금 약간

초보라면

미나리의 이물질을 말끔히 제거하는 방법!

미나리를 말끔하게 씻어 먹으려면 미나리에 붙은 이물질을 완전히 떼어내야 해요. 찬물에 미나리를 담그고 은수저(또는 놋수저)나 10원짜리 동전을 잠시 넣어두면 수저나 동전에 이물질이 들러붙는답니다. 그런 다음 미나리를 여러 번 물에 헹궈주세요. 아삭한 맛과 함께 깔끔한 미나리무침을 먹을 수 있어요.

콩나물무침

흔하고 만만한 식재료 중 하나인 콩나물, 그러나 제대로 무치지 않으면 맛을 살리기 어려운 까다로운 재료예요. 밥에 쓱쓱 비벼 한 그릇 뚝딱 비울 수 있는 레시피를 소개해요.

 준비하기

콩나물 250g, 다진 파 1큰술, 다진 마늘 1작은술, 참치액젓 1/4작은술, 참기름 1작은술, 깨소금 1작은술, 소금 약간

1. 콩나물은 뿌리 부분을 다듬어 씻는다.
2. 김이 오른 찜기에 콩나물을 넣어 살캉하게 찐다.
3. 콩나물이 익으면 재빨리 얼음물에 담가 열기를 없앤 다음 물기를 뺀다.
4. 볼에 콩나물과 나머지 재료를 모두 넣고 조물조물 무친다.

고수처럼

아삭한 콩나물무침을 만들려면~

콩나물을 삶아서 무침을 많이 하는데, 콩나물이 질겨서 맛이 없는 경우가 많죠. 아삭한 콩나물무침을 만들려면 콩나물을 삶아서 얼음물에 재빨리 담가줘야 해요. 콩나물의 질감이 빠르게 수축해서 쫄깃해진답니다. 레시피처럼 찜기에 찔 때에도 같은 방법으로 하면 아삭한 식감을 살릴 수 있어요.

시금치무침

초록의 선명한 색감을 살려서 살짝 데쳐야 더욱 맛있는 시금치.
고소하고 부드럽게 무쳐보세요. 입맛 확 살아납니다.

1. 시금치는 밑동을 잘라내고 한 잎씩 떼어 씻는다.
2. 냄비에 물을 넉넉하게 붓고 카놀라유, 소금을 넣어 끓으면 손질한 시금치를 넣고 살짝 데친 다음 찬물에 헹궈 물기를 뺀다.
3. 데친 시금치를 먹기 좋은 크기로 썰어 볼에 넣은 뒤 분량의 무침양념을 넣어 조물조물 무친다.

준비하기

시금치 200g, 카놀라유 1/4작은술, 소금 약간

무침양념 다진 파 1큰술, 다진 마늘 1작은술, 참기름 1큰술, 깨소금 1큰술

고수처럼

푸른잎 채소는 식물성 기름으로 삶으세요.
시금치와 같은 푸른잎 채소를 삶을 때에는 끓는 물에 소금과 함께 식물성 기름을 조금 넣어주세요. 채소의 숨이 죽어도 윤기가 푸르게 살아나고 질감이 아삭해 더욱 맛있답니다.

오이파래무침

싱그러운 파래 향이 듬뿍 나는 가벼운 무침 메뉴예요.
오이의 아삭아삭 씹히는 맛도 놓치지 마세요.

준비하기

오이 2개, 물파래 50g, 양파 1/4개, 홍고추 1/2개, 생강즙 1/4작은술, 소금·통깨 약간씩

무침양념 다진 마늘 1작은술, 식초 2큰술, 물엿 2작은술, 설탕 2큰술

1. 오이는 소금으로 문질러 씻어 잔가시를 모두 없앤 뒤 깨끗이 씻고 길게 2등분해 얇게 어슷썬 다음 소금에 살짝 절인다.
2. 물파래는 체에 밭쳐 흐르는 물에 씻은 뒤 물기를 꼭 짜고 먹기 좋은 크기로 썬다.
3. 절인 오이의 숨이 죽어 수분이 흘러나오면 물에 헹군 뒤 면보에 싸서 물기를 뺀다.
4. 양파는 얇게 채썬 뒤 찬물에 헹궈 물기를 뺀다. 홍고추는 씨를 털어내고 2cm 길이로 채썬다.
5. 볼에 물파래, 생강즙을 넣고 버무린다.
6. ❺에 오이, 양파, 홍고추, 분량의 무침양념을 넣고 버무려 소금으로 간한 뒤 통깨를 뿌린다.

고수처럼

무칠 때 양념 넣는 순서에 유의하세요.
무침을 할 때 양념을 넣는 순서에 따라 맛이 달라지는데요, 설탕 등의 당분을 먼저 넣고 그다음에 식초를 넣어야 새콤달콤한 맛이 더욱 잘 살아요.

김무침

녹눅해진 김이 있다면 김무침을 해보세요. 고소한 양념을 얹어 조물조물 무치면 뜨거운 밥에 쓰윽 비벼 먹어도 좋은 별미 반찬이 탄생해요.

1. 김은 손으로 비벼서 잡티를 없앤 뒤 마른 팬에 넣고 중불에서 앞뒤로 바삭하게 굽는다.
2. 구운 김을 비닐에 넣고 비벼서 잘게 부순다.
3. 볼에 김을 넣고 간장, 청주, 다시마 우린 물, 꿀을 넣어 버무린다.
4. 김이 숨이 죽으면 다진 파, 다진 마늘, 참기름, 깨소금을 넣어 조물조물 무친다.

준비하기

김 10장

무침양념 다진 파 1큰술, 다진 마늘 1/2작은술, 간장 1큰술, 청주 1큰술, 참기름 1큰술, 다시마 우린 물(33쪽) 5큰술, 꿀 1작은술, 깨소금 1큰술

초보라면

김을 바삭하게 구우려면~
김을 구울 때에는 직화로 불에 직접 닿게 구우면 좋지 않아요. 쉽게 탈 수 있어 손실이 많이 생긴답니다. 뜨겁게 달군 팬에 김을 올려 구워야 김이 바삭하게 구워져요.

도토리묵무침

술안주로도 밑반찬으로도 좋은 도토리묵무침.
쫄깃한 도토리에 각종 채소가 들어가 더욱 맛있어요.

준비하기

도토리묵 1모, 오이 1개, 양파 1/4개, 청양고추 1개, 홍고추 1개, 실파 3대, 소금 약간

무침양념 다진 마늘 1큰술, 간장 1큰술, 물엿 1작은술, 참기름 1작은술, 고운 고춧가루 1과 1/2큰술, 깨소금 1큰술, 소금·후춧가루 약간씩

1. 도토리묵은 묵칼을 이용해서 사방 3cm 크기, 1cm 두께로 썬다.
2. 오이는 소금으로 문질러 씻어 2등분한 뒤 얇게 어슷썬다. 양파는 얇게 채썰어 찬물에 담가 아린 맛을 뺀다.
3. 청양고추, 홍고추는 각각 송송 썰어 씨를 털어낸다. 실파는 2cm 길이로 썬다.
4. 볼에 무침양념의 간장, 물엿, 참기름, 고운 고춧가루를 넣고 섞어 고춧가루가 불면 나머지 양념을 모두 넣고 섞는다.
5. 상에 내기 직전에 준비한 재료를 모두 그릇에 담은 뒤 무침양념으로 고루 버무린다.

초보라면

도토리묵의 쫄깃한 맛을 살리려면~

도토리묵을 각종 채소와 함께 양념에 버무려내는 묵무침은 상에 내기 직전에 양념에 무쳐야 묵이 불지 않고 쫄깃한 맛이 살아나요. 채소는 되도록 소금에 절이거나 볶지 않은 생것으로 준비해서 무쳐야 아삭한 맛이 도토리묵과 잘 어우러져요.

부추양파무침

밑반찬으로도 좋지만, 고기 먹을 때 상큼하게 무쳐 준비하면 센스 만점인 부추양파무침. 기름진 맛을 중화시켜서 고기 맛을 더욱 살려줘요.

준비하기

부추 250g, 양파 1/2개, 홍고추 1개, 소금 약간

무침양념 다진 마늘 1작은술, 다진 생강 1/4작은술, 새우젓 1큰술, 고운 고춧가루 1과 1/2큰술

1. 부추는 뿌리 부분을 잘라내고 씻은 뒤 옅은 소금물에 흔들어 헹구고 물기를 털어내 4cm 길이로 썬다.
2. 홍고추는 씨를 털어내고 2cm 길이로 채썬다.
3. 양파는 얇게 채썰어 찬물에 담가둔다. 다진 마늘과 생강은 각각 분량대로 준비한다. 새우젓은 건더기를 건져내 곱게 다지고 국물은 따로 둔다.
4. 볼에 새우젓 국물과 건더기를 담고 분량의 무침양념을 넣어 섞는다.
5. 상에 내기 직전에 부추, 양파, 홍고추를 그릇에 담고 무침양념을 넣은 뒤 젓가락으로 살살 버무린다.

고수처럼

고소한 참기름에 무쳐 먹어도 좋아요.
향이 좋은 부추는 참기름에 조물조물 무쳐 고소하게 먹어도 맛있어요. 미나리, 참나물 등의 무침나물과는 달리 향이 살도록 끓는 물에 살짝 데친 뒤 소금으로 간해서 무쳐보세요. 여기에 참기름과 깨소금을 듬뿍 넣어야 더욱 고소한 맛이 나요.

무장아찌무침

쫄깃한 식감이 환상적인 무장아찌무침은 미리 만들어 놓으면 1년 내내 맛있게 먹을 수 있는 전통 절임 메뉴예요.

준비하기

무(동치미 무) 5개(1kg), 실파 1/2대, 다진 마늘 1작은술, 참기름 1/2큰술, 소금·통깨 약간씩

고추장양념 고추장 2컵, 간장 1/2컵, 설탕 1/4컵

1. 무는 깨끗이 씻어 1cm 두께로 반달썰기 한 뒤 소금물에 2시간 이상 절인다.
2. 절인 무는 물기를 완전히 뺀 뒤 채반에 올려 꾸덕하게 3~4일간 말린다.
   Tip 무를 구부려 보았을 때 잘라지지 않고 잘 구부러질 정도로 말리세요.
3. 냄비에 분량의 고추장양념을 넣고 약불에서 나무주걱으로 저어가며 끓인 뒤 차게 식힌다.
4. 밀폐용기에 말린 무를 넣고 고추장양념을 고루 바른다.
5. 밀폐용기를 비닐로 덮고 돌을 얹어 15일 정도 삭힌다.
6. 무에 고추장물이 흠씬 물들면 꺼내어 고추장을 발라내고 물에 헹군 뒤 물기를 꼭 짠다.
7. 무장아찌를 얇게 채썰어 볼에 넣고 실파, 다진 마늘, 참기름, 통깨를 넣고 조물조물 무친다.

초보라면

장아찌를 제대로 삭히는 방법!

고추장이나 된장으로 담그는 장아찌는 주재료에 장류가 듬뿍 묻은 상태에서 돌에 완전히 눌려야 잘 삭아요. 무장아찌는 늦가을에 많이 나오는 동치미 무로 만드는 것이 가장 달달하고 맛있는데요, 특히 아삭거리는 식감이 오래도록 유지되어 무르지 않게 먹을 수 있어요.

배추김치

김치는 식탁에서는 기본 중의 기본인 반찬이지만 담가볼수록 어렵죠.
잘 담근 김치 하나만 있어도 다른 반찬이 필요 없는데요,
쉽게 담그는 방법을 알려드릴게요.

 **준비하기**

배추 2포기, 무 1/2개(400g), 미나리 50g, 쪽파 1/4단, 대파 2대, 다진 마늘 5큰술, 간 생강 1큰술, 새우젓 1/4컵, 멸치액젓 1/4컵, 찹쌀죽 1/2컵(물:찹쌀가루=5:1 비율, 179쪽), 물 1컵, 고춧가루 1컵, 굵은 소금 1과 1/2컵, 소금 약간

1. 배추는 겉잎을 떼어내고 뿌리 쪽에 10cm 정도 칼집을 넣은 다음 양손으로 잡고 힘껏 벌려 쪼갠다. 큰 것은 한 번 더 칼집을 넣어 쪼개고 작은 것은 그대로 2등분한다.
2. 굵은 소금은 분량의 반만 물에 풀어 배추를 담가 물이 스며들면 바로 꺼내고 나머지 굵은 소금을 배추 속 사이사이에 고루 뿌린다.
3. 소금 뿌린 배추를 2~3시간 동안 배추가 휘어질 정도까지 충분히 절인다.
   Tip 절이는 중간에 위아래를 뒤집어주어 고루 절여지게 하세요.

4. 무는 껍질째 씻어 물기를 뺀 다음 얇게 채썬다.
5. 미나리, 쪽파, 대파는 각각 깨끗하게 씻은 뒤 4cm 길이로 썬다.
6. 새우젓은 국물을 걸러내고 건더기를 건져 다진다.
7. 볼에 찹쌀죽, 물, 고춧가루를 넣고 푼 뒤 다진 마늘, 간 생강, 새우젓, 멸치액젓을 넣고 섞어 색이 빨갛게 우러나도록 불린다.

초보라면

김치를 오래 두고 먹으려면~
김치를 오래 보관하려면 김치 위에 하얗게 곰이 피지 않도록 해야 해요. 곰이 피게 되면 김치의 신맛이 강해지면서 냄새가 나기 때문인데요. 김치 위에 우거지, 무청 등을 펼쳐 덮어서 김치가 공기와 직접 맞닿는 것을 막아주면 오래 두고 먹을 수 있답니다. 그리고 오래 두고 먹을 김치와 금방 먹을 김치는 각각 김치 통이나 항아리로 구별해 담아두면 오래 둘 김치 통을 자주 열지 않아 공기 접촉을 줄일 수 있어 좋아요.

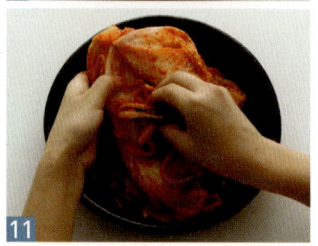

8. ❼에 채썬 무를 넣고 물이 빨갛게 들도록 고루 버무린다.
9. ❽에 손질한 미나리, 쪽파, 대파를 넣고 고루 버무린 뒤 소금으로 간하여 배추소를 완성한다.
10. 완전히 절여진 배추를 물에 여러 번 헹궈 물기를 뺀 다음 밑동을 다듬는다.
11. 배춧잎을 한 켜씩 벌려 배추소를 꼭꼭 눌러 넣고 빨간 고추 물을 발라가면서 배추에 색이 배도록 한다.
12. 배추소가 쏟아지지 않도록 배춧잎 끝을 위로 접어 올려 둥글게 말아 전체를 감싼다.
13. 밀폐용기에 배추를 한 포기씩 차곡차곡 담고 떼어낸 배추 겉잎을 우거지로 덮은 뒤 돌로 지그시 눌러 하루 반나절 정도 익힌다.

 배추는 그늘지고 통풍이 잘되는 곳에서 익히세요.

고수처럼

겨울 김치에 생새우를 넣어보세요.

겨울에 담그는 김치는 장시간 먹는 것이기 때문에 시원하면서 단맛이 많이 우러나야 더욱 맛있죠. 생새우를 껍질째 다져 새우젓과 멸치액젓을 혼합해서 양념을 만들면 김치가 오래도록 시원하고 군내가 나지 않으면서 국물 맛이 달달해져요.

깍두기

시원하고 아삭한 깍두기는 양념만 신경 쓰면 쉽게 담글 수 있는 김치예요.
겨울 무로 담그면 더욱 맛있답니다.

준비하기

무 2개, 미나리 30g, 실파 5대, 마늘 2쪽, 생강 1톨, 새우젓 1/4컵, 고춧가루 2/3컵, 굵은 소금 약간

1. 무는 무청을 잘라내고 씻은 뒤 사방 2cm 크기로 깍둑썰기 한다.
2. 미나리, 실파는 각각 3cm 길이로 썬다. 마늘, 생강은 각각 껍질을 벗겨 곱게 빻는다.
3. 새우젓은 건더기를 건져 굵게 다진 뒤 다시 새우젓 국물에 담가둔다.
4. 볼에 무, 고춧가루를 넣고 버무려 색이 빨갛게 우러나면 마늘, 생강, 새우젓을 넣고 고루 버무린다.
5. ❹에 미나리, 실파를 넣고 고루 버무린 뒤 굵은 소금으로 간한다.
6. 밀폐용기에 깍두기를 꾹꾹 눌러 담고 양념이 묻은 볼에 물과 소금을 약간 넣어서 헹궈 밀폐용기에 부은 뒤 뚜껑을 덮고 하루 정도 익힌다.

초보라면

겨울 무로 맛있는 깍두기를 담아보세요.
겨울철에 먹을 깍두기는 껍질째 썰어 담아야 아삭하고 싱싱한 맛을 오래도록 즐길 수 있어요. 특히 겨울 무는 달고 매운 것이 특징인데, 매운 것일수록 깍두기를 담았을 때 무에서 단맛이 많이 우러나 더욱 맛있어요.

깻잎김치

깻잎이 저렴할 때 김치로 담가 오래 두고 먹어보세요.
여름철에 담가야 더욱 맛있는 별미 김치랍니다.

준비하기

깻잎 50장, 청양고추 1개, 홍고추 1개, 소금 약간

김치양념 다진 마늘 1큰술, 간장 2큰술, 까나리액젓 2큰술, 참치액젓 1큰술, 생강즙 약간, 물 5큰술, 고운 고춧가루 1큰술, 통깨 1큰술, 설탕 1과 1/2큰술

1. 깻잎은 뒷면을 특히 깨끗이 씻어 물기를 털어낸 뒤 꼭지를 1cm 정도만 남기고 가위로 자른다.
2. 청양고추, 홍고추는 각각 씨째 곱게 다진다.
3. 볼에 분량의 김치양념을 넣어 섞고 모자라는 간은 소금으로 한다.
4. ❸에 청양고추, 홍고추를 넣고 섞은 뒤 깻잎에 한 장씩 발라 10분 정도 재운다.
5. 밀폐용기에 양념한 깻잎을 차곡차곡 포개어 넣어 양념이 서로 스며들게 두고 반나절이 지나면 바로 먹는다.

> **초보라면**
>
> **고추가 깻잎김치의 향을 더욱 좋게 해요.**
> 청양고추와 홍고추를 다져서 양념을 하면 깻잎의 향이 진해져 더욱 맛있는 깻잎김치가 돼요. 방금 지은 밥에 올려 먹으면 밥도둑 역할을 톡톡히 하고, 특히 돼지고기나 쇠고기 등 생고기를 구웠을 때 함께 먹으면 좋아요.

배추겉절이

배추와 양념이 살짝 어우러져 아삭한 배추겉절이.
무쳐서 바로 먹어야 제맛인 배추겉절이는 알배추나
봄동으로 무치면 더욱 맛있어요.

1. 배추는 한 잎씩 떼어내 손으로 큼직하게 찢은 뒤 물에 헹구고 물기를 털어낸다.
2. 손질한 배춧잎에 굵은 소금을 훌훌 뿌려 1시간 정도 절인 뒤 물에 헹궈 물기를 털어낸다.
3. 쪽파는 2cm 길이로 썬다. 홍고추는 얇게 어슷썬다.
4. 넓은 그릇에 절인 배추를 담고 다진 마늘, 까나리액젓, 참치액젓, 고춧가루, 설탕을 넣고 버무려 고춧가루가 불도록 둔다.
5. ❹에 쪽파, 홍고추, 통깨, 소금을 넣고 버무린다.

준비하기

배추 1/2포기, 쪽파 3대, 홍고추 1개, 굵은 소금 3큰술

겉절이양념 다진 마늘 1큰술, 까나리액젓 1큰술, 참치액젓 1작은술, 고춧가루 3큰술, 통깨 1큰술, 설탕 1큰술, 소금 약간

초보라면

배추를 고루 절이세요.
배추겉절이를 절일 때에는 물에 헹군 뒤 굵은 소금을 뿌려 1시간 정도 재우는데, 중간에 한 번 뒤집어 배추가 고르게 숨이 죽도록 해야 양념이 잘 배어 맛있어요.

고수처럼

배추겉절이의 단맛을 살려보세요.
배추겉절이에 배, 사과 등의 과일을 얇게 썰어 넣으면 단맛이 많이 나서 더욱 맛있어요. 과일을 넣은 배추겉절이는 되도록 익히지 않고 생김치 그대로 드세요.

오이부추소박이

오이의 시원하고 아삭한 맛을 그대로 살린 오이부추소박이에요.
오이와 궁합이 좋은 부추를 더해서 향이 좋아요.

준비하기

오이 6개, 부추 80g, 양파 1/4개, 홍고추 1개, 소금 약간

김치양념 다진 마늘 1큰술, 다진 생강 1/4작은술, 까나리액젓 1큰술, 새우젓 1큰술, 찹쌀죽 5큰술(물:찹쌀가루=2:1 비율), 고춧가루 5큰술, 통깨 약간, 설탕 1작은술, 소금 2큰술

1. 오이는 소금으로 문질러 씻어 4cm 길이로 토막 낸 뒤 아랫부분을 1cm 정도만 남기고 십(+)자로 칼집을 넣은 다음 소금을 뿌려 절인다.

2. 부추는 뿌리 부분을 잘라내고 씻어 물기를 뺀 뒤 0.5cm 길이로 썬다. 홍고추는 씨째 송송 썬다. 양파는 홍고추와 같은 크기로 썬다.

3. 볼에 까나리액젓, 새우젓, 찹쌀죽, 고춧가루를 넣고 섞어 색이 빨갛게 우러나도록 불린다.

4. ❸에 다진 마늘, 다진 생강, 설탕, 소금을 넣어 간한 뒤 부추, 양파, 홍고추, 통깨를 넣고 버무려 양념소를 완성한다.

5. 절인 오이를 물에 헹구고 물기를 뺀 뒤 칼집을 넣은 부분에 젓가락으로 양념소를 꾹꾹 눌러 넣고 밀폐용기에 차곡차곡 담는다.

6. 양념이 묻은 볼에 물을 약간만 부어서 헹궈 밀폐용기에 부은 뒤 뚜껑을 덮고 하루 정도 익힌다.

Tip 소박이는 그늘지고 통풍이 잘되는 곳에서 익히세요.

초보라면

찹쌀죽 만들기!

냄비에 물과 찹쌀가루를 비율에 맞게 넣고 약불에서 은근히 끓여 걸쭉한 상태의 죽을 만든 뒤 차게 식혀요. 차게 식힌 죽에 물을 약간 붓고 멍울 없이 풀어주세요.

고수처럼

오이 절이는 과정이 중요해요.

오이소박이를 담글 때에는 소박이가 잘 발효되도록 오이를 고루 절여야 해요. 오이에 칼집을 넣고 칼집 넣은 면이 위로 오도록 해서 소금을 뿌려 오이가 속까지 완전히 절여지도록 하세요. 중간에 한 번 오이를 뒤섞어 고루 절여지도록 해야 다 먹을 때까지 오이가 무르지 않고 아삭하고 상큼한 맛이 나요.

부추김치

자양강장제보다 몇 배는 더 영양가 많은 부추김치예요.
잘 삭은 멸치액젓으로 맛을 더해서 만들어보세요.
부추 요리 중에 으뜸이랍니다.

 준비하기

부추 2단, 양파 1개

김치양념 다진 파 2큰술, 다진 마늘 1큰술, 다진 생강 1/2작은술, 멸치액젓 1/4컵, 찹쌀죽(물:찹쌀쌀가루=5:1 비율, 179쪽) 5큰술, 물 5큰술, 고춧가루 1/2컵, 소금 약간

1. 부추는 뿌리 부분을 잘라내고 씻어 물기를 털어낸 뒤 8cm 길이로 썬다.
   Tip 부추는 길이가 고르고 연한 것으로 준비하세요.

2. 양파는 얇게 채썬다.

3. 볼에 멸치액젓, 고춧가루를 넣고 색이 빨갛게 우러나도록 불린다.

4. ❸에 찹쌀죽, 물을 넣고 섞은 뒤 양파, 다진 파, 다진 마늘, 다진 생강, 소금을 넣고 고루 버무린다.

5. 넓은 그릇에 손질한 부추를 넣고 김치양념을 고루 묻혀 부추가 숨이 죽을 때까지 잠시 둔다.

6. 부추를 먹기 좋은 양만큼씩 돌돌 말아 항아리에 담고 양념이 묻은 볼에 물과 소금을 약간 넣어서 헹궈 항아리에 부은 뒤 꾹꾹 눌러 하루 정도 익힌다.

초보라면

찹쌀죽은 바로 먹을 김치에 사용하세요.

부추김치를 담글 때에는 레시피처럼 찹쌀죽이 들어간 양념으로 양념해야 부추가 달고 맛있어요. 찹쌀죽은 되도록 되직하게 만든 뒤 물을 더 넣어가며 묽게 버무려야 양념이 부드럽고 재료에 잘 배요. 단, 찹쌀죽은 발효가 쉽게 되어 쉴 수 있기 때문에 오래 보관하는 김치보다 한 달 안에 금방 먹을 김치에 사용하는 것이 좋아요.

즉석나박김치

물김치를 떠올리면 가장 먼저 떠오르는 게 나박김치죠.
배와 사과를 넣어 더욱 상큼하게 즐길 수 있도록 했어요.

준비하기

오이 1개, 무 1/6개(100g), 배 1/4개, 실파 3대, 홍고추 1개, 마늘즙 1큰술, 양파즙 2큰술, 사과즙 3큰술, 생강즙 1/4작은술, 식초 1큰술, 물 3컵, 설탕 1큰술, 소금 약간

1. 오이는 소금으로 문질러 씻어 잔가시를 말끔히 제거하고 물에 헹궈 물기를 없앤 다음 동그랗게 편썬다.
2. 무는 껍질을 벗기고 오이와 같은 두께로 은행잎썰기 한다.
3. 볼에 오이, 무를 넣고 식초, 설탕, 소금으로 간해서 숨을 죽인다.
4. 배는 무와 같은 크기로 썬다. 실파는 2cm 길이로 썬다. 홍고추는 송송 썰어 씨를 털어낸다.
5. 밀폐용기에 오이, 무, 배, 실파, 홍고추를 넣고 마늘즙, 양파즙, 사과즙, 생강즙을 넣어 버무린다.
6. 에 물을 붓고 소금으로 간한 뒤 냉장고에 차갑게 두었다가 먹는다.

초보라면

물김치의 국물 맛은 물만으로는 안 돼요!
채소의 시원하고 아삭하게 씹히는 맛에 만들어 먹는 즉석 동치미(물김치)는 물만 넣어서는 쉽게 동치미의 맛이 나지 않아요. 사이다, 식초, 설탕을 넣어서 되도록 시원하게 먹어야 특유의 새콤달콤한 국물 맛을 즐길 수 있어요.

무생채

달달한 무를 매콤달콤한 양념으로 무친 무생채.
무생채 무친 날 청국장과 함께 식사를 준비하는 건 어떨까요?

1. 무는 껍질째 씻어 4cm 길이로 채썬 뒤 찬물에 헹궈 물기를 뺀다. 쪽파는 송송 썬다.
2. 볼에 무, 고운 고춧가루를 넣고 버무려 색이 빨갛게 우러나도록 둔다.
3. ❷에 다진 마늘, 다진 생강, 설탕, 소금을 넣고 조물조물 무친다.
4. ❸에 쪽파, 깨소금을 넣고 고루 버무린다.

준비하기

무 1/4개(200g), 쪽파 3대

생채양념 다진 마늘 1큰술, 다진 생강 1/4작은술, 고운 고춧가루 3큰술, 깨소금 1큰술, 설탕 1큰술, 소금 약간

초보라면

무생채의 무는 소금에 절이지 않아요.
무생채는 소금에 절이지 않고 생채 그대로 즐겨야 더욱 맛있어요. 채썬 무에 바로 고춧가루 물을 들여야 생채의 빛깔이 곱고 양념이 제대로 밴답니다.

고수처럼

남은 무가 있다면 초절임을 만들어보세요.
무는 초절임에 재워 새콤하게 먹으면 소화·흡수가 잘되고, 무를 먹고 나서도 신트림이 생기지 않아요. 무 100g을 얇게 슬라이스한 뒤 식초 3큰술, 물 1컵, 설탕 3큰술, 소금 1큰술을 섞은 초절임양념에 절여 드세요.

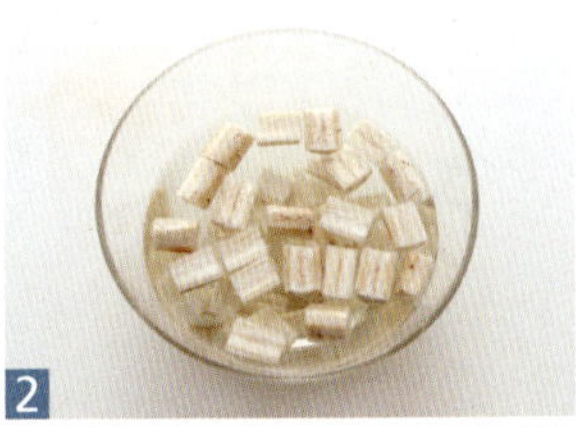

우엉장아찌

조림으로 많이 만들어 먹는 우엉을 청양고추로 칼칼한 맛을 내서 장아찌로 담가보세요. 우엉 향이 은은하게 밴 색다른 장아찌예요.

준비하기

우엉 1대(200g), 청양고추 2개, 식초 1큰술, 소금 약간

장아찌양념 가다랭이포 3큰술, 다시마(사방 10cm 크기) 1장, 간장 1/3컵, 맛술 5큰술, 물엿 2큰술, 식초 2큰술, 마늘즙 1작은술, 물 1/3컵

1. 우엉은 필러로 껍질을 벗기고 2cm 길이로 썬 뒤 길게 2등분한다.
2. 손질한 우엉을 식초 섞은 소금물에 담가 갈변을 막는다.
3. 청양고추는 송송 썰어 씨를 털어낸다.
4. 냄비에 간장, 물을 붓고 끓으면 다시마를 넣고 5분 정도 더 끓인 뒤 다시마를 건져내고 맛술, 물엿, 식초, 마늘즙을 넣어 뭉근해질 때까지 은근하게 끓인다.
5. 를 불에서 내려 가다랭이포를 넣고 1분 정도 우린 뒤 건져낸 다음 차게 식힌다.
6. 밀폐용기에 우엉, 청양고추를 넣고 장아찌양념을 잠기도록 부어 반나절 동안 담갔다가 바로 먹는다.

초보라면

장아찌양념은 차게 식혀야 해요.
우엉장아찌는 담가서 바로 먹기 때문에 양념 맛이 진하지 않고 담백해야 더욱 맛있어요. 특히 양념을 차게 해서 부어야 우엉이 더욱 아삭하고 맛이 좋아요.

마늘종피클

알싸한 맛의 마늘종으로 피클을 만들어보세요.
아삭아삭 씹히는 식감에 깔끔하고 개운한 뒷맛이 있어 입맛을 살려줘요.

준비하기

마늘종 10줄기, 마른 홍고추 1개, 월계수잎 1장, 통후추 5알

피클장 올리고당 3큰술, 식초 1/2컵, 물 1컵, 설탕 1/4컵, 소금 2큰술

1. 마늘종은 깨끗이 씻어 물기를 닦고 3cm 길이로 썬다.
2. 피클을 담을 병은 뜨거운 물로 열탕 소독을 해서 자연 건조시킨다.
3. 병에 마늘종, 마른 홍고추, 월계수잎, 통후추를 넣는다.
4. 냄비에 분량의 피클장을 넣고 끓여 차갑게 식힌 뒤 ❸에 붓고 밀봉해 3일간 숙성시킨다.
5. 피클장을 냄비에 따라내고 다시 끓여 식힌 뒤 병에 붓고 10일 정도 지나면 냉장고에 넣어두고 차게 먹는다.

초보라면

피클을 맛있게 오래 먹는 비법!

간장으로 담그는 피클은 피클장을 팔팔 끓여서 진공상태로 만들어야 재료가 무르지 않고 아삭해 채소의 질감을 그대로 맛볼 수 있어요. 그리고 간장의 간도 재료에 잘 밴답니다. 피클장을 끓여서 넣을 때, 중간 중간 피클장을 따라내어 한 번 더 끓인 뒤 재료에 붓기를 두 번 정도 반복하면 이물질이 생기지도 않고 피클 맛이 변하지 않아요. 그리고 피클 담을 병을 열탕 소독해야 맛이 쉽게 변질되지 않고 오래 두고 먹을 수 있답니다.

파프리카피클

피클을 담근다고 하면 오이나 무, 마늘종 정도만 생각하기 쉬운데요. 색감 좋은 파프리카로 색다른 피클을 만들어보세요.

준비하기

파프리카 3개, 오이 1개, 청양고추 2개, 식초 1큰술, 소금 약간

피클장 가다랭이포 3큰술, 다시마(사방 10cm 크기) 1장, 간장 1/2컵, 맛술 5큰술, 물엿 2큰술, 식초 2큰술, 마늘즙 1작은술, 물 1/3컵

1. 파프리카는 깨끗이 씻어 사방 2cm 크기로 썬다. 오이는 소금으로 문질러 씻은 뒤 2cm 두께로 반달썰기 한다.
2. 볼에 파프리카, 오이를 넣고 식초 섞은 소금물을 부어 수분 손실을 막는다.
3. 청양고추는 송송 썰어 씨를 털어낸다.
4. 냄비에 간장, 물을 붓고 끓으면 다시마를 넣고 5분 정도 더 끓인 뒤 다시마를 건져내고 맛술, 물엿, 식초, 마늘즙을 넣어 뭉근해질 때까지 은근하게 끓인다.
5. ❹를 불에서 내려 가다랭이포를 넣고 1분 정도 우린 뒤 건져낸 다음 차게 식힌다.
6. 밀폐용기에 파프리카, 오이, 청양고추를 넣고 피클장을 잠기도록 부어 2일 정도 담갔다가 바로 먹는다.

고수처럼

피클 용기로 좋은 꿀병!

간장이나 식초물로 담그는 피클일 경우에는 피클 담을 용기로 꿀병을 이용하는 것이 좋아요. 밀폐가 잘되는 꿀병에 피클을 보관하고, 아주 더운 여름에는 냉장실에서 숙성시키세요.

가지나물

보랏빛이 고운 가지를 담백한 양념으로 볶아보세요.
가지를 싫어하는 아이들도 맛있게 먹을 수 있어요.

1. 가지는 깨끗이 씻어 길게 2등분한 뒤 얇게 어슷썬다.
2. 양파는 얇게 채썬다. 실파는 송송 썬다.
3. 가지를 소금물에 살짝 절인 뒤 건져내 자근자근 눌러 물기를 뺀다.
4. 팬에 카놀라유를 두른 뒤 양파, 다진 마늘을 넣고 강불에서 투명해질 때까지 볶다가 가지, 맛술, 참치액젓을 넣어 볶는다.
5. 가지가 숨이 죽으면 참기름, 고운 고춧가루를 넣고 고루 버무린 뒤 불에서 내린다.
6. ❺에 실파, 실고추, 소금, 통깨를 넣고 고루 버무린다.

준비하기

가지 2개, 양파 1/2개, 실파 2대, 실고추 약간, 카놀라유 1큰술, 소금·통깨 약간씩

나물양념 다진 마늘 1큰술, 맛술 1큰술, 참기름 1작은술, 참치액젓 1작은술, 고운 고춧가루 1작은술, 소금 약간

고수처럼

가지나물이 느끼하다면~

가지를 볶을 때 분량보다 기름을 많이 넣지는 않았나요? 가지는 기름을 잘 흡수하기 때문에 기름을 많이 사용하면 나물이 느끼하고 맛없어져요. 혹시 가지를 볶을 때 기름이 부족해 탈 것 같으면 물을 한 숟가락 넣어주세요. 기름 없이도 잘 볶아진답니다.

들깨즙취나물

들깨즙취나물은 정성이 가득하고 푸근한 정취가 느껴지는 음식이에요.
나물을 먹는 순간 들깨 향이 입안을 가득 채우고
몸이 치유되는 느낌이 들 거예요.

준비하기

삶은 취나물 300g, 카놀라유 1큰술

들깨즙양념 다진 파 1큰술, 다진 마늘 1큰술, 국간장 1큰술, 들기름 1큰술, 다시마 우린 물(33쪽) 1/2컵, 들깨가루 3큰술, 소금 약간

1. 삶은 취나물은 씻어 물기를 꼭 짜고 먹기 좋은 크기로 썬다.
2. 볼에 취나물, 다진 파, 다진 마늘, 국간장, 들기름을 넣고 조물조물 무친다.
3. 팬에 카놀라유를 두른 뒤 양념한 취나물을 넣고 강불에서 5분 정도 볶는다.
4. 다시마 우린 물과 들깨가루를 섞어 ❸에 붓고 볶는다.
5. 취나물이 숨이 죽으면 소금으로 간한다.

초보라면

취나물을 부드럽게 삶으려면~

취나물을 부드럽게 삶으려면 쌀뜨물을 이용해보세요. 쌀뜨물에 삶아 찬물에 여러 번 헹궈내면 취나물의 아린 맛이 없어지고 더욱 구수해져요.

고수처럼

들내 없애고 구수하게 볶으려면~

❷번 과정처럼 국간장과 들기름 등으로 애벌 양념을 한 뒤에 볶아주세요. 그러면 취나물이 구수하게 볶아지고 들내도 나지 않아요.

숙주나물

녹두의 영양분을 갖고 있으면서 콩나물의 아삭함까지 갖춘 숙주나물.
다소 심심하게 무친 맛이 매력적인, 건강한 반찬 중의 하나예요.

준비하기

숙주 250g, 다진 파 1큰술, 다진 마늘 1작은술, 실고추 약간, 참기름 1큰술, 깨소금 1큰술, 소금 약간

1. 숙주는 뿌리 부분을 다듬어 씻은 뒤 끓는 물에 살짝 데친다.
2. 데친 숙주를 찬물에 헹군 뒤 물기를 꼭 짜고 먹기 좋은 크기로 썬다.
3. 볼에 숙주, 다진 파, 다진 마늘, 참기름, 깨소금, 소금을 넣고 버무린다.
4. ❸에 실고추를 짧게 끊어 넣고 고루 무친다.

초보라면

숙주나물은 소금물에 데치지 마세요.

숙주나물이 질기다면 데칠 때 소금물에 데쳐서 그런 경우가 많아요. 데치는 물에 소금을 넣으면 삼투압 현상으로 숙주나물의 수분이 빠져나가서 숙주가 질겨지고 아삭한 맛이 없어진답니다. 소금을 넣지 않은 끓는 물에 데치세요.

달걀찜

폭신한 식감과 고소한 맛이 좋은 달걀찜에 향 좋은 표고버섯을 넣었어요. 반찬 하기 싫은 날 뚝딱 만들어 식탁에 올리면 오히려 푸짐한 한 끼가 마련돼요.

 **준비하기**

달걀 2개, 표고버섯 2개, 쪽파 3대, 청주 1큰술, 다시마 우린 물(33쪽) 1컵,
소금 1큰술

1. 달걀은 체로 걸러 알끈을 제거한 뒤 곱게 푼다.
2. ❶에 청주, 다시마 우린 물, 소금을 넣고 거품기로 저어서 거품을 낸다.
3. 표고버섯은 물에 불린 뒤 밑동을 잘라내고 굵게 다진다.
4. 쪽파는 송송 썰어 찬물에 헹군다.
5. 내열용기에 달걀물, 표고버섯을 넣고 김이 오른 찜기에 올려 약불에서 은근하게 8분 정도 찐다.
6. 달걀이 속까지 다 익으면 쪽파를 얹는다.

초보라면

달걀찜이 부드러우려면~
달걀찜은 달걀을 체로 한 번 거른 뒤 거품을 내야 부드럽고 야들야들해져요. 이때, 레시피처럼 체에 거른 달걀에 청주와 다시마 우린 물을 넣고 저어주면 더욱 부드럽고 비린 맛 없는 달걀찜이 된답니다.

청양고추달걀말이

달걀만으로 만들었던 기존의 달걀말이와는 달라요. 청양고추달걀말이는 야들야들한 달걀말이에 칼칼한 청양고추가 맛을 보태서 색다르답니다. 술안주로도 으뜸 메뉴예요.

 준비하기

달걀 5개, 청양고추 2개, 홍고추 1개, 우유 2큰술, 다시마 우린 물(33쪽) 5큰술, 카놀라유 1큰술, 소금·후춧가루 약간씩

1. 달걀은 체로 걸러 알끈을 제거한 뒤 곱게 푼다.
2. ❶에 우유, 다시마 우린 물을 붓고 다시 한 번 체로 거른 뒤 소금, 후춧가루로 간한다.
3. 청양고추, 홍고추는 각각 잘게 다진 뒤 종이타월에 올려 물기를 뺀다.
4. 사각팬에 카놀라유를 두른 뒤 달걀물을 반만 붓고 부친다.
5. 아랫면이 살짝 익으면 청양고추, 홍고추를 일렬로 올리고 지단 아랫면을 들어 돌돌 만다.
6. 달걀말이가 다 익으면 나머지 달걀물을 붓고 다시 돌돌 말아서 단단하게 달걀말이를 부친다.
7. 종이타월에 김발을 올리고 달걀말이를 올린 뒤 뜨거울 때 돌돌 말아서 모양을 잡아 한 김 식힌 다음 1cm 두께로 썬다.

초보라면

- **달걀말이 표면이 울퉁불퉁하다면~**
  달걀말이는 표면이 매끈해야 보기에 좋죠. 달걀을 풀 때 거품이 생기지 않게 젓가락으로 살살 저어 풀면 매끈한 달걀말이가 된답니다. 그리고 팬에 카놀라유를 조금 두른 뒤 겉도는 기름을 종이타월로 살짝 적시듯 닦아내고 부치면 더욱 좋아요.

- **달걀말이는 수분을 빼서 말아주세요.**
  김발에 종이타월을 깔아서 달걀말이를 말아주면 종이타월이 달걀말이의 수분을 빨아들여 모양도 잘 잡히고 맛도 더 담백해져요.

다시마튀각

다시마튀각은 반찬으로도, 술안주로도 좋고 비빔밥에 고명으로 이용하기도 해서 많이 만들어둘수록 좋아요. 바삭하고 달콤고소한 다시마튀각을 만들어보세요.

준비하기

다시마(사방 20cm 크기) 3장, 카놀라유 1컵, 잣가루 3큰술, 설탕 3큰술, 통깨 3큰술, 소금 약간

1. 다시마는 표면의 흰 가루를 털어내고 젖은 면보로 깨끗이 닦는다.
2. 손질한 다시마를 1×7cm 크기로 썰어 리본을 묶듯 매듭 지어 놓는다.
3. 170℃로 달군 카놀라유에 다시마를 넣고 바삭하게 튀긴 다음 한지 위에 올려 기름기를 뺀다.
4. 볼에 튀긴 다시마, 설탕, 통깨, 소금을 넣어 고루 버무린 다음 잣가루를 뿌린다.

고수처럼

부각과 튀각을 구분하세요.

부각은 재료에 찹쌀풀, 찹쌀가루 등을 충분하게 입혀 찐 다음 말려서 튀긴 음식이에요.
튀각은 레시피처럼 아무것도 묻히지 않은 상태에서 잘 말려 튀긴 음식이에요.

미역자반

미역자반은 마른 반찬 중에 인기 많은 메뉴 중 하나죠.
건강에도 좋고 만들기도 쉬워요.
이참에 많이 만들어 놓고 반찬으로도 먹고 술안주로도 활용하세요.

준비하기

건미역 30g, 카놀라유 1컵, 잣가루 약간, 설탕 2큰술, 통깨 2큰술

1. 건미역은 4cm 길이로 자른다.
2. 170℃로 달군 카놀라유에 건미역을 넣고 바삭하게 튀긴 다음 기름망에 넣어 기름기를 뺀다.
3. 볼에 튀긴 미역, 설탕, 통깨를 넣어 고루 버무린 다음 잣가루를 뿌린다.

고수처럼

견과류로 더욱 고소한 자반을 즐기세요.
건미역을 자를 때 두껍지 않게 잘라서 튀겨야 자반이 짜지 않고 맛있어요. 잣 혹은 부순 땅콩이나 호두 등의 견과류를 섞어 자반을 만들면 더욱 고소해요. 선물용 밑반찬으로도 부담 없어 좋답니다.

검은콩자반

검은콩자반은 어린 시절 기억이 많이 떠오르는 반찬이죠. 위장을 따듯하게 보호해주는 효능도 있으니 건강에 좋은 검은콩자반, 많이 만들어 드세요.

 준비하기

검은콩 1컵, 간장 4큰술, 청주 1작은술, 물 2컵, 설탕 4큰술, 소금·통깨 약간씩

1. 검은콩은 전날 밤에 미리 씻어서 분량의 물에 불려 놓는다.
2. 불린 검은콩을 물을 따라내지 않은 상태에서 소금을 약간 넣고 끓인다.
3. 물이 끓으면서 반 정도 졸아들면 간장, 청주를 넣고 뚜껑을 덮어 약불에서 졸인다.
4. 콩물이 1/3 정도만 남고 졸여지면 설탕을 넣고 뚜껑을 연 상태에서 졸인다.
5. 콩 속까지 간장과 설탕 맛이 배면 콩물이 거의 없어지도록 저어가며 조리다가 불에서 내려 통깨를 뿌린다.

초보라면

작은 차이로 맛있는 콩자반 만드는 법!

콩을 끓일 때 소금을 약간 넣으면 비린내가 나지 않아요. 그리고 콩을 불렸던 콩물에 그대로 조려야 콩이 쪼글쪼글해지지 않고, 뚜껑을 열고 조려야 콩자반의 포인트인 윤기가 자르르 흐른답니다.

두부강정

두부가 겉은 바삭하고 속은 부드러운 강정으로 변신했어요.
가족의 건강 간식으로 좋답니다.

1. 두부는 물에 씻어 마른 면보로 물기를 닦고 사방 1.5cm 크기로 썬 다음 소금을 뿌리고 채반에 올려 물기를 뺀다.
2. 종이타월로 두부의 물기를 닦고 170℃로 달군 카놀라유(1컵)에 노릇하게 튀긴다.
3. 대파는 1cm 두께로 송송 썬다. 마른 청양홍고추는 가위로 잘게 자른다. 마늘, 생강은 각각 굵게 채썬다.
4. 팬에 카놀라유를 1큰술 두른 뒤 대파, 마른 청양홍고추, 마늘, 생강을 넣고 강불에서 볶는다.
5. 매운 향이 나면 튀긴 두부, 분량의 강정양념을 넣고 두부에 양념이 밸 때까지 볶는다.
6. ❺에 물녹말을 넣고 끓여 걸쭉해지면 참기름을 넣고 재빨리 섞은 다음 소금, 후춧가루로 간한다.

준비하기

두부 1/2모, 대파 1대, 마른 청양홍고추 2개, 마늘 3쪽, 생강 1/2톨, 참기름 1/2작은술, 물녹말 1큰술, 카놀라유 1컵+1큰술, 소금·후춧가루 약간씩

강정양념 굴소스 1큰술, 두반장 1작은술, 청주 1작은술, 멸치국물(41쪽 3번 과정) 5큰술

초보라면

두부강정의 매운맛 제대로 내기!
두부강정을 양념에 볶을 때에는 매운맛을 내줘야 두부의 고소함이 더 살아요. 그래서 마른 청양홍고추, 마늘, 생강을 먼저 볶아 매운 향을 내준답니다.

✔ 물녹말은 물:녹말가루를 1:1 비율로 섞어주세요.

part 4

간편하고 든든하게 한 끼 해결
한 그릇 요리

반찬 가짓수만 생각해도 마음이 묵직해지곤 하죠.
간단하고, 반찬 걱정 없고, 게다가 맛도 좋은 한 그릇 요리들을 시도해보세요.
덮밥부터 면, 죽, 수프까지 다양한 레시피를 소개합니다.

한 그릇 요리의 기본, 맛있는 밥 짓기

매일 해 먹다 보니 습관처럼 쌀을 씻고 밥을 하죠. 지금 먹는 밥이 밥맛도 없고 푸석해 보인다면, 밥 짓기의 기초부터 다시 다져야 해요. 특히 한 그릇 요리에 들어가는 밥이라면 맛있는 밥이 생명이죠.

1. 맛있는 쌀 고르기

맛있는 밥은 맛있는 쌀을 고르는 것에서부터 시작해요. 맛있는 쌀이란 쌀알이 통통하고 반질반질 광택이 나면서 분이 없는 것이에요. 되도록 표면이 부서진 낱알이 적은 것이 맛있어요. 왜냐하면 밥을 할 때부터 부서진 데서 전분과 냄새가 흘러나와 밥알 모양이 쉽게 흐트러지고 질척해지기 때문이에요. 쌀알의 한쪽에 하얀 것이 끼어 있거나 쌀알에 금이 가 있는 것을 볼 수 있는데, 이는 늦게 수확했거나 건조 과정에서 비를 맞은 것이므로 피하도록 하세요. 그리고 도정한 지 15일 이내가 된 쌀이 밥맛이 가장 좋은 수분량(14~16%)을 함유하고 있으니, 출고일을 확인해 소포장된 쌀을 골라 구입하세요.

2. 쌀 제대로 보관하기

햇빛에 노출된 쌀은 건조되면서 금이 가고 그 사이로 전분이 나와 변질되기 쉽기 때문에 햇빛이 없는 곳에서 보관해야 해요. 예부터 그러했듯 항아리에 쌀을 보관하는 것이 제일 좋고, 어둡고 통풍이 잘되는 곳에 보관해야 하기 때문에 서늘한 베란다가 가장 적당해요. 쌀에 벌레가 생기는 것을 막으려면 숯이나 마른 홍고추, 매운 통마늘을 함께 넣어서 보관하는 것이 좋고, 이미 벌레가 생겼을 때에는 바람이 잘 통하는 서늘한 그늘에 펴서 말리세요.

3. 쌀 잘 씻는 요령

맛있게 밥을 짓고 싶다면 일단 쌀을 씻을 때부터 주의해야 해요. 쌀을 씻을 때에는 힘을 주지 않고 살살 휘젓듯 하는 것이 좋아요. 쌀을 일어낸 첫물은 쌀겨 냄새가 배지 않도록 되도록 빨리 헹구세요. 또 쌀을 씻은 뒤 물에 오래 불리는 것 역시 좋지 않아요. 쌀겨 냄새가 섞여 밥에서 냄새가 나는 원인이 될뿐더러 밥알도 뭉개져 밥맛이 떨어져요.

4. 쌀의 영양소인 쌀뜨물 받기

밥을 짓기 전에 물로 쌀을 씻으면 처음에는 유백색의 쌀뜨물이 나오죠. 이 쌀뜨물에는 전분, 수용성 단백질, 지방, 섬유소 등이 섞여 있어 다양한 용도로 활용할 수 있어요. 첫물은 농약 성분이 있어 사용하지 않고, 세 번 정도 쌀을 씻어서 받는 속뜨물을 사용해요. 이 속뜨물은 유해성분이 없어 국, 찌개의 국물이나 비린내 나는 생선 등을 찜할 때 넣는 국물로 아주 유용하게 사용해요.

5. 맛있게 밥 짓기

묵은쌀의 경우 밥물에 청주나 식용유를 1큰술 넣어주면 밥알에 윤기가 돌고 맛도 좋아져요. 혹은 다시마 우린 물이나 소금을 조금 넣어 밥을 해보세요. 감칠맛 나는 밥맛을 느낄 수 있을 거예요. 수돗물보다는 정수나 생수를 이용하고, 식초를 1~2방울 떨어뜨려주는 것도 밥맛을 좋게 하는 비결입니다.

6. 맛있는 밥물 잡기

밥물은 밥맛을 결정하는 가장 중요한 요소 중의 하나예요. 맑고 깨끗한 물을 이용할수록 밥맛이 좋아지는 것은 당연하고요. 다시마 우린 물은 감칠맛을, 육수는 담백한 맛과 함께 든든한 포만감을 줄 거예요. 또 밥물에 소금간을 약간 해주면 간간한 맛이 돌아 입맛 없을 때 좋아요.

맛있는 냄비밥 짓기

1. 쌀 씻기
- 쌀을 씻을 때에는 오래 씻지 않아요. 큰 그릇에 물을 듬뿍 붓고 재빨리 한 번 섞듯이 씻은 뒤 물을 따라 버려요.
- 씻을 때에는 양손바닥으로 쌀을 움켜쥐듯이 문질러 씻어요. 이 과정은 쌀겨가 씻겨나가 수분이 잘 흡수되어 밥맛이 좋아지는 중요한 과정이에요. 문지른 다음 맑은 물이 나올 때까지 서너 번 정도 씻으세요.
- 씻어서 잠시 체에 건져 불리는 과정이 있어야 밥이 고슬하게 잘 지어져요. 일어낸 쌀을 30분 정도 물에 불린 뒤 소쿠리에 밭쳐 물기를 빼고 젖은 행주로 1시간 정도 덮어주었다가 밥을 지으면 맛이 더욱 좋아집니다.

2. 밥물 맞추기
불린 쌀이나 햅쌀의 밥물은 쌀과 동일한 양이 좋고 묵은쌀은 쌀의 1.5배 정도로 밥물을 잡는데, 쌀과 밥물의 간격이 약 1cm 정도 되도록 물을 맞춰요. 묵은쌀의 경우는 1.5cm 간격이 정확해요.

3. 끓이기
쌀을 냄비에 안친 뒤 뚜껑을 덮고 강불에서 끓입니다. 5~6분쯤 되면 부글부글 끓기 시작하는데, 이때 밥물이 넘치지 않도록 조심하세요. 물이 따닥따닥 소리를 내며 잦아들 때 불을 약간 줄이고 주걱으로 한 번 뒤섞은 다음 이 상태로 뚜껑을 덮고 2~3분 정도 끓입니다. 그 다음 중불로 줄여 1분 정도 밥물이 어느 정도 잦아들 때까지 끓입니다.

4. 뜸들이기
밥물이 어느 정도 없어지면 완전히 약불로 줄여서 8~10분 정도 뜸을 들여요. 뜸들이는 과정이야말로 밥맛을 좌우하는 중요한 과정이에요. 밥알 속까지 말랑말랑해져서 밥맛이 좋아지기 때문이에요. 단, 너무 오래 뜸을 들이면 밥이 덩어리져서 맛이 없어요.

5. 밥 푸기
밥을 짓고 그대로 두면 밥맛이 변해요. 주걱으로 위아래를 살살 섞어 뜨거운 김을 날린 뒤 뚜껑이 있는 그릇에 담아두면 밥맛이 변하지 않고 그대로 유지돼요.

탱탱한 면 삶기 비법

간편하게 먹거나 혹은 별식으로 차리는 한 그릇 요리 중에 면을 빼놓을 수 없죠.
면의 탄력에 따라 맛이 확연히 달라지기 때문에 면 종류에 따라 삶은 법을 제대로 알고 있어야 해요.

소면
1. 냄비에 면의 5배 이상의 물을 붓고 끓여 소면을 넣고 저어가며 삶는다.
2. 물이 끓으면 찬물을 1컵 붓고 다시 끓인다.
3. 하얀 거품이 생기면서 끓어오르면 면을 건져서 바로 찬물에 헹군다.
4. 1인분씩 사리 지어 채반에 올려 물기를 뺀다.

메밀면
1. 냄비에 면의 5배 정도의 물을 붓고 끓여 메밀면을 부채 모양으로 펼쳐 넣고 면이 냄비 바닥에 들러붙지 않도록 저어가며 삶는다.
2. 하얀 거품이 생기면서 끓어오르면 찬물을 부어 거품을 가라앉힌 뒤 다시 끓이다가 한 번 더 찬물을 붓고 끓인다.
3. 면을 건져서 미끌거리지 않을 때까지 흐르는 물에 비벼가며 헹군다.
4. 1인분씩 사리 지어 채반에 올려 물기를 뺀다.

Tip 메밀면은 젖은 면이나 마른 면이나 삶는 방법은 같아요. 쉽게 퍼지는 메밀면은 삶는 시간을 잘 맞춰야 해요. 가운데 심지가 조금 보일 정도로 삶아주세요.

젖은 냉면
1. 뭉쳐 있는 면발이 가닥가닥 떨어지도록 비벼가며 푼다.
2. 냄비에 면의 5배 정도의 물을 붓고 끓여 냉면을 넣고 면이 냄비 바닥에 들러붙지 않도록 저어가며 3분 정도 삶는다.
3. 면의 심지가 살짝 보이면 바로 건져 흐르는 물에 비벼가며 여러 번 헹군다.
4. 1인분씩 사리 지어 채반에 올려 물기를 뺀다.

중면, 칼국수
1. 냄비에 면의 6배 정도의 물을 붓고 끓여 중면을 넣고 저어가며 끓인다.
2. 물이 끓으면 찬물을 1컵 붓고 다시 끓인다.
3. 하얀 거품이 생기면서 끓어오르면 다시 찬물을 1컵 붓고 끓인다.
4. 5분 정도 더 끓인 뒤 국수 한 가닥을 건져 속까지 익어 투명한 빛이 돌면 바로 건져 찬물에 여러 번 헹군다.
5. 1인분씩 사리 지어 채반에 올려 물기를 뺀다.

먹기 좋고 보기 좋은, 고명 비법

'보기 좋은 떡이 먹기도 좋다'고 하죠. 면 요리를 더욱 먹음직스럽게 만들어줄 손쉬운 고명 만들기 비법을 소개해요. 면 요리뿐만 아니라 국·탕 요리에도 많이 쓰이니 꼭 알아두세요.

김고명

수제비, 칼국수, 비빔면, 냉국수와 같은 한 그릇 면 요리에 주로 쓰이고, 뜨거운 국·탕에도 쓰여 구수한 맛을 더해줘요.

 준비하기
김 1장

1. 김은 손으로 비벼 잡티를 없앤 뒤 불에 직화로 살짝 굽는다.
2. 구운 김을 비닐에 넣고 비벼 잘게 부순다. 혹은 가위로 얇게 채썰듯이 자른다.

무초절임고명

냉면, 비빔국수, 쟁반국수 등에 쓰이는 고명으로, 여름철 면 요리에 아삭하고 새콤달콤한 맛을 더해줘요.

 준비하기
무 1/4개
단촛물 식초 1과 1/2큰술, 설탕 2큰술, 소금 1작은술

1. 무는 껍질째 씻어서 1×4cm 크기, 0.3cm 두께로 썬다.
2. 볼에 분량의 단촛물을 넣고 섞은 뒤 무를 넣어 2시간 정도 재운 다음 냉장고에 차게 둔다.

오이채고명

가장 많이 쓰이는 오이채고명은 비빔국수, 냉면, 물냉면에 많이 쓰여 오이 특유의 시원함과 청량감을 더해줘요.

 준비하기
오이 1개, 소금 약간
단촛물 식초 2큰술, 설탕 2큰술, 소금 1작은술

1. 오이는 소금에 문질러 씻고 물기를 닦은 뒤 씨를 긁어내고 얇게 채썬다.
2. 볼에 분량의 단촛물을 넣고 섞은 뒤 오이를 넣어 1시간 정도 재운 다음 냉장고에 차게 둔다.

달걀황백지단고명

달걀지단 역시 자주 쓰이는 고명 중의 하나죠. 주로 우동, 잔치국수 등 뜨거운 면 요리에 담백한 맛을 더해줘요.

 준비하기
달걀 2개, 맛술 1작은술, 카놀라유 약간, 소금 약간

1. 달걀은 흰자와 노른자를 분리한 뒤 각각 체로 걸러 알끈을 제거하고 곱게 푼 다음 맛술, 소금을 넣고 섞는다.
2. 팬에 카놀라유를 두른 뒤 약불에 달궈 종이타월로 기름기를 살짝 닦아낸 다음 달걀 노른자를 부어 얇게 부친다.
3. ❷의 팬을 기름기 묻은 종이타월로 닦은 뒤 달걀흰자를 부어 얇게 부친다.
4. 각각 부친 달걀황백지단을 한 김 식혀 골패(마름모) 모양으로 썰거나 얇게 채썬다.

오므라이스

아삭아삭 씹히는 채소들을 한데 모아
달걀지단으로 넓게 감싼 오므라이스,
달착지근한 소스까지 입에 착 달라붙어 한 그릇 요리로 근사한 메뉴예요.

준비하기

밥 4공기, 감자 1개, 당근 1/4개, 양파 1개, 청피망 1개, 달걀 4개, 무염버터 2큰술, 카놀라유 1큰술, 소금 약간

오므라이스소스 스테이크소스 2큰술, 케첩 2큰술, 쌀조청 1/2작은술, 물 1/2컵, 후춧가루 약간

1. 팬에 카놀라유 1/2큰술을 두른 뒤 밥을 넣고 젓가락으로 밥알을 흩어가며 고슬하게 볶는다.
2. 감자, 당근, 양파, 청피망은 각각 사방 0.5cm 크기로 썬다.
3. 팬에 무염버터를 녹인 뒤 감자, 당근, 양파를 넣고 강불에서 감자가 투명해질 때까지 볶다가 청피망을 넣고 소금으로 간한다.
4. ❸에 볶은 밥을 넣고 재료가 고루 섞이도록 버무린 뒤 그릇에 옮겨 담아둔다.
5. 냄비에 물을 붓고 끓으면 스테이크소스, 케첩, 쌀조청, 후춧가루를 넣고 한소끔 끓여 걸쭉한 오므라이스소스를 만든다.
6. 달걀은 체로 걸러 알끈을 제거한 뒤 곱게 푼다.
7. 팬을 달군 뒤 카놀라유 1/2큰술을 두른 다음 달걀물을 부어 약불에서 달걀지단을 얇게 4장 부친다.
8. 그릇에 달걀지단을 펼치고 ❹의 밥을 올린 다음 지단을 반으로 접은 뒤 오므라이스소스를 뿌린다.

고수처럼

기호에 맞는 채소로 오므라이스를 풍성하게~

오므라이스를 접시에 담아낼 때 애호박, 새송이버섯, 가지 등 기호에 맞는 채소를 구워 곁들임 음식으로 함께 내면 더욱 풍성한 한 그릇 요리가 완성돼요.

카레라이스

사과즙을 넣어 더욱 부드러운 카레라이스는 김치 하나만 있어도 맛있게 즐길 수 있는 메뉴죠. 찬밥에 따뜻하게 데운 카레라이스를 한 국자 부어 비벼 먹으면 한 끼 식사가 뚝딱이에요.

준비하기

밥 4공기, 돼지고기(목살) 200g, 감자 2개, 당근 1/2개, 양파 1개, 사과 1개, 대파 1대, 다진 마늘 1큰술, 통조림 옥수수 1/2컵, 카레가루 5큰술, 우유 1컵, 물 2와 1/2컵, 카놀라유 2큰술, 파슬리가루 1작은술, 소금·후춧가루 약간씩

1. 돼지고기는 사방 2cm 크기로 썬 뒤 다진 마늘 1작은술, 소금, 후춧가루를 넣고 조물조물 밑간한다.

2. 감자, 당근, 양파는 각각 사방 2cm 크기로 썬다. 대파는 1cm 두께로 썬다. 옥수수는 끓는 물에 살짝 데친 뒤 물기를 뺀다.

3. 사과는 작게 조각내어 믹서에 넣고 물 1컵을 부은 뒤 곱게 갈아 즙만 볼에 부은 다음 카레가루, 우유를 넣고 곱게 갠다.

   Tip 카레소스에 사과즙, 우유를 넣으면 설탕을 넣지 않아도 단맛이 나고 아주 부드러워요.

4. 냄비에 카놀라유를 두른 뒤 나머지 다진 마늘을 넣고 강불에서 향이 날 때까지 볶다가 밑간한 돼지고기, 감자, 당근, 양파, 대파를 넣고 볶는다.

5. 고기가 익으면 ❸을 붓고 고루 섞다가 물 1과 1/2컵을 부어 한소끔 끓인다.

6. ❺에 옥수수, 소금, 후춧가루를 넣고 약불에서 뭉근하게 끓인다.

7. 그릇에 밥을 담고 카레소스를 듬뿍 얹은 다음 파슬리가루를 뿌린다.

고수처럼

남은 재료로 '감자카레조림'을 만들어보세요.

준비하고 남은 카레가루와 감자가 있다면 감자카레조림을 만들어보세요. 감자를 1cm 두께로 반달썰기 해서 카놀라유를 두른 팬에 구운 다음 카레가루와 물을 1:1 비율로 섞어서 구운 감자에 부어 함께 조리면 맛있는 밑반찬이 된답니다.

김치볶음밥

달달하게 볶은 김치와 채소가 들어간 초간단 요리입니다.
체에 내린 달걀물을 뜨거운 밥에 고루 섞어서
더욱 고소한 김치볶음밥을 만들어보세요.

준비하기

밥 3과 1/2공기, 배추김치 1/4포기, 당근 1/8개, 애호박 1/8개, 달걀 2개, 참기름 1큰술, 카놀라유 2큰술, 깨소금 1큰술, 소금 약간

1. 달걀은 체로 걸러 알끈을 제거한다.
2. 준비한 밥에 달걀물을 부어 고루 섞는다.
3. 팬에 카놀라유를 1큰술 두른 뒤 ❷의 달걀밥을 넣고 강불에서 볶은 다음 그릇에 옮겨 담아둔다.
4. 배추김치는 국물을 꼭 짠 뒤 양념을 털어내고 사방 1cm 크기로 썬다.
5. 당근, 애호박은 각각 배추김치와 같은 크기로 썬다.
6. 팬에 참기름, 카놀라유 1큰술을 두른 뒤 당근-배추김치-애호박 순으로 넣고 애호박이 살캉해질 때까지 강불에서 볶은 다음 깨소금으로 버무린다.
7. ❻에 달걀밥을 넣고 고루 섞어가며 볶은 뒤 소금으로 간한다.

고수처럼

밥에 달걀 코팅을 해서 쫄깃하고 고소한 식감을 주세요.

달걀을 곱게 풀어서 밥에 버무린 뒤 바로 팬에 넣고 강불에서 볶아내면 밥에 달걀 코팅이 돼요. 오므라이스나 볶음밥류를 만들 때 달걀 코팅을 잊지 마세요. 중국음식점 특유의 고소하고 쫄깃한 식감을 살릴 수 있답니다.

열무새우볶음밥

열무 넣은 볶음밥 드셔보셨어요?
보통 열무김치로 먹는 열무를 나물로 살짝 데쳐 볶음밥에 넣고
고소하게 먹는 한 그릇 요리예요.

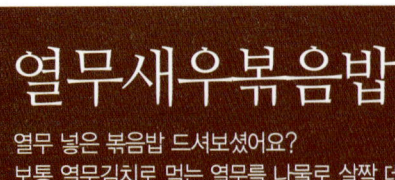

준비하기

밥 4공기, 데친 열무 100g, 칵테일새우 20마리, 마른 보리새우 2큰술, 다진 마늘 1큰술, 간장 1큰술, 맛술 1큰술, 카놀라유 1큰술, 소금 약간

1. 데친 열무는 찬물에 헹군 뒤 물기를 꼭 짜고 1cm 길이로 썬다.
2. 볼에 열무, 다진 마늘, 간장, 맛술을 넣어 조물조물 무친다.
3. 칵테일새우는 소금물에 헹군 뒤 물기를 뺀다.
4. 마른 보리새우는 마른 팬에 넣고 볶아 비린 맛을 없앤 뒤 굵게 다진다.
5. 팬에 카놀라유를 두른 뒤 보리새우를 넣고 강불에서 30초 정도 볶다가 양념한 열무를 넣고 수분이 생기지 않게 강불에서 재빨리 볶는다.
6. ❺에 칵테일새우를 넣고 강불에서 새우가 익어 붉게 변할 때까지 볶는다.
7. 밥을 넣고 소금으로 간한 뒤 고루 버무려가며 볶는다.

초보라면

볶음밥은 찬밥보다 뜨거운 밥으로 만드세요.

먹다 남은 찬밥으로 볶음밥을 만드는 경우가 많죠? 볶음밥을 할 때에는 찬밥보다는 고슬고슬하게 지어진 뜨거운 밥을 넣고 볶아야 밥이 뭉치지 않아요. 그리고 기름 코팅도 찬밥보다 잘되어 더욱 고소하고 다른 재료와 어우러짐이 좋은 볶음밥이 완성된답니다.

피망 속 볶음밥구이

손님이 많이 와 부산할 때, 밥과 반찬을 따로 내지 않고도
근사하게 차릴 수 있는 이색 요리예요.
특히 아이들 생일잔치 때 인기 만점이에요.

🧺 **준비하기**

밥 2공기, 다진 쇠고기 200g, 칵테일새우 10마리, 청·홍피망 2개씩, 브로콜리 1/4송이 (50g), 다진 양파 3큰술, 다진 홍피망 2큰술, 송송 썬 실파 2큰술, 마늘채 1큰술, 카레가루 4큰술, 카놀라유 2큰술+약간, 소금·후춧가루 약간씩

1. 청피망, 홍피망은 깨끗이 씻어 꼭지 부분을 뚜껑처럼 2cm 두께로 자른 뒤 안쪽의 씨방을 가위로 말끔히 제거한다.
2. 손질한 피망에 카놀라유를 약간 바르고 200℃로 예열한 오븐에서 5분간 굽는다.
3. 다진 쇠고기는 종이타월에 올려 핏물을 없앤다. 칵테일새우는 꼬리를 잘라내고 소금물에 헹군 뒤 물기를 뺀다.
4. 브로콜리는 한 송이씩 떼어 끓는 소금물에 넣고 데친 다음 찬물에 헹궈 물기를 뺀다. 고슬하게 지은 뜨거운 밥을 준비한다.
5. 팬에 카놀라유를 2큰술 두른 뒤 다진 양파, 마늘채를 넣고 강불에서 향이 날 때까지 볶다가 다진 쇠고기를 넣고 소금, 후춧가루를 뿌려가며 볶는다.
6. 고기가 익으면 밥, 칵테일새우를 넣고 새우가 익어 붉게 변할 때까지 볶은 뒤 브로콜리, 다진 홍피망을 넣고 고루 버무린다.
7. ❻의 팬 위에서 카레가루를 체로 쳐 내려가며 볶는다.
8. 구운 피망에 ❼을 소복하게 담아 그릇에 담고 송송 썬 실파를 뿌린 뒤 잘라낸 피망의 꼭지 부분을 뚜껑처럼 덮어 상에 낸다.

 **고수처럼**

기호에 따라 볶음밥 재료를 바꿔보세요.
재료가 없거나 다른 재료로 대체하고 싶다면 다진 쇠고기 대신 베이컨을, 칵테일새우 대신 오징어나 조갯살을 이용해도 좋아요. 볶음밥을 담을 피망도 파프리카로 대신할 수 있어요. 색이 다채롭고 투명해서 더 먹음직스러워 보이기 때문에 아이들 초대 요리에 제격이랍니다.

콩나물주꾸미볶음밥

아삭아삭 씹히는 콩나물과 쫄깃한 맛을 자랑하는
주꾸미를 매콤한 양념장으로 볶아낸 볶음밥이에요.
부순 김과 깨소금, 참기름으로 더욱 고소하게 즐길 수 있어요.

준비하기

밥 3공기, 주꾸미 3마리, 콩나물 200g, 양파 1/2개, 대파 1대, 카놀라유 1큰술, 소금 약간

주꾸미양념 고추장 2큰술, 다진 마늘 1큰술, 간장 1큰술, 참치액젓 1작은술, 맛술 1큰술, 쌀조청 1큰술

볶음밥양념 구운 김(잘게 부순 것) 3큰술, 참기름 1큰술, 깨소금 1큰술

1. 주꾸미는 소금을 뿌려 바락바락 주물러 씻은 뒤 물기를 뺀다.
2. 콩나물은 씻어 찜기에 넣고 1분 정도 찐 뒤 얼음물에 헹궈 물기를 뺀다. 양파, 대파는 각각 굵게 채썬다.
3. 볼에 분량의 주꾸미양념을 넣고 섞은 뒤 손질한 주꾸미를 넣고 조물조물 버무린다.
4. 팬에 카놀라유를 두른 뒤 양파, 대파를 넣고 강불에서 투명해질 때까지 볶다가 주꾸미, 콩나물을 넣고 주꾸미가 익으면 가위로 먹기 좋은 크기로 잘라가며 볶는다.
5. 에 밥을 넣고 양념이 고루 배도록 버무린 뒤 분량의 볶음밥양념을 넣고 볶는다.

초보라면

해산물을 이용한 볶음밥에는 해산물에 간을 살짝 해주세요.
주꾸미, 오징어, 낙지 등의 해산물을 볶아 밥과 버무릴 때에는, 밥보다는 해산물에 간이 더 잘 배기 때문에 해산물에 간을 조금 간간하게 하는 것이 좋아요. 그래야 밥과 버무렸을 때 간이 알맞아 먹기에 좋답니다.

고추잡채덮밥

상쾌한 단맛으로 기분 좋게 하는 고추와 피망을 굴소스로 볶은 덮밥입니다. 고추는 수분, 비타민C, 캡사이신으로 우리 몸을 노화로부터 지켜주기 때문에 고추잡채덮밥을 맘껏 즐기시면 좋아요.

1. 돼지고기는 5cm 길이로 얇게 채썰어 분량의 고기양념으로 조물조물 무친다.
2. 양파, 청피망은 각각 4cm 길이로 얇게 채썬다. 대파는 2cm 두께로 송송 썬다. 마늘은 얇게 슬라이스한다. 생강은 얇게 저민다.
3. 홍고추, 풋고추는 각각 3cm 길이로 얇게 채썬다.
4. 팬을 달군 뒤 카놀라유를 두르고 대파, 마늘, 생강을 넣고 강불에서 향이 날 때까지 볶다가 양념한 돼지고기를 넣어 재빨리 볶는다.
5. 고기가 익으면 양파-청피망-홍고추-풋고추 순으로 넣고 볶다가 재료가 고루 볶아지면 굴소스, 물, 소금, 후춧가루를 넣어 간을 맞춘다.
6. 그릇에 밥을 담고 ❺를 듬뿍 올려 상에 낸다.

준비하기

밥 4공기, 돼지고기(등심) 250g, 양파 1/4개, 청피망 1/2개, 홍고추 2개, 풋고추 4개, 대파 1/2대, 마늘 3쪽, 생강 1/4톨, 굴소스 2큰술, 물 5큰술, 카놀라유 1큰술, 소금·후춧가루 약간씩

고기양념 간장 1작은술, 청주 2큰술, 녹말가루 2큰술

고수처럼

고추 대신 호부추를 넣어보세요.
고추 대신 호부추(중국부추)를 넣은 부추잡채도 맛있어요. 호부추는 조선부추보다 질겨서 볶는 시간이 조금 긴데요, 흰 부분과 파란 잎 부분을 따로 구분해서 썰어 ❺번 과정에서 흰 부분만 먼저 넣고 볶다가 마무리쯤 잎 부분을 넣고 숨이 죽기 직전까지 살짝 볶아야 부추가 늘어지지 않고 질감을 유지할 수 있어요.

마파두부덮밥

비가 추적추적 내리는 날, 술안주로 좋은 마파두부.
술안주나 반찬으로도 좋지만 덮밥으로도 제격이지요.
부드러운 두부와 매콤한 소스가 어우러져 맛있는 한 그릇 요리입니다.

준비하기

밥 3공기, 다진 돼지고기 200g, 두부 1모, 양파 1/2개, 대파 1대, 청양고추 1개, 마른 홍고추 1개, 카놀라유 1큰술, 소금 약간

고기양념 청주 1작은술, 소금·후춧가루 약간씩

마파두부소스 다진 마늘 1큰술, 두반장 2큰술, 굴소스 1큰술, 올리고당 1큰술, 참기름 1큰술, 닭육수 1컵, 물녹말 2큰술

1. 두부는 사방 1.5cm 크기로 썰고 채반에 올려 소금에 20분간 재운 뒤 물기를 닦는다.
2. 볼에 다진 돼지고기를 넣고 분량의 고기양념으로 조물조물 무친다.
3. 양파는 사방 1cm 크기로 썬다. 대파, 청양고추는 각각 송송 썬다. 마른 홍고추는 가위로 잘게 자른다.
4. 팬에 카놀라유를 두른 뒤 양파, 마른 홍고추, 다진 마늘을 넣고 강불에서 볶다가 매운 향이 올라오면 양념한 돼지고기를 넣고 반 정도 익을 때까지 볶는다.
5. ❹에 청양고추, 두반장, 굴소스, 올리고당을 넣고 볶다가 닭육수를 붓고 끓여 고기가 다 익으면 두부를 넣고 약불에서 2분 정도 끓인다.
6. ❺에 물녹말을 붓고 끓여 걸쭉해지면 대파, 참기름을 넣고 고루 섞는다.
7. 그릇에 밥을 담고 ❻을 듬뿍 올려 상에 낸다.

 물녹말은 물 : 녹말가루를 1:1 비율로 섞어주세요.

초보라면

닭육수를 만들어봐요~
닭뼈(다리뼈 등) 300g을 향신채(파, 마늘, 양파 등)와 함께 냄비에 넣고 물을 넉넉하게 부은 뒤 푹 끓여 진한 국물이 우러나면 면보에 걸러 맑은 육수만 내려서 사용하면 돼요.

가지불고기덮밥

브로콜리, 시금치보다 발암물질 억제 효과가 두 배나 높은 가지를 불고기덮밥에 곁들였어요. 가지는 100℃ 이상 가열하면 폴리페놀 성분이 파괴되기 때문에 낮은 온도에서 짧은 시간 조리해야 해요.

준비하기

밥 3공기, 쇠고기(불고기감) 300g, 가지 1개, 양파 1/2개, 대파 1대, 소금 약간

불고기양념 다진 마늘 1큰술, 간장 2와 1/2큰술, 참치액젓 1작은술, 청주 1큰술, 사과즙 2큰술, 양파즙 1큰술, 올리고당 1큰술, 참기름 1작은술, 깨소금 1큰술

1. 쇠고기는 얇게 슬라이스해서 사방 4cm 크기로 썬 뒤 종이타월에 올려 핏물을 뺀다.
2. 가지는 1cm 두께로 반달썰기 한 뒤 소금물에 헹궈 물기를 꼭 짠다.
3. 양파, 대파는 각각 굵게 채썬다.
4. 볼에 분량의 불고기양념을 넣고 섞는다.
5. 다른 볼에 쇠고기, 가지, 양파, 대파를 넣고 불고기양념으로 조물조물 버무려 20분 정도 재운다.
6. 팬을 달군 뒤 ❺를 넣고 강불에서 고기가 익을 때까지 볶는다.
7. 그릇에 밥을 담고 ❻을 듬뿍 올려 상에 낸다.

초보라면

가지는 썰어두면 바로 갈변이 생겨요.

가지도 갈변이 심한 채소 중의 하나예요. ❷번 과정처럼 소금을 약간 탄 물에 헹궈 물기를 꼭 짜서 조리해야 가지의 색을 선명하게 살릴 수 있고 간도 살짝 배어 요리가 더욱 맛있어져요.

단호박수수밥

다양한 잡곡들로 밥을 지으면 영양이 가득해지지요.
단호박수수밥은 단호박의 부드러움과 수수의 쫀득함이 조화를 이뤄
한 숟가락 뜨는 순간 입가에 웃음이 번진답니다.

준비하기

단호박 1/2개, 불린 쌀 1과 1/2컵,
수수 1/4컵, 물 2컵, 소금 약간

1. 수수는 붉은 물이 나오지 않을 때까지 주물러 씻은 뒤 체에 밭쳐 물기를 뺀다.
2. 단호박은 껍질을 벗기고 씨를 제거한 뒤 깨끗이 씻어 사방 1.5cm 크기로 썬다.
3. 냄비에 불린 쌀, 수수를 넣고 물에 소금을 약간 풀어서 부어 강불에 안친다.
4. ❸이 끓으면 약불로 줄이고 단호박을 넣은 뒤 충분히 뜸을 들인다.

초보라면

단호박은 뜸들이기 전에 넣어야 해요.
냄비에 밥을 할 때 처음부터 단호박을 넣으면 호박이 많이 물러지고 단호박에서 나오는 수분 때문에 밥이 질척여져요. 뜸을 들이는 시점에 넣어 은근하게 익혀주세요.

얼큰이굴밥

탱글탱글 영양가 많은 굴을 신김치와 볶아 고추장양념을 하면 얼큰한 굴밥이 탄생해요. 철판에 달달 볶아 굴의 탱글한 식감을 살려서 맛보세요.

1. 굴은 체에 밭쳐 옅은 소금물에 흔들어 씻은 뒤 냉장고에 넣어 차게 둔다.
2. 배추김치는 양념을 털어내고 1cm 폭으로 썬 뒤 국물을 꼭 짠다.
3. 볼에 분량의 비빔고추장을 넣고 섞는다.
4. 철판에 참기름을 두른 뒤 굴, 배추김치를 넣고 강불에서 달달 볶는다.
5. 김치가 반 정도 익으면 밥을 넣고 재료가 고루 섞이도록 볶는다.
6. ❺에 비빔고추장을 기호에 맞게 넣고 양념이 고루 밸 때까지 볶아 불에서 내린다.

준비하기

밥 3공기, 굴 200g, 배추김치(신 것) 2컵, 참기름 1작은술, 소금 약간

비빔고추장 고추장 3큰술, 다진 마늘 1작은술, 물엿 1과 1/2큰술, 참기름 1작은술, 깨소금 약간

고수처럼

나무주걱으로 빗겨가며 볶으면 굴맛이 살아나요!

밥을 비빌 때 나무주걱을 2개 준비해서 서로 빗겨가면서 볶으면 굴이 터지지 않고 탱글거려 먹을 때 식감이 아주 좋아요. 그리고 굴과 김치를 먼저 참기름에 볶아주면 재료에 고소한 맛이 배서 밥과 잘 어우러지기 때문에 굴과 김치를 볶은 뒤 밥을 넣어주세요.

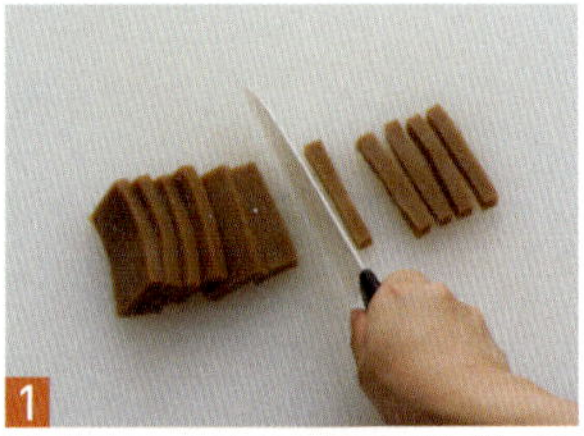

도토리묵밥

쫀득한 도토리묵은 배추김치와 가다랭이국물로 간해서 먹으면 깔끔한 국물과 함께 씹는 즐거움이 있는데, 여기에 무즙과 건지를 풀어서 먹으면 마치 메밀국수를 먹는 듯, 시원함이 있어 더욱 좋아요.

준비하기

밥 2공기, 도토리묵 1모, 배추김치 1/4포기, 무 1/10개(30g), 무순 30g, 송송 썬 실파 3큰술, 고추냉이 약간

김치양념 다진 마늘 1/4작은술, 참기름 1작은술, 설탕 1/4작은술, 깨소금 1큰술

가다랭이국물 가다랭이포 3큰술, 다시마(사방 10cm 크기) 1장, 간장 2큰술, 맛술 1큰술, 물 8컵, 소금 약간

1. 도토리묵은 5cm 길이, 1cm 두께로 썬다.
2. 배추김치는 양념을 털어내고 국물을 꼭 짠 뒤 잘게 썬다.
3. 볼에 분량의 김치양념을 넣고 섞은 뒤 배추김치를 넣고 조물조물 무친다.
4. 무는 강판에 갈아서 즙을 내고 건더기는 동그랗게 뭉쳐놓는다. 무순은 잡티를 없애고 헹궈 물기를 털어낸다.
5. 다시마는 젖은 면보로 표면의 흰 가루를 말끔히 닦는다. 냄비에 간장, 맛술, 물을 붓고 끓으면 다시마를 넣고 5분간 끓인 뒤 불에서 내려 가다랭이포를 넣고 1분 정도 우린 다음 소금으로 간하고 차게 식힌다.
6. 그릇에 밥을 담고 도토리묵, 배추김치, 무순, 송송 썬 실파를 올린 뒤 를 붓는다.
7. ❻에 무즙, 뭉쳐놓은 무건지를 넣고 기호에 맞게 고추냉이를 넣어 먹는다.

초보라면

도토리묵, 야들하게 보관하는 비법!

도토리묵은 보통 실온에 보관해요. 냉장고에 넣어두면 묵 자체의 질감이 딱딱해져 쫄깃한 맛이 없거든요. 실온에 보관할 때 랩을 씌워 겉면이 마르지 않게 하세요.

양파돈부리

넓은 그릇에 돼지고기와 양파를 썰어 올린, 따끈따끈한 한 그릇 덮밥입니다. 돼지고기 대신 새우를 튀겨서 올리거나 쇠고기를 올려 먹어도 맛있어요.

1. 돼지고기는 직경 8cm, 두께 0.5cm 크기로 썰어 고기망치로 두드려 연하게 한다.
2. 손질한 돼지고기를 다진 마늘, 소금, 후춧가루로 버무려 간한 뒤 밀가루-달걀물-빵가루 순으로 옷을 입힌다.
3. 170℃로 달군 카놀라유에 ❷를 넣고 바삭하게 튀긴다.
4. 달걀은 체로 걸러 알끈을 제거한 뒤 곱게 푼다. 양파는 굵게 채썬다.
5. 냄비에 분량의 돈부리소스를 넣고 끓으면 양파를 넣고 강불에서 1분 30초 정도 끓이다가 풀어놓은 달걀을 줄알 쳐서 소스를 완성한다.
6. 그릇에 밥을 담고 ❸의 등심커틀릿을 올린 뒤 돈부리소스를 국물째 붓는다.

준비하기

밥 2공기, 돼지고기(등심) 300g, 달걀 2개, 양파 2개

등심커틀릿 달걀물 2개분, 다진 마늘 1큰술, 밀가루 4큰술, 빵가루 1컵, 카놀라유 1컵, 소금·후춧가루 약간씩

돈부리소스 간장 4큰술, 올리고당 1과 1/2큰술, 매실청 1작은술, 물 2컵

고수처럼

돈부리소스를 더욱 감칠맛 나게 하려면~
돈부리소스의 물을 다시마 우린 물로 대체하면 부드러운 맛과 함께 걸쭉한 소스가 양파에 잘 스며들어 더욱 감칠맛 나는 돈부리를 맛볼 수 있어요.

김치알밥

입안에서 날치알이 톡톡 쏘는 김치알밥을 달군 뚝배기에 담으면,
지글지글 소리에 꿀꺽 입맛을 다시게 된답니다.
게다가 뚝배기 바닥에 눌어붙은 알밥 긁어먹는 재미가 쏠쏠하지요.

준비하기

다진 배추김치 1컵, 날치알 5큰술, 쌀 1과 1/2컵, 구운 김(잘게 부순 것) 1/2컵, 무순 20g, 청주 2큰술, 참기름 1큰술, 물 1과 3/4컵, 통깨 1작은술

김치양념 다진 마늘 1/4작은술, 참기름 1/2큰술, 설탕 1/2큰술

1. 다진 배추김치는 국물을 살짝 짠 뒤 볼에 넣고 분량의 김치양념에 조물조물 무친다.

2. 볼에 청주, 물 1컵을 넣고 섞는다. 날치알을 체에 밭쳐 청주물에 흔들어 씻은 뒤 종이타월에 올려 물기를 완전히 뺀다.

3. 쌀은 씻어 충분하게 불린 뒤 체에 밭쳐 물기를 뺀다. 무순은 잡티를 없애고 헹궈 물기를 털어낸다.

4. 일인용 뚝배기에 참기름을 고루 바르고 중불에 올려 뜨겁게 달군다.

   Tip 3~4인분 기준의 레시피이니 일인용 뚝배기에 고루 나눠 담아 조리하세요.

5. 달군 뚝배기에 불린 쌀, 물 3/4컵을 넣고 강불에 안친 뒤 밥물이 잦아들면 불을 아주 약하게 줄여 충분히 뜸을 들인다.

6. 완성된 밥을 고루 뒤섞고 그 위에 양념한 배추김치, 날치알, 구운 김, 무순, 통깨를 올린다.

7. ❻을 약불에 올려 따닥따닥 익는 소리가 나면 바로 불에서 내려 상에 낸다.

초보라면

날치알의 비린 맛은 청주 섞은 물로 없애요.

날치알의 비린 맛은 ❷번 과정처럼 청주를 탄 물에 날치알을 담가 흔들어가며 씻으면 없앨 수 있어요. 날치알 특유의 비린 맛이 사라져 고소함과 톡톡 터지는 식감을 더욱 잘 느낄 수 있답니다.

쌈밥

계절감 있게 먹을 수 있는 쌈밥은 초여름 선선한 바람을 느끼며 먹으면
더욱 좋은 메뉴예요. 신선한 재료에 간을 적게 해서
재료 본연의 맛을 살렸어요. 도시락 메뉴로도 좋답니다.

준비하기

현미보리밥 5공기, 각종 쌈채소(묵은지, 특용 채소 등) 400g

장아찌쌈장 삭힌 고추 10개, 다진 파 1큰술, 장아찌 간장물 1/4컵, 들기름 1큰술, 들깨가루 1큰술

된장쌈장 된장 3큰술, 마요네즈 2큰술, 멸치국물(41쪽 3번 과정) 2큰술

고추장쌈장 볶은 쇠고기 3큰술, 고추장 3큰술, 다진 마늘 1작은술, 물엿 1과 1/2큰술, 참기름 1작은술, 깨소금 1작은술

1. 묵은지는 물에 헹궈 양념을 제거한 뒤 물기를 꼭 짜서 쌈을 싸기 좋은 크기로 썬다.
2. 치커리, 로메인, 상추, 청경채 등의 특용 채소는 흐르는 물에 헹궈 물기를 털어낸 뒤 비닐에 담아둔다.
3. 삭힌 고추를 곱게 다져 볼에 넣은 뒤 나머지 장아찌쌈장을 넣고 섞어 장아찌쌈장을 완성한다.
4. 볼에 분량의 된장쌈장을 넣고 섞어 된장쌈장을 완성한다.
5. 팬에 볶은 쇠고기, 고추장, 다진 마늘, 물엿, 참기름을 넣고 약불에서 잘박하게 볶은 뒤 깨소금을 넣고 식혀 고추장쌈장을 완성한다.
6. 준비한 묵은지나 특용 채소에 현미보리밥을 한 숟가락씩 얹고 기호에 맞는 쌈장을 넣어 쌈을 싼다.

고수처럼

고추장아찌가 없다면~

장아찌쌈장의 재료인 고추장아찌가 없다면 단무지를 대신 사용해서 짭조름한 쌈장을 만들어보세요. 단무지 200g을 곱게 다져 들기름 1작은술, 들깨가루 1큰술, 소금 1/4작은술에 무치면 쌈장이 뚝딱 만들어져요.

캘리포니아롤

날치알이나 아보카도를 넣어 만들어도 좋지만
오늘은 간편하게 준비할 수 있는 냉장고 속 재료만으로 롤을 만들어요.
아이들 소풍 갈 때 김밥 대신 싸줘도 좋아요.

준비하기 _8줄 분량

김 4장, 밥 4공기, 오이 1개, 게맛살 2줄, 단무지 50g, 송송 썬 쪽파 3큰술, 가다랭이포 2큰술, 소금 약간

밥양념 참기름 1작은술, 설탕 1/2작은술, 소금 약간

롤소스 마요네즈 3큰술, 간장 1/4작은술

1. 볼에 밥을 넣고 분량의 밥양념을 넣어 주걱으로 자르듯이 버무린 뒤 한 김 식힌다.
2. 오이는 소금으로 문질러 씻고 2cm 두께로 길게 썰어 소금에 살짝 절인 뒤 물기를 꼭 짜서 마른 팬에 넣고 수분이 살짝 없어지게 볶는다.
3. 게맛살은 길게 4등분한 뒤 마른 팬에 넣고 살짝 볶는다. 단무지는 오이와 같은 크기로 썬다.
4. 김은 손으로 비벼 잡티를 없앤 뒤 불에 직화로 살짝 굽고 2등분한다.
5. 김발을 펼쳐 김을 올리고 김 위에 양념한 밥을 얇게 편 다음 따로 둔다.
6. 김발 위에 젖은 면보를 깐 뒤 ❺를 밥이 붙은 면이 밑으로 가게 뒤집어놓고 오이, 게맛살, 단무지를 올려 돌돌 말아 1.5cm 두께로 썬다.
   Tip 김발에 젖은 면보를 깔아줘야 양념한 밥이 들러붙지 않고 깔끔하게 말 수 있어요.
7. 볼에 분량의 롤소스를 넣고 섞는다.
8. 접시에 ❻을 담고 송송 썬 쪽파, 가다랭이포를 올린 뒤 롤소스를 뿌린다.

고수처럼

'날치알누드김밥'으로 즐겨보세요.
❻번 과정까지 롤을 말고 난 뒤 겉면에 날치알을 고루 묻혀내면 톡 터지는 맛이 일품인 날치알누드김밥이 돼요.

샐러드김밥

채소의 풍미가 가득한 샐러드와 든든한 김밥의 만남!
채소를 싫어하는 아이들도 맛있게 먹을 수 있는 상큼한 김밥이에요.

🧺 **준비하기** _2줄 분량

김 3장, 밥 2공기, 오이 1/2개, 당근 1/4개, 게맛살 4줄, 김밥용 단무지 2줄

밥양념 참기름 1작은술, 설탕 1작은술, 소금 약간

샐러드소스 마요네즈 3큰술, 소금·흰 후춧가루 약간씩

1. 김은 손으로 비벼 잡티를 없앤 뒤 불에 직화로 살짝 굽고 김 1장만 길게 2등분한다.
2. 볼에 밥을 넣고 분량의 밥양념을 넣어 주걱으로 자르듯이 버무린 뒤 한 김 식힌다.
3. 오이, 당근은 각각 5cm 길이로 얇게 채썬다.
4. 볼에 오이, 당근을 넣고 분량의 샐러드소스에 고루 버무린다.
5. 게맛살은 길게 2등분한다. 단무지는 김밥용으로 준비한다.
6. 김발을 펼쳐 구운 김 1장을 올리고 김 위에 양념한 밥을 반만 얇게 편 다음 ❺의 샐러드를 반만 길게 얹은 뒤 2등분한 김으로 샐러드 부분을 덮는다.
7. ❻의 덮은 김 위에 게맛살 2줄, 단무지 1줄을 올리고 돌돌 말아서 먹기 좋은 크기로 썬다.

초보라면

깔끔하게 샐러드김밥 만드는 비법!

샐러드김밥은 맛은 좋지만 샐러드의 물기가 흘러나와 모양도 흐트러지고 먹을 때 많이 불편하죠. 그래서 ❻번 과정처럼 샐러드 부분에 김 조각을 덮어줘야 해요. 물기가 새는 것을 좀 더 방지하려면 샐러드 재료인 오이와 당근을 채썬 뒤 마른 면보에 올려 꾹꾹 눌러서 수분을 완전히 없애주세요.

참치고추장 삼각주먹밥

참치를 고추장에 버무려 느끼한 맛을 없앤 매콤한 주먹밥입니다. 간편하게 동그랗게 빚기도 하지만, 틀을 이용해 삼각 모양으로 만들면 편의점 삼각김밥 분위기가 나요.

🧺 준비하기 _8개 분량

김 2장, 밥 3공기, 통조림 참치(100g) 1개

밥양념 참기름 1큰술, 설탕 1/2작은술, 소금 약간

고추장볶음 고추장 3큰술, 다진 파 1큰술, 다진 마늘 1/2작은술, 물엿 1큰술, 깨소금 1작은술

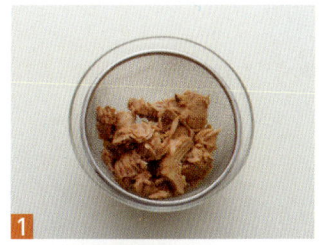

1. 참치는 체에 밭쳐 기름기를 뺀다.
   > **Tip** 참치는 체에 밭쳐 자연스럽게 기름기를 빼야 뻑뻑하지 않고 고소해요. 20분 정도 두면 충분해요.

2. 김은 손으로 비벼 잡티를 없앤 뒤 불에 직화로 살짝 굽고 4등분한다.

3. 볼에 밥을 넣고 분량의 밥양념을 넣어 주걱으로 자르듯이 버무린 뒤 한 김 식힌다.

4. 팬에 기름기 뺀 참치를 넣고 강불에서 고루 볶는다.

5. ❹에 분량의 고추장볶음을 넣고 수분이 없도록 볶아 식힌다.

6. 주먹밥 틀에 랩을 깔고 그 위에 구운 김을 깐다.

7. ❻에 밥을 반만 채우고 고추장볶음을 한 숟가락 넣은 뒤 다시 밥을 채운 다음 랩으로 감싸 모양이 잡히도록 눌러준다.

 **고수처럼**

남은 밑반찬을 활용해 다양한 주먹밥을 만들어보세요.

냉장고 속 남은 반찬으로 기호에 맞는 주먹밥을 얼마든지 만들 수 있어요. 멸치볶음이 남았다면 잘게 다져서 멸치볶음주먹밥을, 김치가 먹고 싶다면 배추김치를 물에 씻은 뒤 잘게 다져서 김치주먹밥을 만들 수 있어요.

멸치주먹밥

칼슘이 듬뿍 담긴 멸치주먹밥입니다.
짭조름하게 씹히는 멸치가 고소한 밥과 어우러져
한 입에 쏙 들어가는 앙증맞은 주먹밥으로 변신했어요.

 준비하기

잔멸치 30g, 쌀 1컵, 찹쌀 1큰술, 홍고추 1/2개, 김가루 1/4컵, 참기름 1작은술, 물 1과 1/4컵

멸치양념 간장 1/2큰술, 물엿 1작은술, 청주 1/2작은술, 올리브유 1작은술, 깨소금 1작은술

1. 냄비에 쌀과 찹쌀을 섞어 넣고 물을 부은 뒤 고슬하게 찹쌀밥을 짓는다.
2. 잔멸치는 체에 쳐서 가루를 털어낸 뒤 굵게 다진다. 홍고추는 씨를 털어낸 뒤 잘게 다진다.
3. 팬에 올리브유를 두른 뒤 잔멸치, 간장, 청주를 넣고 강불에서 3분 정도 조리다가 물엿, 깨소금을 넣고 버무려 식힌다.
4. 볼에 찹쌀밥, 볶은 멸치, 홍고추, 참기름을 넣고 재빨리 섞어 부채질을 하면서 식힌 다음 직경 3cm 크기로 가볍게 뭉쳐 김가루를 고루 묻힌다.
5. 랩을 넓게 펼치고 ❹를 올린 다음 감싸 손으로 둥글려 주먹밥을 완성한다.

 고수처럼

건어물의 비린 맛은 홍고추로 없애요.
홍고추가 준비되지 않았다면 넣지 않아도 좋지만 잔멸치나 마른오징어조림 등을 넣어 만드는 주먹밥에는 꼭 챙기는 게 좋아요. 건어물 조림을 넣은 주먹밥은 시간이 지나면 특유의 비린 맛이 나곤 하는데, 이때 홍고추의 매콤함이 비린 맛을 없애주고, 씹히는 식감에 개운한 뒷맛까지 더한답니다.

우엉유부초밥

비만을 예방하고 장과 혈관을 깨끗하게 청소해주는 뿌리채소 우엉을 유부 주머니에 쏙 넣은 초밥입니다. 평소에 밋밋하게 즐기는 유부초밥에 우엉으로 변화를 줘 영양가도 높여보세요.

1. 유부는 끓는 물에 데쳐 기름기를 제거한 뒤 종이타월에 올려 물기를 꼭 짠 다음 삼각형 모양으로 2등분한다.
2. 팬에 데친 유부, 분량의 유부양념을 넣고 강불에서 바짝 조려 양념한다.
3. 우엉, 당근, 청피망은 각각 잘게 다진다.
4. 팬에 카놀라유를 두른 뒤 ❸의 다진 채소, 간장, 통깨 1작은술, 소금, 후춧가루를 넣고 강불에서 3분 정도 볶는다.
5. ❹에 밥을 넣고 고루 섞은 뒤 한 김 식힌다.
6. 양념한 유부를 벌려 볶음밥을 꾹꾹 눌러 담은 뒤 통깨, 검은깨를 고루 뿌린다.

준비하기

밥 3공기, 우엉 1대(200g), 당근 1/4개, 청피망 1/2개, 유부 12장, 간장 1작은술, 카놀라유 1큰술, 통깨 1작은술+약간, 검은깨·소금·후춧가루 약간씩

유부양념 간장 1큰술, 참기름 1작은술, 맛술 1작은술, 설탕 1작은술

초보라면

양념 전에 유부의 기름기를 제거하세요.
보통 시판하는 유부조림을 구입해서 초밥을 싸곤 하죠? 이런 유부는 튀겨낸 것이라 끓는 물에 데쳐 기름기를 뺀 뒤 조리하는 것이 좋아요. 그래야 기름지지 않고 담백 고소해요.

떡국

할머니 따라 방앗간에 가서 갓 나온 가래떡을 먹던 기억,
떡국 한 그릇에 한 살 먹는다는 어른들 말씀에 한 살 더 먹고 싶어서
몇 그릇 더 비웠던 기억. 옛 추억, 그 맛 그대로 만들어봤어요.

준비하기

가래떡 300g, 송송 썬 대파 3큰술, 국간장 2큰술, 소금·후춧가루 약간씩

떡국육수 쇠고기(양지머리) 300g, 대파 1대, 마늘 5쪽, 물 12컵, 통후추 5알

고기양념 다진 마늘 1작은술, 간장·참기름 약간씩, 깨소금·소금·후춧가루 약간씩

고명 달걀지단(사방 10cm 크기) 2장, 구운 김(잘게 부순 것) 약간, 채썬 풋고추·홍고추·실고추 약간씩

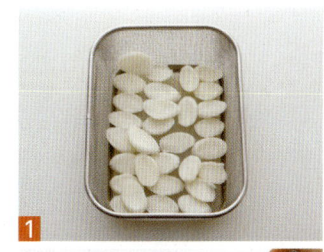

1. 가래떡은 얇게 어슷썬 뒤 들러붙지 않도록 채반에 펼쳐 놓는다.
2. 쇠고기는 찬물에 담가 핏물을 뺀다.
3. 냄비에 분량의 **떡국육수**를 넣고 강불에서 거품을 걷어가며 끓인다.
4. 쇠고기를 젓가락으로 찔러 쏙 들어갈 정도로 익으면 건져 식힌 다음 결대로 찢는다. 국물은 면보에 걸러 맑은 육수만 내려 냄비에 다시 붓고 끓인다.
5. 볼에 찢어둔 고기, 분량의 **고기양념**을 넣고 조물조물 무친다.
6. 달걀지단은 고명용으로 얇게 채썬다.
7. ❹의 육수가 끓으면 국간장으로 간한 뒤 가래떡을 넣고 떡이 떠오를 때까지 끓인다.
8. ❼에 송송 썬 대파, 소금, 후춧가루로 간한 뒤 그릇에 담고 양념한 고기, **고명**을 먹기 좋게 얹는다.

초보라면

떡이 칼에 들러붙어 썰기가 힘들 때는~

가래떡은 약간 꾸덕하게 말린 뒤에 썰어야 잘 썰려요. 살짝 말린 뒤 칼에 물을 묻혀 썰면 큰 힘 안 들이고 깔끔하게 썰 수 있답니다.

고수처럼

'해물떡국'을 끓여보세요.

주로 포항지방에서 홍합을 넣고 만들어 먹었다고 하는 해물떡국, 한번 끓여볼까요? 굴이 많은 철, 홍합이 많은 철에 해물로 육수를 내서 끓이면 돼요. 굴 또는 홍합을 깨끗하게 씻어 참기름에 볶다가 쌀뜨물을 붓고 푹 끓여 뽀얀 국물이 만들어지면 떡을 넣고 간해서 끓여 먹으면 된답니다.

애호박빡빡수제비

늦가을에 당도가 가장 높은 호박은 오래전부터 약용으로 쓰였다고 해요.
찬바람 부는 날씨에 제철 호박으로 끓인 수제비 어떠세요?
쫄깃한 수제비와 함께 칼칼한 국물 맛이 일품이에요.

🧺 **준비하기**

감자 2개, 애호박 1/2개, 양파 1/4개, 대파 1대, 밀가루 2컵, 멸치국물(41쪽 3번 과정) 10컵, 얼음물 약간, 소금 1/4작은술

수제비양념 다진 고추 3큰술, 다진 마늘 1작은술, 간장 2큰술, 물엿 1/2작은술, 참기름 1작은술, 다시마 우린 물(33쪽) 3큰술, 고운 고춧가루 1작은술, 깨소금 1작은술, 후춧가루 약간

1. 밀가루와 소금을 고루 섞어 체에 두 번 정도 쳐서 내리고 얼음물을 조금씩 넣어가며 치대어 반죽한다.
2. ❶의 반죽을 랩으로 감싼 뒤 30분 정도 휴지시킨다.
3. 감자는 껍질을 벗겨 1cm 두께로 채썬다. 애호박은 감자와 같은 크기로 채썬다. 양파, 대파는 각각 얇게 채썬다.
4. 볼에 분량의 수제비양념을 넣고 섞는다.
5. 냄비에 멸치국물을 붓고 끓으면 감자, 애호박, 양파, 대파를 넣고 한소끔 끓인다.
6. ❺에 휴지시킨 반죽을 손에 물을 묻혀가면서 얇게 뜯어 넣고 끓인다.
7. 수제비가 익으면 수제비양념을 넣어 간한다.

👑 **고수처럼**

수제비에 맛과 색을 더하세요.
녹차가루 또는 녹차 티백 우린 물을 밀가루 반죽에 넣으면 녹차의 은은한 색과 향이 느껴지는 수제비를 만들 수 있어요. 치자 열매를 달인 물을 반죽에 넣으면 노란 치자 색이 묻어나는 수제비가 만들어져요.

바지락칼국수

바지락을 넣어 시원한 맛을 살린 칼국수예요.
갓 담근 겉절이 김치 한 점을 올려 먹으면 정말 맛있죠?
동동주 한 잔을 곁들이면 더욱 별미랍니다.

준비하기

칼국수 면 250g, 참바지락 150g, 애호박 1/2개, 삭힌 고추 10개, 다시마멸치육수 8컵, 소금 약간

삭힌고추양념 다진 마늘 1작은술, 간장 1큰술, 청주 1작은술, 참기름 1큰술, 깨소금 1큰술

고명 쑥갓 20g, 실파 5대, 홍고추 1개, 달걀지단(사방 10cm 크기) 1장, 김 1/2장

1. 참바지락은 껍데기끼리 비벼가며 씻은 뒤 옅은 소금물에 담그고 신문지를 덮어 1시간 이상 해감한다.
2. 냄비에 다시마멸치육수를 붓고 끓으면 참바지락을 넣고 입을 벌릴 때까지 끓인다.
3. 국물을 면보에 걸러 육수만 내려서 냄비에 다시 붓고 끓인다. 참바지락은 따로 건져둔다.
4. 애호박은 얇게 채썬다. 쑥갓은 짧게 끊어 씻은 뒤 물기를 털어낸다. 실파는 송송 썬다.
5. 홍고추는 씨를 털어낸 뒤 4cm 길이로 얇게 채썬다. 김은 손으로 비벼 잡티를 없앤 뒤 불에 직화로 살짝 굽고 잘게 부순다.
6. 달걀지단은 고명용으로 얇게 채썬다.
7. 삭힌 고추는 물기를 뺀 뒤 곱게 다져 볼에 넣고 분량의 삭힌고추양념을 넣어 섞는다.
8. 육수가 끓으면 칼국수 면을 펼쳐 넣고 휘휘 저어가면서 끓이다가 면이 반 정도 익으면 참바지락, 애호박을 넣고 면이 다 익을 때까지 끓인다.
9. 그릇에 ❽을 담고 고명을 약간씩 올린 뒤 삭힌고추양념을 곁들여 상에 낸다.

초보라면

다시마멸치육수 만드는 법

준비하기
다시마(사방 10cm 크기) 2장, 국물멸치 10마리, 청주 2큰술, 물 9컵

1. 다시마는 표면의 흰 가루를 털어내고 젖은 면보로 깨끗이 닦아낸 뒤 3~4군데 가위집을 넣는다.
2. 국물멸치는 머리와 내장을 제거한 뒤 냄비에 넣고 볶아 비린 맛을 없앤 다음 청주, 물을 붓고 끓인다.
3. 멸치국물이 끓어오르면 다시마를 넣고 5분간 더 끓인 다음 다시마를 건져내고 10분 정도 더 끓인다.

물냉면

땀이 뻘뻘 나는 무더운 여름날, 살얼음 동동 띄운 물냉면 한 그릇은
정말 맛있는데요, '이냉치냉'이라 해서 차가운 음식으로
겨우내 추위를 달래보는 것도 별미랍니다.

준비하기

마른 냉면 300g, 오이 1/2개, 무 1/8개(50g), 달걀 2개, 쇠고기 편육 삶은 물 3컵, 다시마 우린 물(33쪽) 3컵, 동치미국물 3컵, 식초 2큰술, 설탕 2큰술, 소금 1작은술

절임양념 식초 3큰술, 설탕 3큰술, 소금 1작은술

겨자양념 발효겨자 2작은술, 식초 1큰술, 사이다 2큰술, 설탕 1큰술, 소금 1작은술

1. 냄비에 쇠고기 편육 삶은 물, 다시마 우린 물을 붓고 한소끔 끓여 차게 식힌 뒤 동치미국물, 식초, 설탕, 소금을 넣고 섞어 살얼음이 생기도록 냉동실에 넣어둔다.
2. 오이, 무는 1×5cm 크기로 얇게 슬라이스한 뒤 각각 볼에 넣고 분량의 절임양념을 반씩 넣어 무친다.
3. 달걀은 완숙으로 삶은 뒤 찬물에 헹궈 껍질을 벗기고 얇게 슬라이스한다.
4. 볼에 분량의 겨자양념을 넣고 갠다.
5. 마른 냉면은 끓는 물에 삶은 뒤 찬물에 비벼가면서 씻고 채반에 올려 물기를 뺀다.
6. 차게 만든 그릇에 냉면을 담고 오이·무절임, 삶은 달걀을 얹은 뒤 살얼음이 언 육수를 붓고 겨자양념을 곁들여 상에 낸다.

고수처럼

냉면 맛은 육수가 좌우해요~

레시피대로 맛있는 냉면 육수를 만들어보세요. 쇠고기 편육 삶은 물은 쇠고기(양지머리)를 찬물에 담가 핏물을 뺀 뒤 냄비에 넣고 물을 넉넉히 부어 끓인 다음 국물을 그대로 식혀 기름을 걷어내면 된답니다. 동치미육수가 없으면 다시마 우린 물을 동량으로 대체하는데, 식초와 설탕으로 간해서 얼렸다가 육수로 쓰는 것이 좋아요.

콩국수

불린 콩을 갈아 만든 국물에 얼음 동동 띄운 콩국수입니다.
콩의 고소하고 담백한 맛에다 든든하기까지 하죠.
상에 낼 때 소금을 따로 내어 기호에 맞게 간하세요.

준비하기

중면 200g, 흰콩 1/4컵, 두부 1/4모, 오이 1/2개, 실파 3대, 우유 1과 1/2컵, 물 5컵, 통깨 2큰술, 소금 약간

1. 흰콩은 하루 전날 물에 불려서 냄비에 넣고 물 1컵을 부어 12분 정도 삶은 다음 찬물에 헹궈 껍질을 벗기고 콩만 건져 물기를 뺀다.
2. 두부는 끓는 물에 데쳐서 찬물에 헹군 뒤 칼날로 으깨고 면보에 싸서 물기를 뺀다.
3. 믹서에 흰콩, 두부, 우유, 물 4컵, 통깨를 넣고 걸쭉하게 갈아 냉장고에 넣어 차갑게 둔다.
4. 중면은 끓는 물에 삶아 찬물에 헹군 뒤 1인분씩 사리 지어 채반에 올려 물기를 뺀다.
5. 오이는 소금으로 문질러 씻은 뒤 얇게 채썬다. 실파는 송송 썬다.
6. 그릇에 중면을 담고 ❸의 콩두유를 부은 뒤 오이, 실파를 얹고 소금으로 간한다.

고수처럼

콩두유의 고소한 맛 살리는 비법!

콩국수의 맛을 결정하는 것은 역시 걸쭉한 콩두유에 있죠. 콩두유는 걸쭉할수록 고소한 맛이 많이 나기 때문에 믹서에 간 뒤 체에 밭치지 말고 거칠게 씹히는 질감을 느끼면서 먹어야 제맛이에요. 그리고 믹서에 갈 때 땅콩, 잣, 아몬드 등의 견과류를 함께 넣으면 더욱 고소하게 즐길 수 있어요.

오이비빔면

맵지 않은 비빔면이 먹고 싶을 때, 매운 요리를 잘 못 먹는 분들에게 추천하는 국수입니다. 비빔면은 양념장이 중요한데요, 참기름 대신 들기름을 넣어 더욱 고소하고 달콤한 비빔면이랍니다.

준비하기

소면 250g, 오이 1개, 배추김치 3줄기, 구운 김 2장, 소금 약간

간장양념 다진 마늘 1/2작은술, 간장 3큰술, 들기름 1작은술, 다시마 우린 물(33쪽) 2큰술, 들깨가루 2큰술, 설탕 1큰술

1. 오이는 소금으로 문질러 씻은 뒤 얇게 채썬다. 배추김치는 양념을 털어내고 국물을 꼭 짠 뒤 잘게 다진다.
2. 구운 김은 비닐에 넣고 비벼 잘게 부순다.
3. 볼에 분량의 간장양념을 넣고 섞는다.
4. 소면은 끓는 물에 삶아 찬물에 헹군 뒤 1인분씩 사리 지어 채반에 올려 물기를 뺀다.
5. 큰 볼에 소면, 오이, 배추김치, 간장양념을 넣고 조물조물 버무린다.
6. 버무린 비빔국수를 그릇에 나눠 담고 구운 김을 얹는다.

고수처럼

초고추장양념으로 비빈 오이비빔면도 만들어보세요.

고소한 간장양념으로 비빈 비빔면도 맛있지만 매콤새콤한 초고추장양념으로 비빈 비빔면도 인기가 좋죠. 고추장 3큰술, 식초 2큰술, 생강즙 1/4작은술, 설탕 2큰술을 섞어 초고추장양념을 만들어 삶은 소면에 고루 버무려 즐겨보세요.

콩나물쫄면

쫄깃한 쫄면에 아삭함이 살아 있는 콩나물과 상큼한 사과를 곁들이고,
새콤달콤한 소스로 맛을 낸 콩나물쫄면!
다양한 식감과 맛이 어우러져 듣기만 해도 군침 도는 메뉴예요.

1. 콩나물은 찜기에 살캉하게 쪄서 얼음물에 헹군 뒤 2cm 길이로 썰고 물기를 뺀다.
2. 오이는 씨를 제거하고 얇게 어슷썬다. 양파는 얇게 채썰어 찬물에 헹군 뒤 물기를 뺀다.
3. 사과는 얇게 채썬 뒤 설탕을 뿌려서 갈변을 막는다. 달걀은 완숙으로 삶은 뒤 찬물에 헹궈 껍질을 벗기고 4등분한다.
4. 쫄면은 끓는 물에 삶아 찬물에 비벼가면서 씻은 뒤 물기를 꼭 짠다.
5. 볼에 분량의 비빔양념을 넣고 섞는다.
6. 큰 볼에 쫄면, 비빔양념, 콩나물, 양파를 넣고 조물조물 버무린다.
7. 버무린 쫄면을 그릇에 나눠 담고 오이, 사과, 삶은 달걀을 얹는다.

준비하기

쫄면 300g, 콩나물 200g, 오이 1/4개, 양파 1/4개, 사과 1/4개, 달걀 2개, 설탕 1작은술

비빔양념 고추장 4큰술, 다진 마늘 1작은술, 물엿 1큰술, 식초 2큰술, 사이다 2큰술

초보라면

양배추로 단맛을 더해요.
냉장고에 양배추나 적채가 남아 있다면 얇게 채썬 뒤 얼음물에 담갔다가 물기를 뺀 다음 쫄면에 고명으로 올려내세요. 양배추의 단맛이 쫄면을 더욱 달달하고 새콤하게 만들어요.

열무김치말이국수

더위에 지쳐 귀차니즘이 발동한 날, 열무김치말이국수 어떠세요? 남기기 쉬운 김칫국물도 활용할 수 있고, 열무김치 하나만 있어도 쉽게 만들 수 있으니 이보다 더 간편한 요리가 어디 있을까요!

준비하기

소면 300g, 열무김치 2컵, 달걀 2개, 홍고추 1개, 열무김치국물 3컵, 멸치국물(41쪽 3번 과정) 2컵, 통깨 약간

김치양념 다진 마늘 1작은술, 참기름 1작은술, 식초 1큰술, 깨소금 1작은술, 설탕 1큰술

겨자양념 발효겨자 1작은술, 식초 1작은술, 설탕 2큰술, 소금 약간

1. 열무김치는 국물을 따로 담아두고 1cm 길이로 썬다.
2. 볼에 열무김치, 분량의 김치양념을 넣고 조물조물 무친다.
3. 다른 볼에 열무김치국물, 멸치국물, 분량의 겨자양념을 넣고 섞은 뒤 냉동실에 넣고 살짝 얼린다.
4. 달걀은 완숙으로 삶은 뒤 찬물에 헹궈 껍질을 벗기고 4등분한다. 홍고추는 씨를 털어내고 3cm 길이로 채썬다.
5. 소면은 끓는 물에 삶아 찬물에 헹군 뒤 1인분씩 사리 지어 채반에 올려 물기를 뺀다.
6. 차게 만든 그릇에 소면을 담고 양념한 열무김치, 삶은 달걀, 홍고추, 통깨를 얹은 뒤 ❸의 열무김치국물을 부어 상에 낸다.

고수처럼

열무김치 대신 무초절임을 올려보세요~

열무김치를 다 먹고 국물만 남아 있다면 무초절임을 만들어 열무를 대신해보세요. 무 100g을 소금에 살짝 절여 물기를 짜고 얇게 채썬 뒤 식초 3큰술, 물 1컵, 설탕 3큰술, 소금 1큰술을 섞은 양념에 절여서 삶은 소면에 얹고 차가운 열무김치국물을 부어 먹으면 새콤한 맛을 즐길 수 있어요. 찬 국수뿐 아니라 뜨거운 국수에 곁들임 반찬으로 먹으면 입맛을 개운하게 해줘요.

메밀냉국수

따가운 땡볕에 입맛 없는 날, 메밀냉국수 어떠세요?
시원한 메밀 육수에 무를 갈아 넣고 고추냉이를 넣어 찍어 먹으면
혀끝에 감도는 차가운 면발과 개운하고 알싸한 국물 맛이 아주 일품이랍니다.

준비하기

메밀국수 면 300g, 무 1/4개(200g), 송송 썬 실파 1/2컵, 쑥갓 약간, 구운 김 2장, 고추냉이 1큰술, 물 4컵

맛국물 다시마(사방 10cm 크기) 2장, 국물멸치 5개, 가다랭이포 1/4컵, 진간장 2큰술, 맛술 3큰술, 청주 2큰술, 물 8컵, 설탕 1큰술

1. 다시마는 표면의 흰 가루를 털어내고 젖은 면보로 깨끗이 닦아낸 뒤 사방 3cm 크기로 자른다.
2. 국물멸치는 머리와 내장을 제거한 뒤 냄비에 넣고 볶아 비린 맛을 없앤 다음 맛술, 청주, 물 8컵을 붓고 끓인다.
3. 멸치국물이 끓어오르면 다시마를 넣어 5분간 더 끓인 다음 다시마를 건져내고 진간장, 설탕을 넣고 끓인다.
4. 국물이 반 정도 졸아들면 불에서 내려 가다랭이포를 체에 밭쳐 넣어 진하게 우리고 건져낸 다음 국물을 차게 식힌다.
5. 무는 강판에 곱게 갈아 면보에 싸서 즙을 내고 무 건지를 따로 둔다. 구운 김은 2cm 길이로 잘게 자른다.
6. 메밀국수 면은 끓는 물에 삶아 찬물에 비벼가면서 씻은 뒤 1인분씩 사리 지어 채반에 올려 물기를 뺀다.
7. 그릇에 대나무 발을 깔고 메밀국수를 담은 뒤 쑥갓, 김을 얹는다.
8. ❹의 맛국물에 물 4컵을 부어 희석시키고 무 건지, 고추냉이를 푼 뒤 송송 썬 실파를 넣어 메밀국수와 함께 낸다.

고수처럼

소면에 맛국물을 부어 먹어도 맛있어요~

다시마, 국물멸치, 가다랭이포를 우려서 만든 맛국물은 메밀국수뿐 아니라 소면을 담가서 먹어도 아주 맛이 좋아요. 그릇에 삶은 소면, 김가루, 송송 썬 실파를 담아 버무린 뒤 맛국물을 듬뿍 부어서 시원한 물 국수로 즐겨보세요.

야끼우동

채소를 넣어 볶은 야끼우동을 먹으면서 가족들과 대화를 나누면 따뜻한 식사시간이 될 거예요. 야끼우동의 포인트는 참치액젓인데요, 참치액젓의 감칠맛이 감돌아야 더욱 맛있답니다.

준비하기

생우동 면 200g, 애호박 1/2개, 당근 1/4개, 양파 1/2개, 다진 마늘 1작은술, 송송 썬 실파 3큰술, 가다랭이포 3큰술, 참치액젓 1큰술, 맛술 1큰술, 올리브유 2큰술, 소금·후춧가루 약간씩

1. 애호박은 3cm 길이로 토막 내어 돌려깎기 한 뒤 얇게 채썰어 소금에 살짝 절인다.
2. 당근, 양파는 각각 애호박과 같은 크기로 얇게 채썬 뒤 찬물에 헹군다.
3. 생우동 면은 끓는 물에 삶아 찬물에 헹군 뒤 1인분씩 사리 지어 채반에 올려 물기를 뺀다.
4. 팬에 올리브유를 두른 뒤 당근, 양파, 다진 마늘 넣고 강불에서 양파가 투명해질 때까지 볶다가 생우동 면, 애호박, 참치액젓, 맛술을 넣고 고루 버무려가며 볶는다.
5. ❹에 가다랭이포, 소금, 후춧가루를 넣고 버무린 뒤 그릇에 담고 송송 썬 실파를 뿌린다.

고수처럼

야끼우동에 해산물을 넣어 풍미를 더하세요.

간편한 야끼우동에 기호에 맞는 해산물을 넣어보세요. 오징어를 살짝 데쳐서 넣거나 새우살, 홍합살 등을 넣고 함께 볶으면 해산물의 쫄깃한 식감과 우동의 달달한 맛이 잘 어우러져 맛이 좋아요. 단, 해산물을 넣을 때에는 생강채를 먼저 볶아준 뒤 해산물을 넣어야 비린 맛이 나지 않아요.

쌀국수 자장면

도톰한 자장 면발 대신 얇고 부드러운 쌀국수 면을 이용해서 만들면 더욱 쫄깃하게 자장면을 먹을 수 있어요. 양념이 담백해서 느끼하지 않고, 얇은 면발에 잘 배어들어요.

1. 돼지고기는 사방 0.5cm 크기로 썬다. 오이는 3cm 길이로 얇게 채썬다. 양파, 양배추는 각각 사방 0.5cm 크기로 썬다.
2. 팬에 카놀라유 1과 1/2큰술을 두른 뒤 다진 마늘, 다진 생강을 넣고 강불에서 볶아 향이 우러나면 돼지고기를 넣고 볶다가 소금으로 간한다.
3. 다른 팬에 카놀라유 1과 1/2큰술을 두른 뒤 양파, 양배추를 넣고 강불에서 볶아 양파가 투명해지면 춘장, 굴소스, 황설탕, 소금을 넣어 볶는다.
4. 채소가 숨이 죽으면 볶은 돼지고기, 물을 넣고 끓여 고기에 간이 배면 물녹말을 넣고 걸쭉하게 끓인다.
5. 쌀국수 면은 끓는 물에 삶아 찬물에 헹군 뒤 채반에 올려 물기를 뺀다.
6. 그릇에 쌀국수를 담고 자장소스를 부은 뒤 오이를 얹는다.

준비하기

쌀국수 면 200g, 돼지고기(안심) 80g, 오이 1/2개, 양파 1개, 양배추잎 5장, 다진 마늘 1/2작은술, 다진 생강 1/4작은술, 카놀라유 3큰술, 소금 약간

자장소스 춘장 4큰술, 굴소스 3큰술, 물녹말 2작은술, 물 1컵, 황설탕 2큰술, 소금 약간

초보라면

쌀국수를 맛있게 삶는 비법!
국내산 쌀로 만든 쌀국수 면은 4분 30초 정도 삶으면 딱 알맞은 상태가 돼요. 찬물에 헹굴 때에는 비벼가면서 씻어야 녹말기가 없어져 쉽게 붇지 않는답니다.

✓ 물녹말은 물:녹말가루를 1:1 비율로 섞어주세요.

싱가포르식 쌀국수볶음

해산물, 숙주, 부추 등을 칠리소스나 굴소스로 볶는 싱가포르식 쌀국수볶음 요리를 간편하게 응용해보았어요. 주방에 흔히 있는 간장과 카레가루로 맛을 내고 북어국물을 넣어 진한 맛을 더했답니다.

준비하기

쌀국수 면 200g, 칵테일새우 10마리, 달걀 2개, 당근 1/4개, 양파 1/4개, 청양고추 1개, 홍고추 1개, 다진 마늘 2큰술, 간장 1큰술, 카놀라유 약간, 카레가루 1큰술, 소금·후춧가루 약간씩

북어국물 북어 머리 1개, 무 1/8개(50g), 청주 1큰술, 물 2컵

1. 쌀국수 면은 끓는 물에 삶아 찬물에 헹군 뒤 1인분씩 사리 지어 채반에 올려 물기를 뺀다.
2. 칵테일새우는 끓는 소금물에 넣고 데친 뒤 차게 식힌다.
3. 당근, 양파는 각각 얇게 채썬다. 청양고추, 홍고추는 각각 2cm 길이로 얇게 채썬다.
4. 달걀은 체로 걸러 알끈을 제거한 뒤 곱게 풀어서 카놀라유 두른 팬에 붓고 강불에서 젓가락으로 휘휘 저어가면서 익혀 스크램블을 만든다.
5. 냄비에 북어 머리를 넣고 살짝 볶다가 무, 청주, 물을 넣고 약불에서 은근하게 끓여 진한 국물이 우러나면 면보에 걸러 육수만 내린다.
6. 팬에 다진 마늘, 간장, 카레가루를 넣고 고루 볶다가 칵테일새우, 당근, 양파, 청양고추, 홍고추를 넣고 살짝 볶는다.
7. ❻에 북어국물을 붓고 한소끔 끓인 뒤 쌀국수를 넣고 고루 버무려 소금, 후춧가루로 간한다.
8. ❼에 달걀 스크램블을 넣고 고루 버무린다.

고수처럼

재료를 바꿔가며 쌀국수볶음을 즐겨보세요.

냉장고에 셀러리나 파슬리와 같은 자투리 채소, 혹은 옥수수콘이나 옐콘과 같은 통조림 제품이 남아 있으면 쌀국수와 함께 버무려 볶아보세요. 쌀국수볶음에 씹히는 질감을 더해줘 아이들이 특히 좋아한답니다. 그리고 사진과 같이 쌀국수 면 대신 우동 면을 삶아서 넣어도 새로운 볶음우동 맛을 느낄 수 있어요.

토마토쿨파스타

파스타를 차갑게 해서 먹는 토마토쿨파스타입니다.
시판 소스와 비교할 수 없는, 직접 만든 토마토소스로 버무려서
더욱 건강한 파스타예요.

준비하기

스파게티 면 250g, 다진 쇠고기 200g, 당근 1/4개, 양파 1/2개, 방울토마토 8개, 다진 마늘 1작은술, 송송 썬 실파 3큰술, 월계수잎 2장, 케첩 3큰술, 올리브유 3큰술, 물 1/2컵, 소금·후춧가루 약간씩

1. 스파게티 면은 끓는 소금물에 12~15분간 삶는다. 면을 한 가닥 꺼내 잘라서 바늘 끝처럼 심이 보이면 체에 밭쳐 물기를 뺀다.
   Tip 스파게티 면을 삶는 소금물은 물 1리터당 소금 1큰술 비율로 맞추면 돼요.
2. 팬에 올리브유 1큰술을 두르고 달군 뒤 삶은 스파게티를 넣고 강불에서 1분 정도 볶아 식힌다.
3. 당근, 양파는 각각 사방 1cm 크기로 썬다. 방울토마토는 꼭지를 뗀 뒤 아랫부분에 십(+)자 모양으로 칼집을 넣고 끓는 물에 살짝 데쳐 껍질을 벗긴다.
4. 팬에 올리브유 2큰술을 두른 뒤 양파, 다진 마늘을 넣고 강불에서 양파가 투명해질 때까지 볶는다.
5. ❹에 다진 쇠고기, 당근을 넣고 고기가 익을 때까지 볶은 뒤 소금으로 간한다.
6. ❺에 방울토마토, 월계수잎, 케첩, 물을 넣고 중불에서 방울토마토를 으깨고 고루 저어가면서 끓인다.
7. 소스가 데워지고 채소가 모두 익으면 소금, 후춧가루로 간한 뒤 차게 식힌다.
8. ❼의 소스에 삶은 스파게티를 넣고 고루 버무린 뒤 그릇에 담고 송송 썬 실파를 얹는다.

초보라면

쿨파스타는 버터보다 올리브유를 사용해요.

쿨파스타에 버터를 넣으면 차게 식혔을 때 느끼한 맛이 많이 나요. 담백하고 고소한 맛을 내려면 올리브유로 소스를 만들어야 해요. 그리고 소스를 만들 때 물 대신 우유나 닭육수를 사용하면 고소하고 담백한 풍미를 즐길 수 있답니다.

해장북어죽

해장국보다 더 진하게, 더 속 편하게 먹을 수 있는 해장북어죽이에요.
잘 익은 김치와 구수한 북어포가 만나 간 해독은 물론 소화도 잘돼요.
술 마신 다음 날 아주 좋은 아침 메뉴랍니다.

준비하기

밥 2공기, 북어포 100g, 배추김치 4줄기, 다시마(사방 5cm 크기) 2장, 국간장 1작은술, 청주 1작은술, 들기름 1작은술, 물 8컵, 소금 약간

1. 북어포는 굵게 찢어놓은 것으로 준비해서 잔가시를 없애고 물에 담가 불린 뒤 물기를 꼭 짠다.
2. 배추김치는 양념을 털어내고 국물을 꼭 짠 뒤 사방 2cm 크기로 썬다.
3. 믹서에 밥, 물 1컵을 넣고 곱게 간다.
4. 볼에 물 7컵을 붓고 다시마를 넣어 1시간 정도 우린 뒤 다시마를 건져 얇게 채썰고 물은 따로 둔다.
5. 냄비에 국간장, 청주, 들기름을 두른 뒤 북어포, 배추김치, 간 밥을 넣고 강불에서 30초 정도 달달 볶다가 의 다시마 물을 붓고 중불에서 은근하게 끓인다.
6. 20분 정도 끓여 밥이 부드럽게 퍼지면 채썬 다시마를 넣어 고루 젓고 불을 약불로 줄여 뜸을 들이듯이 죽을 쑤다가 불에서 내려 소금으로 간한다.

초보라면

남은 찬밥이 조리 시간을 단축시켜요.
보통 쌀로 죽을 쑤는데, 남은 찬밥을 믹서로 갈아내서 죽을 쑤면 조리 시간이 더욱 짧아져요. 찬밥에 북어국물을 부어 믹서에 갈아보세요. 죽이 더욱 맛있어진답니다.

전복죽

'바다의 산삼'이라 불리는 전복은 진시황의 불로장생 일화로도 유명한, 대표적인 보양식 재료죠. 사계절 내내 사랑받는 전복으로 가족 건강에 좋은 전복죽을 끓여보세요.

준비하기

전복 2개, 달걀노른자 2개, 쌀 1컵, 김가루 약간, 참기름 2큰술, 물 5컵, 소금 약간

1. 전복은 껍데기에서 떼어내고 솔로 살살 문질러 씻은 뒤 얇게 채썬다. 전복 내장은 옅은 소금물에 씻어 푸른 즙만 따로 받는다.
2. 쌀은 씻어서 충분히 불린 뒤 절구에 넣어 쌀알을 굵게 빻는다.
3. 냄비에 참기름을 두른 뒤 채썬 전복을 넣고 강불에서 20초 정도 볶는다.
4. 전복이 고소하게 볶아지면 빻은 쌀을 넣고 노릇해질 때까지 볶는다.
5. ❹에 물을 조금씩 부어 넣고 나무주걱으로 저어가며 쌀알이 충분히 퍼지도록 끓인 뒤 전복 내장을 넣어 고루 섞고 소금으로 간한다.
6. 달걀노른자를 곱게 풀어 넣어 고루 섞은 뒤 달걀이 익으면 그릇에 담고 김가루를 뿌린다.

초보라면

전복죽에는 향이 강한 재료를 사용하지 마세요.

전복죽에 파, 마늘 등 향이 강한 향신채를 넣으면 전복의 풍미를 느낄 수가 없어 넣지 않는 것이 정석이에요. 혹 달걀노른자의 비린내가 맞지 않는다면 송송 썬 실파만 얹어 먹으면 되고, 더 깔끔한 전복죽을 선호한다면 검은깨만 살짝 얹어주세요.

쇠고기장국죽

구수하고 풍미 있는 쇠고기로 만든 쇠고기장국죽은 부드러워 소화가 잘돼요. 입맛 없을 때 가장 추천하는 죽으로, 한 끼만 먹어도 기력이 쭉쭉 솟아요.

준비하기

다진 쇠고기 100g, 표고버섯 2개, 쌀 1컵, 실파 3대, 물 8컵, 소금 약간

쇠고기양념 다진 마늘 1/2작은술, 간장 1작은술, 청주 약간, 설탕 1/4작은술, 후춧가루 약간

1. 다진 쇠고기는 종이타월에 올려 핏물을 제거한 뒤 볼에 넣고 분량의 쇠고기양념으로 조물조물 무친다.
2. 쌀은 씻어서 충분히 불린다.
3. 표고버섯은 물에 불린 뒤 밑동을 잘라내고 얇게 채썬다. 실파는 송송 썬다.
4. 냄비에 양념한 쇠고기, 불린 쌀을 넣고 강불에서 고기가 익을 때까지 볶는다.
5. ❹에 물을 붓고 육즙이 우러나도록 저어가면서 끓인다.
6. 쌀알이 부드럽게 퍼지면서 죽이 끓으면 중불에서 15분 정도 끓이다가 약불로 줄여 20분 정도 끓인다.
7. 죽이 부드럽게 끓여지면 표고버섯, 실파를 넣고 한소끔 끓인 뒤 불에서 내려 먹기 전에 기호에 맞게 소금간 한다.

초보라면

고기죽을 끓일 때는 육즙을 살리는 것이 중요해요!
죽에 풍미를 더하려면 육즙이 쌀에 잘 배도록 하는 것이 포인트예요. ❹번 과정처럼 양념한 쇠고기와 쌀을 함께 볶으면 기름을 넣지 않더라도 쌀알이 육즙으로 볶아져 죽이 부드럽고 고기의 풍미가 배어나는 데다 물을 넣었을 때에도 고기국물이 잘 우러난답니다.

닭가슴살흰죽

담백하고 깔끔한 맛의 닭가슴살흰죽, 다이어트에 좋고 배가 편안해지는 메뉴예요. 부추가 들어가 식감과 향이 좋아서 특히 아침에 권하고 싶어요.

준비하기

닭가슴살 100g, 쌀 1/2컵, 부추 20g, 송송 썬 실파 1큰술, 다진 마늘 1/2작은술, 청주 1작은술, 참기름 1작은술, 물 4컵, 통깨·소금·흰 후춧가루 약간씩

1. 쌀은 물에 충분히 불린다.
2. 부추는 뿌리 부분을 잘라내고 씻어 1cm 길이로 썬다.
3. 닭가슴살은 하얀 피막을 떼어내고 씻은 뒤 사방 2cm 크기로 썰어 볼에 넣고 청주, 소금, 흰 후춧가루로 밑간한다.
4. 믹서에 불린 쌀, 물 1컵을 넣고 곱게 간다.
5. 냄비에 참기름을 두른 뒤 닭가슴살, 간 쌀, 다진 마늘을 넣어 강불에서 30초 정도 볶고 물 3컵을 부은 뒤 중불에서 나무주걱으로 저어가며 10분 정도 끓인다.
6. 쌀알이 부드럽게 퍼지면서 죽이 끓으면 부추, 송송 썬 실파, 통깨를 얹고 소금으로 간한다.

초보라면

재료를 미리 준비해두면 조리 시간이 단축돼요.
재료를 미리 손질해 보관해두면 바쁜 아침에 후다닥 끓여내기 쉬운데요. 쌀가루를 갈아두고 닭가슴살을 잘게 썰어 밑간해서 냉장 보관해두세요. 바로 꺼내 물을 부어 끓이면 몇 분 만에 아침식사가 완성돼요.

연두부호두죽

고소함과 부드러움이 함께하는 연두부호두죽은 맛과 영양은 물론 포만감도 커서 다이어트하는 여성 분들에게 특히 추천하는 메뉴예요.

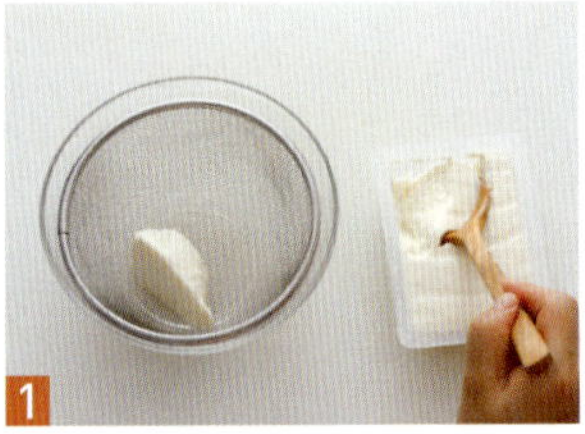

준비하기

연두부 1/2컵, 멥쌀 1/2컵, 송송 썬 실파 2큰술, 호두 1/4컵, 간장 1작은술, 들기름 1작은술, 물 4와 1/2컵, 소금 약간

1. 연두부는 한 숟가락씩 떠서 채반에 올려 물기를 뺀다.
2. 멥쌀은 씻어서 충분히 불린 뒤 체에 밭쳐 물기를 뺀 다음 절구에 넣어 쌀알을 굵게 빻는다.
3. 호두는 미지근한 물에 담가 쓴맛을 없앤 뒤 종이타월로 물기를 닦고 잘게 다진다.
4. 냄비에 간장, 들기름을 두른 뒤 연두부, 빻은 멥쌀을 넣고 강불에서 노릇해질 때까지 볶는다.
5. ❹에 물을 붓고 중불에서 나무주걱으로 저어가며 끓인다.
6. 쌀알이 부드럽게 퍼지면서 죽이 끓으면 송송 썬 실파, 호두를 넣고 한소끔 끓인 뒤 그릇에 담아 소금으로 간한다.

초보라면

미리 쌀알을 볶으면 죽이 잘 쒀져요~
주재료와 쌀알을 미리 기름에 노르스름하게 볶아놓으면 물을 붓고 죽을 쑬 때 고소한 맛도 잘 우러나고 부드럽게 잘 퍼져서 죽 쑤기가 편해진답니다.

단호박죽

유난히 추운, 몸속까지 추운 겨울날 어머니가 해주시던 단호박죽 한 그릇이면 몸도 마음도 따뜻해졌지요. 달달한 단호박에 콩을 넣어서 영양가 높은 달콤함이 녹아드는 죽이에요.

준비하기

단호박 1/2개, 줄콩 1/4컵, 꿀 1/2큰술, 물 3컵, 찹쌀가루 1큰술, 소금 약간

1. 단호박은 씨를 긁어낸 뒤 껍질을 벗겨 잘게 다진다.
2. 줄콩은 끓는 물에 부드럽게 삶는다.
3. 믹서에 다진 단호박, 물을 넣고 곱게 간다.
4. 냄비에 ❸을 넣고 중불에서 나무주걱으로 저어가며 끓인다.
5. 호박이 물러 걸쭉해지면 찹쌀가루를 넣고 멍울이 없게 저어가며 끓인다.
6. ❺에 삶은 줄콩을 넣고 끓여 죽이 부드럽고 걸쭉해지면 꿀을 넣고 섞은 뒤 소금으로 간한다.

초보라면

단호박을 애벌로 익히면 조리 시간이 단축돼요.

단호박죽을 좀 더 빠르게 만들고 싶으면 단호박을 손질한 뒤 전자레인지에 넣고 살짝 가열해 애벌로 익히세요. 그러면 물을 붓고 끓일 때 단호박이 좀 더 쉽게 물러져 죽 끓이는 시간이 짧아져요.

채소크림수프

부드럽고 고소하고 따끈따끈한 크림수프가 담긴 그릇에서 느껴지는 풍미는 주말 브런치로 제격이죠. 감자, 당근, 브로콜리 등의 비타민 채소가 듬뿍 들어간 크림수프 한 입이면 영양이 한가득!

🧺 준비하기

감자 1개, 당근 1/3개, 브로콜리 2/3송이(100g), 양배추잎 5장

수프육수 무 1/8개(80g), 당근 1/4개, 양파 1/2개, 피망 1/2개, 셀러리 1대, 양배추잎 3장, 월계수잎 1장, 물 5컵

수프양념 토마토페이스트 2큰술, 케첩 1큰술, 우스터소스 1작은술, 핫소스 약간, 레드와인 1작은술, 소금·흰 후춧가루 약간

1. 감자는 껍질을 벗겨서 사방 3cm 크기로 얇게 썬 뒤 찬물에 담가 녹말기를 뺀다.
2. 당근, 양배추는 각각 감자와 같은 크기로 썬다. 브로콜리는 한 송이씩 떼어 둔다.
3. 냄비에 분량의 수프육수를 넣고 한소끔 끓여 채소육수가 진하게 우러나면 체에 걸러 육수만 내린다.
4. 냄비에 채소육수를 붓고 감자, 당근, 브로콜리, 양배추를 넣고 끓인다.
5. 채소가 부드럽게 익으면 토마토페이스트, 케첩, 우스터소스, 레드와인을 넣고 15분 정도 끓인다.
6. ❺에 소금, 흰 후춧가루로 간하고 먹기 직전에 핫소스를 뿌린다.

고수처럼

수프에 곁들이는 크루통 만들기!

식빵을 사방 1cm 크기로 썬 뒤 올리브유를 살짝 두른 팬에 굴려가며 익혀주세요. 수프에 3~4개씩 넣어 먹으면 바삭하고 고소함이 더해져 부드러운 수프와 잘 어울려요.

표고버섯수프

향이 좋은 표고버섯과 양파로 수프를 끓여보세요.
화이트 루, 가래떡의 고소함과 부드러움이 향을 배가시켜
더욱 진한 수프를 즐길 수 있을 거예요.

 준비하기

가래떡 100g, 표고버섯 5개, 양파 1/4개, 쪽파 2대, 버터 1큰술, 물 2와 1/2컵, 밀가루 1큰술, 소금·후춧가루 약간씩

1. 가래떡은 딱딱하면 물에 담가 부드럽게 한 뒤 0.5cm 두께로 썬다.
2. 표고버섯은 물에 불린 뒤 밑동을 잘라내고 잘게 다진다.
3. 양파는 얇게 채썬다. 쪽파는 송송 썬다.
4. 냄비에 버터를 녹인 뒤 가래떡, 표고버섯, 양파, 쪽파를 넣고 강불에서 20초 정도 달달 볶는다.
5. ❹에 밀가루를 넣고 갈색으로 변할 때까지 볶다가 물을 붓고 약불에서 은근하게 끓인다.
6. 수프가 부드럽게 끓여지면 소금, 후춧가루로 간한다.

 **고수처럼**

화이트 루를 만들 때 덩어리지지 않게 주의하세요.
화이트 루를 만들 때 버터를 충분하게 녹인 뒤 밀가루를 넣어야 갈색의 부드러운 루가 만들어져요. 자칫 버터의 덩어리가 다 녹지 않았을 때 밀가루를 넣으면 루가 엉기고 잘 풀어지지 않아 덩어리진 수프를 먹을 수 있어요.

감자콘우유수프

포근포근한 감자가 부드러운 감자콘우유수프는 빵을 찍어 먹기에도 좋고 스낵과 곁들여도 좋아요. 나른한 주말 아침 브런치 메뉴로 강추!

준비하기

감자 2개, 통조림 옥수수 50g, 우유 2컵, 올리브유 1큰술, 물 2컵, 슬라이스 아몬드 약간, 소금·흰 후춧가루 약간씩

1. 감자는 껍질을 벗기고 사방 2cm 크기로 썬 뒤 찬물에 담가 녹말기를 뺀다.
2. 믹서에 감자, 물을 넣고 곱게 간다.
3. 옥수수는 끓는 물에 살짝 데친 뒤 찬물에 헹궈 물기를 뺀다.
4. 냄비에 올리브유를 두른 뒤 간 감자, 옥수수를 넣고 강불에서 10분 정도 볶는다.
5. ❹에 우유를 조금씩 부어 넣고 중불에서 멍울이 없도록 저어가며 5분 정도 끓인다.
6. 수프가 부드럽게 끓여지면 슬라이스 아몬드를 넣고 소금, 흰 후춧가루로 간한다.

고수처럼

우유 베이스와 토마토 베이스를 구분해서 수프를 끓이세요.
감자로 수프를 끓일 때에는 크림 또는 우유 베이스를 하는 것이 좋지만, 당근, 양배추로 수프를 끓일 때에는 토마토로 베이스를 하는 것이 좋아요. 그래야 당근, 양배추의 영양 흡수가 잘되거든요.

part 5

평범한 날도 특별하게 만드는
별미 요리

손님상을 차려야 하는 날,
색다른 간식을 즐기고 싶은 날을 위해 준비했어요.
'별미 요리' 하면 바로 떠오르는 요리들로 엄선했으니
평범한 하루를 특별하게 꾸며보세요.

맛있는 샐러드 비결, 베스트 드레싱

채소 몇 종류를 먹기 좋게 찢어 준비하고 맛있는 드레싱을 싹 뿌리기만 하면 그 자체로 별식이 되기도 하고 애피타이저로 가볍게 즐길 수도 있죠. 이럴 때 건강한 홈메이드 드레싱 몇 개만 알아두면 아주 든든해요.

호두오일검은깨드레싱

호두의 쌉쌀함과 검은깨의 고소함이 어우러진 드레싱으로, 채소를 듬뿍 넣은 샐러드에 잘 어울려요. 쇠고기 등의 육류를 구워서 곁들여도 아주 좋아요.

준비하기
호두 1/3컵, 올리브유 4큰술, 꿀 1큰술, 레몬즙 1큰술, 검은깨 1작은술, 소금·흰 후춧가루 약간씩

1. 호두는 미지근한 물에 담가 속껍질을 벗긴 뒤 굵게 다진다.
2. 믹서에 올리브유, 꿀, 레몬즙, 검은깨를 넣고 곱게 간 뒤 소금, 흰 후춧가루로 간한다.
3. 볼에 호두, ❷를 넣고 고루 섞는다.

요구르트씨머스터드드레싱

요구르트의 새콤하고 달콤한 맛이 마요네즈와 섞여 부드럽고 씨머스터드의 알싸한 맛과 어울려요. 채소를 아삭하게 준비하면 어떤 채소든 잘 어울리는 드레싱이에요.

준비하기
요구르트 1개(50ml), 마요네즈 3큰술, 씨머스터드소스 1큰술, 송송 썬 실파 1큰술, 소금 약간

1. 믹서에 요구르트, 마요네즈를 넣고 곱게 간다.
2. 볼에 ❶을 넣고 씨머스터드소스, 송송 썬 실파를 넣어 섞은 뒤 소금으로 간한다.

프렌치오일드레싱

부드럽고 개운한 뒷맛이 좋은 드레싱이에요. 새콤달콤한 과일을 넣은 샐러드, 쇠고기나 닭가슴살, 데친 해물을 넣은 샐러드 등 어느 샐러드와도 잘 어울려요.

준비하기
다진 양파 2큰술, 다진 피망 1큰술, 다진 홍고추 1작은술, 올리브유 4큰술, 식초 3큰술, 레몬즙 1큰술, 설탕 3큰술, 소금·흰 후춧가루 약간씩

1. 다진 피망, 다진 홍고추는 각각 씨가 없게 준비한다.
2. 볼에 준비한 재료를 모두 넣고 고루 섞는다.

들깨즙건강드레싱

들깨가루를 넣어 고소하고 개운한 맛이 특징인 들깨즙건강드레싱은 닭가슴살이나 생선살을 넣은 샐러드와 함께하면 뒷맛이 깔끔해서 아주 좋아요.

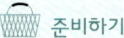 준비하기

다진 마늘 1/2작은술, 올리브유 2큰술, 간장 1작은술, 들기름 1/2작은술, 꿀 1작은술, 들깨가루 3큰술, 소금·후춧가루 약간씩

1. 믹서에 다진 마늘, 올리브유, 간장, 들기름, 꿀, 들깨가루을 넣고 곱게 간다.
2. ❶에 소금, 후춧가루로 간한다.

오리엔탈고추드레싱

오리엔탈고추드레싱은 청양고추와 홍고추의 매콤한 맛이 특징이어서 담백한 샐러드와 어울려요.

 준비하기

다진 홍고추 2큰술, 다진 청양고추 1작은술, 다진 마늘 1/2작은술, 올리브유 1큰술, 간장 3큰술, 참기름 1작은술, 식초 2큰술, 다시마 우린 물(33쪽) 2큰술, 통깨 1작은술, 설탕 2큰술

1. 다진 홍고추, 다진 청양고추는 각각 씨가 없게 준비한다.
2. 볼에 간장, 다시마 우린 물을 붓고 다진 홍고추, 다진 청양고추, 다진 마늘을 넣은 뒤 올리브유-참기름-식초-설탕-통깨 순으로 넣고 고루 섞는다.

그린가든드레싱

오이즙으로 만들어 상큼하고 시원한 맛이 특징인 그린가든드레싱은 구운 버섯 또는 구운 고기를 곁들인 샐러드와 아주 잘 어울려요.

 준비하기

오이 1/2개, 올리브유 2큰술, 식초 2큰술, 꿀 1큰술, 소금·흰 후춧가루 약간씩

1. 오이는 소금으로 문질러 씻은 뒤 큼직하게 썰어 믹서에 넣고 곱게 간다.
2. ❶을 면보로 걸러 즙만 내려 볼에 넣고 준비한 재료를 모두 넣어 고루 섞는다.

실패 없는 튀김과 부침 비법

별식으로 준비하면 푸짐하게 한몫하는 튀김과 부침 요리. 그렇지만 성공하기가 쉽지 않아 엄두를 내지 못하죠.
튀김과 부침 요리는 반죽과 기름 온도 등을 잘 조절해야 맛있는 요리가 탄생하는데요. 그 비법을 알려드릴게요.

튀김 요리

1. 튀김 요리를 하기 전에 꼭 갖춰야 하는 도구가 세 가지 있어요. 재료에 밴 기름기를 뺄 체(기름거름망), 종이타월, 튀김용 긴 젓가락을 미리 준비해두면 더욱 간편하게 튀김을 할 수 있어요. 냄비도 코팅 제품보다 스테인리스나 유리로 된 제품을 사용하는 것이 기름의 산화가 덜 일어나도록 하는 방법이니 신경 써서 준비하면 좋아요.

2. 튀김옷을 만들 때 젓가락으로 반죽을 동그랗게 휘휘 저어서 사용하는 경우가 많죠. 이렇게 하면 글루텐이 쉽게 형성돼 튀김옷이 질겨져요. 그래서 튀김옷은 나무젓가락으로 십(+)자 모양으로 성글게 섞어서 날가루가 보이도록 한 뒤 재료에 묻혀야 바삭하고 고소한 맛이 많이 우러나요.

3. 일식집 튀김을 먹어보면 튀김옷이 얇음에도 바삭하고 고소하죠. 그 노하우는 바로 맥주와 달걀흰자에 있어요. 먹다 남은 맥주에 거품을 충분하게 낸 달걀흰자를 섞어서 튀김옷을 만들면 다른 튀김옷보다 수분 흡수가 덜해서 바삭함이 오래가요. 그리고 맥주의 알코올 성분과 홉이 독특한 맛과 향을 내서 튀김을 더욱 맛있게 한답니다.

4. 튀김 요리를 할 때 다양한 기름을 사용하는데, 튀김용으로는 포도씨유가 제일 좋아요. 포도씨유는 기름이 빨리 달아오르는 성질이 있어 반죽을 넣는 순간 확 달아올라 지저분하지 않게, 재료의 색과 모양을 잘 살려 튀길 수 있고 조리 시간도 짧아지는 장점이 있어요. 게다가 채소에 기름기가 많이 흡수되지 않아 튀김 맛이 담백하고 고소해진다는 장점도 있죠.

   튀김은 사용하는 기름의 양이 볶음 요리에 비해 훨씬 많아 한두 번 더 사용하는 경우가 많죠. 생선이나 고기를 튀기고 난 뒤라면 냄새가 배어 있으니 대파잎을 3~4개 넣고 튀겨서 걸러 쓰면 잡내 없이 깔끔하게 재활용할 수 있어요.

5. 튀김을 할 때 가장 맞추기 힘든 것이 기름의 온도죠. 튀김 전용 온도계를 사용하면 좋지만 눈대중으로 맞추는 경우가 많으니, 끓는 기름에 소금 알갱이를 떨어뜨려 온도 맞추는 팁을 알려드릴게요.

   - **150~160℃(저온)** 튀김 기름을 달군 뒤 굵은 소금 알갱이를 떨어뜨리면 냄비의 밑면까지 내려간 뒤 올라와요.
   - **160~170℃(중온)** 튀김 기름을 달군 뒤 굵은 소금 알갱이를 떨어뜨리면 튀김 기름의 중간까지 내려간 뒤 올라와요.
   - **170~180℃(고온)** 튀김 기름을 달군 뒤 굵은 소금 알갱이를 떨어뜨리면 튀김 기름의 표면에서 퍼지면서 끓어요.
   - 튀김은 대부분 저온, 중온, 고온으로 나누어 튀기는 것이 일반적이고 190℃ 이상의 아주 높은 온도에서는 튀김옷이 쉽게 타버리고 속의 재료가 덜 익을 수 있으므로 온도 조절을 해주는 것이 좋아요.

6. 아이들이 있는 집에서 튀김 요리를 하기란 쉽지 않죠. 기름이 튈까 염려되는 상황이라면, 튀김을 할 때 식빵 조각을 함께 넣고 튀겨보세요. 식빵이 기름을 조금씩 흡수시켜 바깥으로 튀는 것을 막아줘요.

부침 요리

반죽 비법

1. 부침가루에 찹쌀가루나 녹말가루를 섞을 때에는 가루를 혼합한 뒤 체에 한 번 쳐서 서로 잘 섞이도록 해야 반죽이 부드럽게 잘돼요. 단, 여기에는 달걀을 넣으면 부침이 딱딱해지니 넣지 마세요.

2. 멸치나 다시마, 마른 새우 또는 표고버섯 밑동을 우린 물로 반죽하면 반죽이 야들하면서 더욱 맛있어요.

3. 부침가루에 미리 소금으로 간을 하면 반죽이 쉽게 삭아 부침개가 맛이 없어져요. 소금간은 부치기 직전에 하는 것이 좋아요.

4. 색다른 부침개를 즐기려면 소금 대신 고추장, 간장, 고추기름 등을 넣어서 반죽해보세요. 색이 고울 뿐 아니라 감칠맛도 즐길 수 있어서 더욱 좋아요.

재료별 비법

1. 부침개에 돼지고기나 쇠고기를 부재료로 많이 넣는데, 살코기 쪽으로 많이 넣으면 부침개가 뻑뻑해져요. 돼지고기는 삼겹살이나 목삼겹 부위로 넣는 것이 좋고, 쇠고기는 등심 부위로 준비하는 것이 좋아요.

2. 오징어, 낙지, 조갯살 등 해물을 넣는 부침개는 비린내가 날 수 있어요. 소금, 후춧가루, 생강즙, 청주, 맛술, 다진 마늘 등의 향신채로 밑간해서 비린내를 없애는 것이 중요해요.

3. 배추김치를 넣고 부침개를 만들 때에는 배추김치를 국물만 짜서 썰어 넣는 것보다 김치를 썬 뒤 마늘이나 참기름, 깨소금, 설탕 등으로 조물조물 양념해서 반죽에 넣는 것이 더욱 맛있어요.

4. 부추, 양파, 고추 등 향이 강한 재료들도 부침개 재료로 인기가 좋죠. 양파는 채썰어 물에 잠시 담갔다가 물기를 닦고 넣어야 양파의 아린 맛이 나지 않고, 고추는 씨째 함께 썰어 넣어야 매콤한 맛이 살아나요. 특히 부추는 부침개의 단골 재료인데, 너무 길게 썰어 넣는 것보다 잘게 썰어 넣어야 부침개가 더욱 맛있어요.

5. 아이들의 간식으로 부침개를 만들 때에는 영양가 많은 견과류를 반죽에 넣거나 반죽을 부칠 때 뿌려주면 고소한 맛이 나서 인기가 좋아요. 땅콩, 호두, 잣, 은행, 아몬드 등은 되도록 잘게 부숴 넣어주세요.

탕수육

졸업식 날 자장면과 함께 먹었던 새콤달콤한 탕수육,
유년 시절의 그리움과 추억을 되살릴 수 있는 요리예요.
채소 대신에 과일을 넣어 만들면 달달하고 향긋한 탕수육이 돼요.

준비하기

돼지고기(등심) 300g, 당근 1/4개, 양파 1/2개, 생표고버섯 2개, 목이버섯 2개, 카놀라유 2컵, 밀가루 3큰술

고기양념 다진 마늘 1/2큰술, 청주 1큰술, 소금·후춧가루 약간씩

녹말앙금반죽 녹말가루 1컵, 찹쌀가루 2큰술, 물 1과 1/4컵

탕수소스 간장 1큰술, 식초 3큰술, 다시마 우린 물(33쪽) 1과 1/2컵, 물녹말 2큰술, 설탕 3큰술, 소금 1작은술

1. 돼지고기는 2cm 두께로 채썬 뒤 볼에 넣고 분량의 고기양념에 조물조물 무친다.
2. 당근, 양파는 각각 사방 2cm 크기로 얇게 썬다. 생표고버섯은 밑동을 잘라낸 뒤 4등분한다. 목이버섯은 물에 넣고 부드럽게 불린 뒤 3등분한다.
3. 볼에 분량의 녹말앙금반죽을 넣고 섞어 그대로 가라앉힌 뒤 앙금이 만들어지면 윗물을 따라낸다.
4. ❸에 양념한 돼지고기를 넣고 버무린 뒤 밀가루를 고루 뿌린다.
5. 170℃로 달군 카놀라유에 돼지고기를 넣고 노릇하게 두 번 튀긴다.
6. 냄비에 물녹말을 제외한 분량의 탕수소스를 넣고 끓으면 ❷의 채소와 버섯, 물녹말을 넣고 개어 걸쭉하게 끓인다.
7. 그릇에 튀긴 돼지고기를 담고 탕수소스를 뿌려 상에 낸다.

고수처럼

사천식 탕수소스도 즐겨보세요.
살짝 매콤하고 칼칼한 맛이 특징인 사천식 탕수소스를 만들어보세요. 소스를 걸쭉하게 만들어 튀긴 돼지고기에 버무려 조려 먹으면 된답니다.

준비하기
송송 썬 대파 1대, 다진 홍고추 1큰술, 다진 마늘 1작은술, 완두콩 2큰술, 통조림 옥수수 2큰술, 간장 1큰술, 굴소스 1큰술, 물엿 1큰술, 참기름 1작은술, 고추기름 1작은술, 물 1/4컵

1. 팬에 송송 썬 대파, 다진 홍고추, 다진 마늘, 참기름, 고추기름을 넣고 강불에서 1분 정도 달달 볶는다.
2. ❶에 완두콩, 옥수수, 간장, 굴소스, 물엿, 물을 넣고 섞어 걸쭉하게 끓인다.
3. 소스가 바글바글 끓으면 튀긴 돼지고기를 넣고 재빨리 뒤섞어 탕수소스가 고루 스며들게 볶는다.

✔ 물녹말은 물 : 녹말가루를 1:1 비율로 섞어주세요.

닭볶음탕

양념이 특히 중요한 요리 중의 하나가 바로 닭볶음탕이지요.
자작한 국물이 매콤하니 밥에 쓱싹 비벼서
닭고기를 얹어 먹으면 그렇게 맛있을 수 없어요.

준비하기

닭 1마리, 감자 2개, 당근 1/2개, 양파 1개, 대파 2대, 홍고추 2개, 풋고추 1개, 생강 1/4톨, 소금 약간

볶음탕양념 고추장 1큰술, 다진 마늘 1큰술, 다진 생강 1/4작은술, 간장 1큰술, 물엿 1큰술, 참기름 1작은술, 다시마 우린 물(33쪽) 2컵, 고운 고춧가루 2큰술, 깨소금 1작은술, 설탕 1작은술, 소금·후춧가루 약간씩

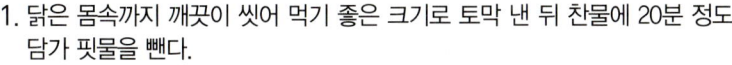

1. 닭은 몸속까지 깨끗이 씻어 먹기 좋은 크기로 토막 낸 뒤 찬물에 20분 정도 담가 핏물을 뺀다.

2. 냄비에 생강, 소금을 넣고 물을 넉넉하게 부은 뒤 끓으면 토막 낸 닭을 넣고 데쳐 찬물에 헹군다.

3. 감자, 당근, 양파는 각각 껍질을 벗겨 2등분한다. 대파는 5cm 길이로 썬다. 홍고추, 풋고추는 각각 길게 2등분한다.

4. 볼에 분량의 볶음탕양념을 넣고 섞은 뒤 반만 덜어내 데친 닭을 버무린 다음 냉장고에서 30분 정도 숙성시킨다.

5. 팬에 숙성시킨 닭을 넣고 중불에서 반 정도 익을 때까지 볶다가 감자, 당근, 양파, 나머지 볶음탕양념을 넣어 고루 버무린 뒤 뚜껑을 덮어 끓인다.

6. 양념이 잘박하게 끓고 닭과 채소가 모두 익으면 대파, 홍고추, 풋고추를 넣고 소금으로 간한 뒤 약불에서 한소끔 끓인다.

초보라면

닭볶음탕이 느끼하다면~

양념에 기름이 둥둥 떠서 보기에도, 먹기에도 느끼할 때가 많죠? 반드시 닭을 끓을 물에 데쳐 기름기를 빼줘야 해요. 그리고 양념에 충분히 숙성시켜야 기름기가 많이 배어나지 않는답니다. 닭을 데치는 물에 생강을 넣어주면 잡내를 없앨 수 있으니 꼭 챙기세요.

고수처럼

화이트 닭볶음탕을 만들어보세요.

빨간 양념의 닭볶음탕이 물린다 싶으면 화이트 닭볶음탕을 만들어보세요. 닭 1마리, 양파 1개, 마늘 12쪽, 청양고추 3개를 준비해서 양파는 사방 3cm 크기로 썰고, 마늘은 편썰고, 청양고추는 1cm 두께로 썰어주세요. 닭을 끓는 생강물에 데친 뒤 카놀라유와 들기름을 두른 팬에 오래 볶아 쫄깃하게 만든 뒤 양파, 마늘, 청양고추를 넣고 볶다가 간장 1큰술, 소금, 후춧가루로 간을 맞추세요. 화이트 닭볶음탕은 칼칼하고 매운맛이 특징이라 청양고추와 후춧가루를 듬뿍 넣어야 맛있어요.

찜닭

윤기가 자르르 흐르고 달달한 맛이 일품이 찜닭.
이젠 집에서도 맛있게 만들어 가족들에게 선보이세요.
말린 홍고추를 넣어 매콤한 맛까지 더했어요.

준비하기

닭 1마리, 당면 100g, 감자 1개, 당근 1/2개, 오이 1/2개, 대파 1대, 마른 홍고추 4개, 참기름 약간, 다시마 우린 물(33쪽) 2와 1/2컵

시럽 물 1/2컵, 설탕 1/2컵

찜양념 다진 양파 3큰술, 다진 마늘 3큰술, 간장 3큰술, 청주 1큰술, 물엿 1큰술, 참기름 약간, 고춧가루 1큰술, 생강가루 약간, 설탕 1큰술, 소금·후춧가루 약간씩

1. 냄비에 분량의 시럽을 넣고 섞지 않은 상태로 약불에 올려 연한 갈색이 나면 불을 끄고 잠시 두었다가 뜨거울 때 분량의 찜양념을 넣고 섞는다.
2. 닭은 몸속까지 물에 씻어 먹기 좋은 크기로 토막 낸 뒤 끓는 물에 데친다.
3. 당면은 먹기 좋은 크기로 잘라 미지근한 물에 담가 불린다.
4. 감자는 껍질을 벗겨 큼직하게 4등분한다. 당근, 오이는 각각 모양대로 1cm 두께로 썬다.
5. 대파는 4cm 길이로 썬다. 마른 홍고추는 4cm 길이로 썰어 씨를 털어낸다.
6. 냄비에 참기름을 두른 뒤 데친 닭, 마른 홍고추를 넣고 강불에서 매운 향이 날 때까지 볶다가 ❶의 찜양념을 넣고 고루 버무린다.
7. 닭이 반 정도 익으면 다시마 우린 물을 붓고 1분 정도 끓이다가 감자, 당근, 대파를 넣고 끓인다.
8. 닭과 채소에 양념이 고루 배면 당면, 오이를 넣고 고루 버무린다.

초보라면
매콤달달한 맛을 잘 살리려면~

달달하면서 간간한 맛이 일품인 안동찜닭은 매콤한 맛이 특징이에요. 그 맛은 바로 양념하기 전에 닭을 마른 홍고추와 함께 참기름으로 볶아서 매운맛을 들였기 때문이랍니다. 그리고 시럽이 더해져 달달한 맛이 나는 찜양념은 시럽이 따끈할 때 만들어야 간이 진하게 배어드니 식기 전에 만들어두세요.

고수처럼
마늘소스 찜닭으로 응용해보세요.

레시피에 나온 간장양념 대신 마늘소스로 버무린 찜닭도 즐겨보세요. 팬에 물엿 2큰술, 양파즙 5큰술, 마늘즙 2큰술, 황설탕 1큰술을 넣고 섞어 약불에서 걸쭉해질 때까지 졸인 뒤 데친 닭을 넣고 고루 버무리면 됩니다. 양파와 마늘 향이 우러나면서 달콤하게 먹어야 맛있어요.

저수분수육보쌈

야들야들 부드러운 식감에 김이 모락모락 나는 보쌈.
생각만 해도 군침 돌지요. 최소한의 수분으로 조리하는
저수분 요리라서 돼지고기 고유의 맛과 향이 고스란히 전해져요.

 **준비하기**

돼지고기(삼겹살) 600g, 배추 1/4통, 무 1/4개(200g), 배 1/4개, 밤 5개, 대파잎 8대분, 솔잎 30g, 마늘 2쪽, 물 1컵, 소금 약간씩
새우젓양념 새우젓 2큰술, 참기름 1/2작은술, 깨소금 약간
무생채양념 다진 파 2큰술, 다진 마늘 1큰술, 다진 생강 1/4작은술, 멸치액젓 1작은술, 고춧가루 2와 1/2큰술, 통깨·설탕·소금 약간씩

1. 돼지고기는 덩어리째 준비해서 찬물에 담가 핏물을 뺀 뒤 물기를 닦는다.
2. 찜기에 대파잎, 솔잎을 깔고 돼지고기를 올린 뒤 마늘을 껍질 벗겨 알째로 넣고 물을 부은 다음 약불에서 40분 이상 찐다.
3. 돼지고기를 젓가락으로 찔러보아 핏물이 묻지 않고 속까지 익었으면 꺼내어 사방 4cm 크기로 얇게 썬다.
4. 새우젓은 체에 밭쳐 건더기만 건져 잘게 다진 뒤 볼에 넣고 참기름, 깨소금으로 고루 버무려 새우젓양념을 완성한다.
5. 무, 배는 각각 5cm 길이로 채썬다. 밤은 껍질을 벗겨 얇게 슬라이스한다.
6. 볼에 ❺를 모두 넣고 분량의 무생채양념으로 조물조물 버무려 무생채양념을 완성한다.
7. 배추는 노란 속으로 준비해서 소금에 살짝 절여 줄기가 부드럽게 구부러지면 물에 헹궈 물기를 뺀다.
8. 그릇에 돼지고기, 배추를 담고 새우젓양념, 무생채양념을 곁들여 상에 낸다.

초보라면

저수분수육의 과정이 번거롭다면~

저수분 삼겹살은 물을 조금만 넣고 찌듯이 익혀 훨씬 담백하고 고소한데요. 만약 이 과정이 번거롭다면 생삼겹살을 끓는 물에 넣고 삶아 수육을 만들어 조리하세요. 생삼겹살을 물에 잠시 담가 핏물을 뺀 뒤 종이타월로 물기를 닦은 다음 실로 촘촘하게 묶어 수육을 만들면 돼요. 실로 묶어줘야 삼겹살의 육질이 탄력이 있고 고기 모양이 가지런해져요. 특히 수육은 향신채를 함께 넣어야 누린내 없이 깔끔하게 삶아져요.

매운고추갈비찜

매운맛으로 식욕을 자극하는 갈비찜이에요.
뚝배기에 찌면 먹는 동안 따뜻하게 먹을 수 있어서 더욱 좋아요.
스트레스 받은 날 매운 갈비찜 먹고 확 풀어보는 건 어떨까요?

준비하기

쇠갈비 600g, 당근 1/4개, 대파 2대, 청양고추 1개, 홍고추 1개, 마늘 5쪽

찜양념 간장 2큰술, 맛술 1큰술, 물엿 1큰술, 참기름 1작은술, 생강즙 약간, 고운 고춧가루 2큰술, 깨소금 1작은술, 후춧가루 1/4작은술

1. 쇠갈비는 먹기 좋은 크기로 뼈대와 살을 붙여서 썬 뒤 찬물에 담가 핏물을 뺀 다음 물기를 닦아 3~4군데씩 칼집을 넣고 겉기름을 떼어낸다.
2. 끓는 물에 손질한 쇠갈비를 넣고 데치고 갈비육수는 따로 둔다.

3. 당근은 3cm 크기로 썰어 각진 부분을 돌려깎기 한다. 대파는 4cm 길이로 썬다.
4. 청양고추, 홍고추는 각각 얇게 어슷썬 뒤 씨를 털어낸다. 마늘은 껍질을 벗기고 씻어서 물기 없이 준비한다.

5. 볼에 ❷의 갈비육수를 1컵 붓고 분량의 찜양념을 넣어 섞는다.
6. ❺에 데친 쇠갈비를 넣고 30분 이상 재운다.

7. 냄비에 양념한 쇠갈비와 손질한 채소를 모두 넣고 중불에서 뚜껑을 덮어 끓인다.
8. 갈비 속까지 매운맛이 배어들면 국물이 졸아들기 전에 불에서 내린다.

초보라면

매운 양념을 더 깊고 칼칼하게 하려면~

양념장을 만들 때 ❺번 과정처럼 갈비를 데쳤던 갈비육수를 넣어주면 더욱 풍미 있고 깊은 맛의 양념이 만들어져요. 갈비에 칼칼한 맛만 조금 더하고 싶다면 ❼번 과정에서 청양고추를 좀 더 준비해 채썰어 올려주세요.

고추장양념해물불고기

불고기는 일반적으로 간장양념을 사용하죠. 오늘 식탁에는 고추장양념으로 색다르게 즐겨보세요. 쫄깃한 식감을 자랑하는 싱싱한 해산물을 넣고 볶으면 바다내음이 가득한 요리가 돼요.

준비하기

낙지 1마리, 오징어 1마리, 맛조개살 80g, 새우 7마리, 미더덕 50g, 콩나물 100g, 당근 1/4개, 양파 1개, 대파 2대, 카놀라유 1큰술, 굵은 소금 약간

고추장양념 고추장 2큰술, 다진 마늘 1큰술, 간장 2큰술, 청주 1큰술, 물엿 1큰술, 참기름 1작은술, 사과즙 2큰술, 설탕 1작은술, 통깨 1작은술, 후춧가루 약간

1. 낙지는 굵은 소금으로 바락바락 주물러 씻고 내장과 먹물을 제거한 뒤 찬물에 헹궈 물기를 뺀 다음 5cm 길이로 썬다.
2. 오징어는 내장과 먹물을 떼어낸 뒤 배를 갈라 씻은 다음 칼집을 잘게 넣어 몸통은 2×4cm 크기로, 다리는 5cm 길이로 썬다.
3. 맛조개살, 새우, 미더덕은 각각 옅은 소금물에 헹군 뒤 물기를 뺀다.
4. 콩나물은 머리와 꼬리를 떼어내고 씻은 뒤 물기를 털어낸다. 당근은 사방 4cm 크기로 얇게 썬다. 양파, 대파는 각각 굵게 채썬다.
5. 볼에 분량의 고추장양념을 넣고 섞는다.
6. 다른 볼에 낙지, 오징어를 넣고 양념장을 반만 덜어 넣은 뒤 고루 버무려 30분 정도 숙성시킨다.
7. 팬에 카놀라유를 두른 뒤 당근, 양파를 넣고 강불에서 양파가 투명해질 때까지 볶는다.
8. ❼에 준비한 해산물과 채소를 모두 넣고 나머지 양념장을 넣어 고루 버무려가며 볶는다.

초보라면

맑은국을 곁들이세요.

해물불고기뿐만 아니라 매운 요리가 주메뉴일 때에는 맑은국을 곁들여 매운맛을 없애면서 개운한 뒷맛이 느껴지도록 하는 게 좋아요. 맑은 달걀탕, 맑은 콩나물국, 맑은 무채국 등을 준비해서 상에 내보세요.

오징어찰밥김치순대

강원도의 토속 음식으로 꼽히는 오동통한 오징어순대예요.
오징어 안에 채소나 두부를 다져 넣어 만드는데, 찰밥을 넣고 만들면
순대가 터지지도 않고 쫄깃하게 먹을 수 있어요.

준비하기

통오징어 2마리, 배추김치 1/2포기, 찹쌀 1과 1/2컵, 녹말가루 1큰술, 대나무 꼬치 3~4개
김치양념 다진 마늘 1큰술, 청주 1큰술, 참기름 1큰술, 깨소금 2큰술, 설탕 1작은술, 소금 약간

1. 통오징어는 배를 가르지 말고 다리를 떼어낸 뒤 먹통을 손으로 훑어내 흐르는 물에 깨끗이 씻고 물기를 뺀다.
2. 찹쌀은 30분간 물에 불려 체에 밭친 뒤 물기를 꼭 짠 베보자기로 덮어 30분간 불린다.
3. 찜기에 김이 오르면 불린 찹쌀을 넣고 30분 정도 고슬하게 찐다.

4. 배추김치는 국물을 꼭 짜고 잘게 썬 뒤 볼에 넣고 분량의 김치양념으로 조물조물 무친다.
5. 다른 볼에 찐 찹쌀, 양념한 배추김치를 넣고 고루 버무린다.

6. 손질한 통오징어에 녹말가루를 고루 묻힌 뒤 몸통에 ❺를 한 숟가락씩 떠 넣어 차곡차곡 담고 대나무 꼬치로 밥이 빠져나오지 않도록 아물린다.
7. 찜기에 베보자기를 깔고 김이 오르면 ❻을 넣어 15분 정도 찐다. 찌기 시작한 지 5분이 지났을 때 오징어 다리를 넣고 함께 찐다.
8. 오징어가 익으면 몸통의 대나무 꼬치를 빼내고 0.8cm 두께로 썬다. 오징어 다리는 먹기 좋은 크기로 썬다.

 **고수처럼**

오징어순대를 전으로 부쳐보세요.

동그랗게 썬 오징어순대에 달걀물을 입혀 전을 부치면 또 다른 별미 요리가 탄생해요. 알끈을 제거한 달걀물을 오징어순대에 고루 묻혀 기름을 두른 팬에 넣고 노릇하게 익힌 뒤 기호에 맞게 초간장이나 실파를 듬뿍 넣은 간장에 찍어 먹으면 된답니다.

잡채

좋은 날 차리는 밥상에 빠지지 않는 음식이 바로 잡채죠.
당면을 미리 불려서 양념에 볶으면 당면 속까지 양념이 배어 더욱 맛이 좋아요.
잡채 버무릴 때 참기름을 1~2방울 떨어뜨려주면 더욱 고소하답니다.

준비하기

쇠고기 100g, 당면 50g, 표고버섯 5개, 목이버섯 10g, 오이 1/2개, 당근 1/4개, 홍고추 3개, 달걀지단(사방 10cm 크기) 2장, 진간장 약간, 참기름 1과 1/2큰술, 카놀라유 2작은술, 설탕·소금 약간씩

쇠고기양념 다진 파 1큰술, 다진 마늘 1작은술, 간장 1/2큰술, 참기름 1/2큰술, 설탕 1작은술, 후춧가루 약간

잡채양념 다진 마늘 1작은술, 실고추 약간, 간장 3큰술, 통깨 1/2큰술

1. 당면은 찬물에 불려 먹기 좋은 길이로 썬 뒤 볼에 넣고 진간장, 설탕, 소금을 넣어 조물조물 무친다.
2. 볼에 분량의 쇠고기양념을 넣고 섞는다.
3. 쇠고기는 5cm 길이로 채썬 뒤 볼에 넣고 쇠고기양념을 2/3만 덜어 넣어 조물조물 무쳐 고기가 연해지도록 재운다.
4. 표고버섯은 물에 불려 밑동을 잘라낸 뒤 채썰어 볼에 넣고 나머지 쇠고기양념으로 조물조물 무친다.
5. 목이버섯은 물에 부드럽게 불린 뒤 꼭지에 붙은 흙을 털어내고 손으로 쭉쭉 찢는다.
6. 오이, 당근은 각각 5cm 길이로 썰어 돌려깎기 한 뒤 얇게 채썰어 소금에 살짝 절인다. 홍고추는 길게 2등분해 씨를 털어내고 5cm 길이로 얇게 채썬다.
7. 팬에 카놀라유 1/2작은술을 두른 뒤 절인 오이를 강불에서 수분이 없도록 볶아 넓은 그릇에 옮겨 담아 식힌다.

초보라면

당면은 두 가지 방법으로 조리할 수 있어요~

채소나 버섯을 볶을 때 기름을 너무 많이 사용하면 잡채가 느끼하므로 기름 대신 물을 한 숟가락 정도 넣어 볶아주는 것도 좋아요.
그리고 당면은 두 가지 방법으로 조리할 수 있는데, 레시피에 나온 것처럼 미지근한 물에 불려 밑간한 뒤 팬에 넣고 볶아서 무치는 방법이 있고, 좀 더 담백하게 먹고 싶다면 당면을 끓는 물에 삶아서 무치는 방법으로 조리하면 돼요.
단, 당면을 볶지 않는 두 번째 방법은 쉽게 불 수 있어요.

8. ❼과 같은 방법으로 목이버섯, 당근, 홍고추도 각각 강불에서 볶아 식힌다.

9. 팬에 양념한 쇠고기와 표고버섯을 넣고 강불에서 국물이 없도록 달달 볶아 넓은 그릇에 옮겨 담아 식힌다.

10. 팬에 밑간한 당면을 넣고 강불에서 재빨리 볶아낸다.

11. 달걀지단은 5cm 길이로 얇게 채썬다.

12. 넓은 볼에 볶은 재료를 모두 담고 분량의 잡채양념을 넣어서 조물조물 무친다.

13. ⓬에 참기름을 넣고 한 번 더 무친 뒤 그릇에 담고 달걀지단을 얹는다.

고수처럼

잡채를 더욱 특별하게 만드는 재료들~
잡채에 변화를 주고 싶다면 오징어, 낙지 등의 해물과 부추를 넉넉히 섞어 해물부추잡채를 만들어보세요. 오징어는 몸통을 채썰어서, 낙지는 다리를 먹기 좋은 크기로 썰어서 볶아주면 된답니다. 이밖에 우엉, 도라지 등을 얇게 채썰거나 찢어서 볶아 넣은 별미 잡채도 맛있어요.

북어포골뱅이무침

술안주로 인기 좋은 골뱅이무침에 북어포를 넣었어요.
새콤달콤하게 무쳐 소면까지 곁들여 먹으면 출출할 때 한 끼 식사로도 좋아요.

1. 골뱅이는 체에 밭쳐 국물을 따로 내려둔 뒤 끓는 물을 끼얹고 찬물에 헹궈 크기가 큰 것만 2등분한다.
2. 북어포는 굵게 찢어놓은 것으로 준비해서 볼에 담고 ❶의 골뱅이 국물을 5큰술만 넣어 버무린다.
3. 오이는 5cm 길이로 얇게 채썬다. 양파는 얇게 채썬다. 실파는 2cm 길이로 썬다.
4. 볼에 분량의 무침양념을 넣고 섞은 뒤 골뱅이, 북어포를 넣고 조물조물 버무린다.
5. ❹에 오이, 양파, 실파를 넣고 고루 버무린 뒤 그릇에 담고 통깨를 뿌린다.

준비하기

통조림 골뱅이 1개, 북어포 30g, 오이 1/2개, 양파 1/2개, 실파 4대, 통깨 약간

무침양념 고추장 1과 1/2큰술, 다진 마늘 1작은술, 청주 1작은술, 식초 2큰술, 물엿 1큰술, 참기름 1/2작은술, 고춧가루 1큰술, 설탕 1큰술, 후춧가루 약간

고수처럼

통골뱅이를 쓸 때에는 비린 맛을 꼭 제거하세요.
통조림 골뱅이를 쓰지 않고 백골뱅이처럼 껍데기가 있는 통골뱅이를 쓸 때에는 삶을 때 비린 맛을 잘 없애줘야 해요. 쌀뜨물에 5cm 길이의 대파잎 3~4개를 넣고 통골뱅이를 삶으면 비린 맛 없는 고소한 골뱅이무침을 만들 수 있답니다.

해물누룽지탕

싱싱한 해산물이 듬뿍 들어가 부드럽고 국물 맛도 진한 해물누룽지탕. 손님 접대용으로 추천해요. 물녹말을 미리 풀지 말고 상에 내기 전에 풀어 걸쭉하게 바로 끓여내면 적당한 농도로 대접할 수 있어요.

준비하기

누룽지(사방 5cm 크기) 10조각, 대하 5마리, 오징어 몸통 1마리분, 홍합 5개, 당근 1/4개, 양파 1/4개, 청·홍피망 1/3개씩, 대파 1대, 마늘 5쪽, 물 1컵, 카놀라유 2컵+1큰술, 소금·후춧가루 약간

간장소스 굴소스 1큰술, 간장 1과 1/2큰술, 청주 1큰술, 맛술 1큰술, 생강즙 1/4작은술, 참기름 1작은술, 물녹말 4큰술, 소금·후춧가루 약간씩

1. 180℃로 달군 카놀라유(2컵)에 누룽지를 넣고 바삭하게 튀겨낸 뒤 종이타월에 올려 기름기를 뺀다.
2. 대하는 옅은 소금물에 씻은 뒤 내장을 제거하고 꼬리 부분만 빼고 껍질을 벗긴다.
3. 오징어 몸통은 옅은 소금물에 씻은 뒤 잔칼집을 넣고 2cm 폭으로 썬다. 홍합은 수염을 가위로 자르고 씻어 물기를 뺀다.
4. 당근, 양파, 청피망, 홍피망은 각각 사방 2.5cm 크기로 얇게 썬다. 대파는 1cm 두께로 썬다. 마늘은 2등분한다.
5. 팬에 카놀라유를 1큰술 두른 뒤 양파, 대파, 마늘을 넣고 강불에서 향이 날 때까지 볶다가 준비한 해물과 채소를 모두 넣고 달달 볶는다.
6. 해물과 채소가 고루 볶아지면 물녹말을 제외한 분량의 간장소스를 넣고 버무린다.
7. ❻에 물녹말을 풀어 넣고 섞다가 물을 붓고 걸쭉하게 끓인 뒤 소금, 후춧가루로 간한다.
8. 그릇에 튀긴 누룽지를 담고 간장소스를 부어 상에 낸다.

초보라면

찹쌀누룽지로 재빨리 튀겨내야 더욱 바삭해요.
집에서 만든 누룽지로 조리해도 좋지만 찹쌀누룽지를 이용하면 더욱 바삭해서 소리까지 맛있는 누룽지탕이 만들어져요. 찹쌀누룽지는 중식 재료를 취급하는 상점에 가면 쉽게 구할 수 있어요. 그리고 누룽지를 튀길 때에는 되도록 강불에서 재빨리 튀겨내야 고소하고 바삭하게 먹을 수 있어요.

✓ 물녹말은 물:녹말가루를 1:1 비율로 섞어주세요.

닭꼬치스끼야끼

닭꼬치스끼야끼는 담백한 닭안심과 오독오독 쫄깃한 닭모래집을 꼬치에 끼워 여럿이 함께 먹는 냄비 요리 중의 하나예요. 늘상 같은 메뉴만 준비했던 술안주상에 변화를 줘보세요.

준비하기

닭다리살 300g, 닭모래집 100g, 두부 1/4모, 달걀노른자 2개, 느타리버섯 50g, 배추속대 3장, 양파 1/4개, 대파 1대, 쑥갓 약간, 홍고추 1개, 간장 1작은술, 참기름 1작은술

밑간양념 맛술 1큰술, 청주 1작은술, 레몬즙 1큰술, 생강즙 1작은술, 소금·후춧가루 약간씩

양념국물 간장 2큰술, 맛술 1큰술, 청주 1큰술, 다시마 우린 물(33쪽) 1/2컵

1. 닭다리살은 한입 크기로 썬다. 닭모래집은 힘줄과 질긴 부분을 제거한 뒤 칼집을 촘촘하게 넣는다.
2. 볼에 분량의 밑간양념을 넣고 섞은 뒤 손질한 닭다리살과 닭모래집을 넣고 버무려 30분 이상 재운다.
3. 양념한 닭다리살과 닭모래집을 꼬치에 번갈아 꿴다.
4. 두부는 1×3cm 크기, 1cm 두께로 썬 뒤 석쇠에 올려 앞뒤로 노릇하게 굽는다. 느타리버섯은 씻어서 물기를 털어낸다.
5. 배추속대는 씻어서 2cm 두께로 어슷썬다. 양파, 대파는 각각 굵게 채썬다. 쑥갓은 짧게 끊어 준비한다. 홍고추는 굵게 어슷썰어 씨를 털어낸다.
6. 볼에 분량의 양념국물을 넣고 섞는다.
7. 낮은 냄비에 양념국물을 붓고 끓으면 두부와 준비한 채소를 모두 넣고 ❸의 닭꼬치를 올려 재료에 양념이 고루 배도록 끓인다.
8. 볼에 달걀노른자, 간장, 참기름을 넣고 섞어 소스를 만들어 ❼과 함께 상에 내어 스끼야끼를 끓여가며 소스에 찍어 먹는다.

고수처럼

닭다리살과 닭모래집에서 누린내가 많이 난다면~

닭다리살과 닭모래집에 밑양념을 반드시 해야 하는데요, 레시피의 시간만큼 충분히 재워줘야 누린내도 나지 않고 양념이 잘 배어 부드러운 맛이 나요. 좀 더 말끔히 누린내를 없애고 싶다면 닭모래집에 밀가루와 굵은 소금을 뿌려서 바락바락 주물러 씻은 뒤 쌀뜨물에 헹궈 물기를 닦은 뒤 사용하면 돼요.

닭봉찜

닭봉은 보통 튀기거나 졸여서 먹는데요.
담백하게 찐 닭봉에 고추냉이의 매콤한 맛이 나는 소스를 곁들여보세요.
달달한 양파가 씹혀 더욱 맛있어요.

준비하기

닭봉 12개, 양파 1/2개, 마른 홍고추 1개, 맛술 1작은술, 생강즙 1/2작은술, 소금·흰 후춧가루 약간씩

고추냉이소스 고추냉이 1작은술, 간장 2큰술, 물엿 1큰술, 레몬즙 1작은술, 다시마 우린 물(33쪽) 2큰술

1. 닭봉은 뼈를 중심으로 살을 발라 앞쪽으로 모은 뒤 흐르는 물에 헹궈 물기를 닦는다.
2. 마른 홍고추는 씨째 잘게 다진 뒤 맛술, 생강즙, 소금, 흰 후춧가루와 함께 닭봉을 버무려 30분 정도 재운다.
3. 찜기에 대나무 발을 깔고 김이 오르면 밑간한 닭봉을 넣어 간이 깊게 배도록 40분 정도 찐다.
4. 양파는 얇게 채썰어 찬물에 헹궈 물기를 닦은 뒤 분량의 고추냉이소스로 버무린다.
5. 그릇에 대나무 발을 깔고 찐 닭봉을 담은 뒤 고추냉이소스를 곁들여낸다.

초보라면

닭봉의 잡내는 고추씨가 들어간 향신소스로 잡아주세요.
닭봉을 밑간할 때 마른 홍고추를 씨까지 다져 밑간해주면 고추씨와 향신소스가 닭봉의 잡내를 없애주면서 부드럽고 담백한 맛을 살려줘요. 닭봉을 찔 때에도 대나무로 만든 발을 깔고 찌면 대나무 향이 닭봉의 잡내를 잡을 수 있답니다.

연어 봉지 스테이크

손님이 오는 날 근사한 연어 요리로 솜씨 자랑 해보는 건 어떨까요?
최고의 미식으로 손꼽히는 연어는 소화·흡수가 잘되는 식재료인데요,
너무 많이 익히면 버석버석해지니 주의하세요.

1. 연어 슬라이스는 가운데 뼈를 중심으로 2등분해 2cm 두께로 썬다.
2. 당근, 양파, 빨강·노랑 파프리카는 각각 얇게 채썬다.
3. 볼에 분량의 된장소스를 넣고 섞는다.
4. 종이포일에 버터를 바르고 채소-연어-된장소스-채소 순으로 올린 뒤 종이포일을 반으로 접어 양쪽을 아물린다.
5. 180℃로 예열한 오븐에 ❹를 넣고 20~25분간 익힌다.

준비하기

연어 슬라이스 2토막, 당근 1/2개, 양파 1/2개, 빨강·노랑 파프리카 1/2개씩, 버터 2큰술

된장소스 일본된장 2큰술, 마요네즈 4큰술, 청주 1큰술, 꿀 1/2큰술

초보라면

신선한 연어로 느끼함 없앤 스테이크를 만들려면~
신선한 연어를 구입하려면 연어의 탄성을 확인해보면 돼요. 손가락으로 눌렀을 때 탄력 있는 것으로 구입하고, 느끼함 없는 담백한 스테이크를 만들려면 종이타월에 올려 기름기를 제거한 뒤에 조리해주세요.

히레가스

돼지고기 부위 중 안심을 이용해서 만든 돈가스를 히레가스라 하는데요, 프렌치드레싱을 곁들인 양배추샐러드와 함께하면 돈가스 특유의 느끼함도 없앨 수 있고 상큼한 맛까지 느낄 수 있어요.

 **준비하기**

돼지고기(안심) 600g, 달걀 2개, 양배추잎 5장, 적채 2장, 밀가루 2큰술, 빵가루 1/2컵, 카놀라유 2컵, 소금·후춧가루 약간씩

프렌치드레싱 다진 마늘 1/2작은술, 레몬즙 1큰술, 올리브유 2큰술, 설탕 1큰술, 파슬리가루·흰 후춧가루 약간씩

히레가스소스 케첩 2큰술, 우스터소스 1큰술, 핫소스 1작은술, 간장 1작은술, 맛술 1큰술, 꿀 1작은술

1. 돼지고기는 사방 10cm 크기로 도톰하게 썰어 칼등으로 자근자근 두드린 뒤 소금, 후춧가루를 뿌려 밑간한다.
2. 달걀은 체로 걸러 알끈을 제거한 뒤 곱게 푼다. 밀가루는 체에 한 번 쳐서 내린다.
3. 밑간한 돼지고기에 밀가루를 고루 묻힌 뒤 달걀물-빵가루 순으로 튀김옷을 입힌다.
4. 190℃로 달군 카놀라유에 ❸을 넣고 바삭하게 튀긴다.
5. 볼에 분량의 프렌치드레싱을 넣고 섞는다.
6. 양배추, 적채는 얇게 채썬 뒤 프렌치드레싱으로 고루 버무린다.
7. 냄비에 분량의 히레가스소스를 넣고 강불에서 3~4분간 끓인다.
8. 그릇에 튀긴 히레가스를 먹기 좋은 크기로 썰어 담고 히레가스소스를 뿌린 뒤 ❻의 샐러드를 곁들인다.

 **고수처럼**

밥을 곁들여 히레가스 정식을 만들어보세요.

고슬하게 지어진 밥 1공기에 참기름 1작은술, 통깨·검은깨 1작은술씩, 설탕·소금을 약간씩 넣고 고루 버무린 다음 한 주먹씩 완자 모양을 내서 올리브유를 약간 두른 팬에 넣고 앞뒤로 구워 히레가스에 곁들이세요. 든든한 히레가스 정식이 완성된답니다.

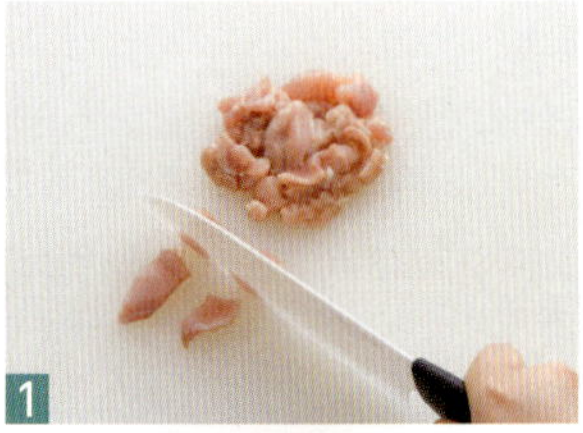

치킨도리아

육질이 연한 닭고기를 이용해 만든 고소한 맛의 치킨도리아입니다.
집에 남아 있는 찬밥과 자투리 채소로 만드는 간편한 요리예요.
화이트소스가 느끼하다면 토마토소스로 대신해도 좋아요.

준비하기

밥 4공기, 닭안심 8쪽, 양파 1개, 모차렐라치즈(다진 것) 2컵, 버터 2큰술+약간, 케첩 8큰술, 우스터소스 2큰술, 올리브유 2큰술, 소금·후춧가루 약간씩

화이트소스 버터 3큰술, 우유 4컵, 밀가루(박력분) 4큰술, 소금·흰 후춧가루 약간씩

1. 닭안심은 가위로 힘줄을 잘라내고 씻어서 물기를 닦아낸 뒤 사방 1cm 크기로 썬다. 양파는 잘게 다진다.
2. 팬에 버터 2큰술, 올리브유를 두른 뒤 양파를 넣고 강불에서 향이 날 때까지 볶다가 닭안심을 넣고 볶아 고기가 익으면 밥을 넣고 볶는다.
3. 재료가 고루 볶아지면 케첩, 우스터소스를 넣고 버무린 뒤 소금, 후춧가루로 간한다.
4. 냄비에 화이트소스의 버터 3큰술을 녹인 뒤 밀가루를 넣고 약불에서 색이 나지 않게 볶다가 불을 끄고 우유를 부은 다음 나무주걱으로 멍울이 없도록 젓는다.
5. 밀가루가 완전히 풀어지면 다시 약불로 켜서 3분 정도 끓여 밀가루 냄새를 없애고 소금, 흰 후춧가루로 간한다.
6. 그라탱 그릇에 버터를 약간 바르고 화이트소스를 얇게 깐 뒤 볶은 밥을 담고 나머지 화이트소스를 얹은 다음 모차렐라치즈를 뿌린다.
7. 180℃로 예열한 오븐에 을 넣고 20분 정도 치즈가 녹아 노릇해질 때까지 굽는다.

탄두리커리 & 차파티

육류와 채소를 넣은 매콤한 탄두리커리와 쫄깃하고 바삭한 난인 차파티는 이국적인 인도식 식사예요. 발효시키지 않은 차파티는 오븐이 없다면 달군 팬에 반죽을 올려 보글보글 부풀 때 뒤집어 노릇하게 구워내면 돼요.

1. 볼에 분량의 차파티반죽을 넣고 치대어 말랑말랑한 반죽을 만든 뒤 한 숟가락씩 떼어 얇게 펴서 오븐팬에 올리고 170℃로 예열한 오븐에 넣어 10~15분간 굽는다.
2. 돼지고기는 사방 2cm 크기로 썬 뒤 볼에 넣고 분량의 고기양념에 조물조물 무친다.
3. 감자, 양파는 각각 사방 2cm 크기로 썰어 찬물에 헹군다. 레몬은 씻어 껍질을 벗긴 뒤 레몬껍질을 얇게 채썬다. 마늘은 굵게 으깬다.
4. 볼에 카레가루, 우유를 넣고 멍울이 없도록 고루 섞는다.
5. 냄비에 버터를 녹인 뒤 양념한 돼지고기, 감자, 양파, 마늘을 넣고 강불에서 양파가 투명해질 때까지 볶다가 ❹를 조금씩 나눠가며 붓고 물을 부어 3~4분간 끓인다.
6. 동남아고추, 월계수잎, 레몬껍질을 넣고 끓여 걸쭉해지면 소금, 후춧가루로 간한다.
7. 커리를 그릇에 담고 ❶의 차파티를 곁들여 상에 낸다.

준비하기

돼지고기(살코기) 200g, 카레가루 2큰술, 감자 1개, 양파 1/2개, 레몬 1개, 마늘 2쪽, 동남아고추 2개, 버터 2큰술, 우유 2컵, 물 2컵, 월계수잎 2장, 소금·후춧가루 약간씩

차파티반죽 밀가루 1컵, 우유 1/2컵, 플레인 요구르트 2큰술, 올리브유 1큰술, 말린 바질 1/4작은술

고기양념 다진 마늘 1작은술, 레드와인 1큰술, 볶은 소금·후춧가루 약간씩

초보라면

카레를 멍울 없이 빨리 끓이려면~
카레가루를 우유에 섞기 전에 체에 받쳐 내려주세요. 카레가루가 곱게 걸러져서 잘 풀어지기 때문에 멍울 없이 짧은 시간에 끓일 수 있답니다.

모차렐라파프리카 파스타

나선형으로 배배 꼬인 모양의 파스타, 푸실리에 새콤한 토마토소스로 맛을 냈어요. 길게 늘어지는 모차렐라치즈를 듬뿍 올려 오븐에 구워내면 아이들이 특히 좋아해요.

준비하기

푸실리 250g, 빨강·주황·노랑 미니 파프리카 1개씩, 감자 1개, 적양파 1/2개, 모차렐라치즈 50g, 올리브유 1큰술+약간, 소금 약간

토마토소스 토마토홀 1/2컵, 마늘 3쪽, 우유 5큰술, 바질·오레가노 약간씩, 설탕 1작은술, 소금·후춧가루 약간씩

1. 끓는 물에 올리브유, 소금을 약간씩 넣은 뒤 푸실리를 넣어 22분 정도 삶아 체에 밭쳐 물기를 뺀 다음 올리브유 1큰술로 버무린다.
2. 미니 파프리카는 씻은 뒤 동그랗게 슬라이스한다. 감자는 얇게 채썰어 물에 헹군다. 적양파는 사방 1cm 크기로 썬다.
3. 마늘은 얇게 슬라이스한다. 냄비에 분량의 토마토소스를 넣고 걸쭉해질 때까지 끓인다.
4. 큰 볼에 푸실리, 파프리카, 감자, 적양파를 넣고 토마토소스를 부어 고루 버무린다.
5. 내열용기에 를 담고 모차렐라치즈를 뿌린 뒤 170℃로 예열한 오븐에 넣어 20분 정도 노릇하게 굽는다.

초보라면

파스타 면을 쫄깃하게 삶으려면~
파스타 면을 삶을 때에는 올리브유와 소금을 넣은 끓는 물에 삶아주세요. 그래야 면이 쉽게 불지 않고 쫄깃하답니다.

닭다리허브구이

향긋한 허브 향이 솔솔 나는 닭다리허브구이입니다.
지친 몸과 마음을 달래주는 소울 푸드로도 손색이 없죠.

준비하기

닭다리(단각) 4개, 마늘 5쪽, 올리브유 3큰술, 분말 로즈마리·바질 1/4작은술씩, 통후추·소금 약간씩

간장양념 간장 2큰술, 물엿 1큰술, 맛술 1큰술

1. 볼에 분량의 간장양념을 넣고 섞는다. 마늘은 얇게 채썬다. 통후추는 곱게 빻는다.
2. 닭다리는 껍질을 벗기고 물에 헹궈 칼집을 넣은 뒤 끓는 물에 살짝 데친 다음 다시 물에 헹구고 물기를 완전히 닦는다.
3. 데친 닭다리에 분말 로즈마리·바질, 후추, 소금을 고루 뿌린 뒤 손으로 두드려 닭다리에 허브 향이 배도록 20분 정도 재운다.
4. 밑간한 닭다리에 올리브유를 고루 바른다.
5. 팬을 달군 뒤 마늘을 넣고 강불에서 마늘 향이 날 때까지 볶다가 닭다리를 넣어 노릇하게 굽는다.
6. 간장양념을 팬 가장자리로 부어 끓어오르면 닭다리를 굴려가며 양념을 고루 묻힌다.

초보라면

깊은 허브 향의 비결은 애벌로 익혀 밑간하는 데 있어요.

닭다리허브구이는 허브 향이 얼마나 잘 배도록 밑간하느냐가 중요해요. 닭다리를 끓는 물에 애벌로 익힌 뒤 밑간을 해야 간도 잘 배고 닭다리의 잡내가 완전히 없어지면서 허브 향이 깊게 밴답니다. 또 양념을 발라서 구우면 타기 쉽기 때문에 허브에 재운 닭다리를 먼저 노릇하게 구운 뒤 양념이 끓을 때 넣어서 윤기를 내주세요.

버섯프라이

푹신한 식감과 향긋함이 감도는 버섯프라이입니다.
겉은 바삭하고 속살은 부드러운 버섯프라이를 두 가지 소스에
고루 찍어 맛보세요.

준비하기

새송이버섯 3개, 표고버섯 3개, 달걀 2개, 빵가루 1컵, 밀가루 1/2컵, 카놀라유 2컵, 소금·후춧가루 약간씩

소스1 돈가스소스 3큰술, 케첩 1큰술, 마요네즈 1큰술, 머스터드소스 1작은술, 후춧가루 약간

소스2 삶은 달걀 1개, 양파 1/2개, 마요네즈 5큰술, 올리고당 1/2작은술, 레몬즙 1작은술, 다진 파슬리 1작은술, 소금·후춧가루 약간씩

1. 볼에 분량의 소스1을 넣고 섞는다.
2. 삶은 달걀은 껍데기를 벗겨 잘게 다진다. 양파는 잘게 다져 찬물에 담가 매운맛을 없앤 뒤 면보에 올려 물기를 뺀다.
3. 볼에 삶은 달걀, 양파, 나머지 소스2를 넣고 섞는다.
4. 새송이버섯은 길게 4등분한다. 표고버섯은 기둥을 잘라내고 2등분한다.
5. 달걀은 체로 걸러 알끈을 제거한 뒤 곱게 푼다.
6. 밀가루는 소금, 후춧가루를 넣고 섞는다.
7. 새송이버섯과 표고버섯에 밀가루를 고루 묻힌 뒤 달걀물-빵가루 순으로 튀김옷을 입힌다.
8. 180℃로 달군 카놀라유에 ❼을 넣고 노릇하게 튀겨 그릇에 담고 준비한 소스들과 함께 상에 낸다.

초보라면

버섯의 향을 살려서 튀기세요~

버섯프라이는 버섯의 향을 잘 살려 조리하는 것이 중요해요. 버섯의 향을 진하게 느끼려면 버섯을 물에 헹구지 말고 마른 면보로 닦아 먼지만 없애서 조리하세요.

고수처럼

반죽에 흑임자가루와 참깨가루를 더해보세요.

버섯의 튀김옷에 흑임자가루와 참깨가루를 넣어 반죽한 뒤 버섯을 튀겨보세요. 버섯의 향이 더욱 진할 뿐 아니라 흑임자가루와 참깨가루의 고소함이 우러나 프라이 맛이 월등히 좋아진답니다.

궁중떡볶이

임금님 수라상에 올랐다던 궁중떡볶이는 고추장을 사용하지 않은, 일명 '간장 떡볶이'라고도 하죠. 흰 떡을 살짝 데쳐 유장처리를 해주면 쫄깃함이 더해져서 더욱 맛있는 떡볶이를 즐길 수 있어요.

준비하기

쇠고기(등심) 200g, 가래떡 150g, 당근 1/4개, 양파 1/4개, 청·홍피망 1/4개씩, 애호박 1/4개, 다진 파 1큰술, 다진 마늘 1작은술, 간장 2큰술, 청주 1큰술, 물엿 1작은술, 참기름 약간, 카놀라유 1큰술, 깨소금 1작은술, 소금·후춧가루 약간씩

1. 쇠고기는 4cm 길이로 채썰어 소금, 후춧가루로 조물조물 무친다.

2. 가래떡은 딱딱하면 물에 담가 부드럽게 한 뒤 4cm 길이로 토막 내어 길게 4등분해서 찬물에 헹구고 참기름으로 조물조물 버무린다.

    Tip 떡을 부드럽게 한 뒤 참기름으로 조물조물 버무리는 것을 '유장처리'라고 해요. 떡이 붇지 않고 더욱 쫄깃해진답니다.

3. 당근, 양파는 각각 4cm 길이로 얇게 채썬다. 청피망, 홍피망은 씨를 털어내고 얇게 채썬다.

4. 애호박은 4cm 길이로 토막 내어 돌려깎아 얇게 채썬 뒤 소금에 절여 숨이 죽으면 물에 헹구고 물기를 꼭 짠다.

5. 팬에 카놀라유를 두른 뒤 다진 파, 다진 마늘을 넣고 강불에서 마늘 향이 날 때까지 볶다가 양파–당근–애호박–쇠고기 순으로 넣고 볶는다.

6. 고기가 익고 육즙이 흘러나오면 가래떡, 간장, 청주, 물엿을 넣고 떡이 쫄깃하게 익을 때까지 볶는다.

7. 청피망, 홍피망을 넣고 참기름, 깨소금을 넣어 고루 버무린 뒤 소금으로 간한다.

고수처럼

삼색 궁중떡볶이를 만들어보세요.

가래떡을 방앗간에서 직접 빼올 때 치자 열매 달인 물, 녹차 우린 물, 백년초 가루를 섞은 물 등을 떡에 섞어 삼색으로 떡을 뽑아 와도 좋은데, 이렇게 삼색으로 뽑아온 가래떡으로 궁중떡볶이를 만들면 색이 더욱 화려해 먹음직스러워 보여요.

라볶이

수업이 끝나면 부리나케 친구들과 분식집으로 달려가서 먹었던 라볶이. 옛 생각 나는 매콤한 라볶이를 만들어 친구들과 함께하는 건 어떨까요? 라볶이를 먹는 순간 추억에 젖어 입가에 흐뭇한 미소가 번질 거예요.

준비하기

떡볶이 떡 200g, 어묵볼 50g, 라면사리 1개, 대파 1대, 물 1컵, 참기름·카놀라유 약간씩, 통깨 약간

라볶이양념 고추장 2큰술, 마른 청양홍고추 3개, 다진 마늘 1작은술, 간장 1작은술, 물엿 1큰술, 물 1컵, 설탕 1작은술, 후춧가루 약간

1. 떡볶이 떡은 낱개로 떼어서 찬물에 헹구고 참기름으로 조물조물 버무린다.
2. 어묵볼은 끓는 물에 재빨리 데쳐 찬물에 헹군다.
3. 라면사리는 끓는 물에 삶아 찬물에 헹구고 물기를 뺀다. 대파는 굵게 어슷썬다.
4. 믹서에 청양홍고추, 물을 넣고 곱게 갈아 볼에 붓고 나머지 라볶이양념을 넣어 섞는다.
5. 팬에 카놀라유를 두른 뒤 어묵볼, 대파를 넣고 강불에서 1분 정도 볶다가 라볶이양념을 넣어 1분 정도 끓인다.
6. ❺에 물을 붓고 3분 정도 끓이다가 떡볶이 떡을 넣고 중불에서 저어가며 끓인다.
7. 떡에 양념이 스며들고 걸쭉해지면 라면사리를 넣고 버무린다.
8. 국물이 졸아 1/3 정도 남으면 불에서 내려 그릇에 담고 통깨를 뿌린다.

숙주만두

명절날 온 가족이 모여 앉아 빚던 만두. 직접 빚는 만두는 한 번에 많이 만들어 놓고 먹기가 일쑤라 숙주를 넣었어요. 숙주는 씹는 식감을 살릴 뿐 아니라 해독작용이 있어 식중독이나 탈이 나지 않기 때문이에요.

1. 숙주는 콩껍질이 없도록 씻은 뒤 끓는 물에 살짝 데쳐 찬물에 헹구고 물기를 꼭 짜서 잘게 썬다.
2. 두부는 칼날로 으깨 면보에 싸서 물기를 꼭 짠다. 쪽파는 송송 썬다.
3. 볼에 다진 쇠고기, 숙주, 두부, 쪽파를 넣고 참기름, 소금, 후춧가루로 조물조물 무쳐 만두소를 만든다.
4. 만두피 한 장에 만두소를 한 숟가락씩 올린 뒤 반으로 접어 만두를 빚는다.
5. 김이 오른 찜기에 숙주만두를 넣고 15분 정도 찐다.
6. 볼에 분량의 초간장을 넣고 섞어 숙주만두에 곁들여낸다.

준비하기

다진 쇠고기 150g, 숙주 300g, 시판 만두피 20장, 두부 1/2모, 쪽파 5대, 참기름 1큰술, 소금·후춧가루 약간씩

초간장 송송 썬 쪽파 1큰술, 간장 2큰술, 식초 1큰술, 물 1큰술

고수처럼

아삭한 숙주만두로 응용해보세요.

숙주만두에 아삭한 맛을 더하고 싶다면 오이를 넣어보세요. 오이를 돌려깎아 채썰어 소금에 절인 뒤 기름을 약간 두른 팬에 넣고 살짝 볶아서 숙주와 함께 만두소에 넣으세요.

동태전

명절 때나 보게 되는 동태전, 사실 담백하고 고소한 맛에 명절이 아니더라도 생각날 때가 많죠. 준비할 재료도, 만드는 방법도 복잡하지 않으니 노릇노릇 먹음직스럽게 부쳐보세요.

준비하기

동태 1마리, 달걀 3개, 부침가루 1컵, 카놀라유 3큰술, 소금 1작은술+약간, 흰 후춧가루 약간

1. 동태는 사방 5cm 크기, 0.5cm 두께로 납작하게 포를 뜬다.
2. 포 뜬 동태살을 넓은 그릇에 펼쳐 넣고 소금 1작은술, 흰 후춧가루로 밑간한 뒤 30분 정도 재운다.
3. 달걀은 체로 걸러 알끈을 제거해 곱게 푼 다음 소금으로 간한다.
4. 밑간한 동태살에 부침가루를 고루 묻힌 뒤 잔가루를 털어내고 달걀물에 담가 옷을 입힌다.
5. 팬을 달구고 카놀라유를 두른 뒤 ❹의 동태살을 넣고 강불에서 반 정도 익히고 중불로 줄여 앞뒤로 노릇하게 부친다.

초보라면

전을 부서지지 않고 깔끔하게 부치려면~

생선전을 부칠 때 전이 부서지고 퍼져서 전 부치기가 어렵다는 분들이 많아요. 전을 예쁘게 잘 부치는 비결은 밑간에 있어요. 소금과 후춧가루로 간해서 충분히 재워야 생선살에 탄력이 생겨 전이 부서지지 않는답니다. 그리고 생선전을 부칠 때 달걀을 꼭 체에 내려서 알끈을 제거해야 전의 표면이 말끔하답니다. 달걀의 알끈이 있는 상태로 전을 부치면 겉면이 울퉁불퉁해져요.

부추전

비가 올 때면 생각나는 음식, 전! 환절기에 부추전을 마련해보세요.
몸을 따뜻하게 해주는 부추가 감기 예방에 도움이 될 거예요.
비 오는 날 간식으로도, 환절기 보약 반찬으로도 좋답니다.

준비하기

부추 200g, 부침가루 1과 1/2컵, 청양고추 2개, 홍고추 2개, 다시마 우린 물(33쪽) 2컵, 카놀라유 5큰술, 소금 약간

1. 부추는 뿌리 부분을 잘라내고 씻어 2cm 길이로 썬다.
2. 청양고추, 홍고추는 각각 길게 2등분해서 씨째 송송 썬다.
3. 볼에 부침가루, 다시마 우린 물을 넣고 멍울이 없도록 갠다.
4. 에 부추, 청양고추, 홍고추를 넣고 되직하게 반죽한 뒤 소금으로 간한다.
5. 팬을 달구고 카놀라유를 두른 뒤 반죽을 한 숟가락씩 떠 넣어 강불에서 반 정도 익히고 중불로 줄여 앞뒤로 노릇하게 부친다.

초보라면

매콤한 부추전을 만들어보세요.
부추전을 만들 때 레시피처럼 고추씨를 넣어 반죽하면 일반 부추전보다 더욱 매콤해서 훨씬 맛있어요. 고추씨는 매운 홍고추의 씨를 사용하면 더욱 좋아요.

메밀찹쌀배추전

경상도 대표 전인 배추전에 밀가루 대신 메밀가루와 찹쌀가루를 섞어 쫀득함을 더했어요. 일반 배추보다 부드러운 노란 알배추로 만드는 게 좋아요. 소박하지만 담백하고 배추 본연의 맛이 느껴지는 전입니다.

준비하기

속음배춧잎 20장, 메밀가루 5큰술, 찹쌀가루 5큰술, 부침가루 5큰술, 실고추 약간, 카놀라유 5큰술, 다시마 우린 물(33쪽) 1컵, 흑임자 2큰술, 통깨 2큰술, 소금 약간

초간장 간장 2큰술, 식초 1작은술, 물 2큰술, 잣가루 1큰술

1. 속음배춧잎은 작은 잎으로 준비해 한 잎씩 옅은 소금물에 흔들어 씻고 물기를 닦은 뒤 부침가루 1큰술을 고루 뿌린다.
2. 볼에 메밀가루, 찹쌀가루, 부침가루 4큰술, 다시마 우린 물을 넣고 걸쭉하게 반죽한 뒤 소금으로 간한다.
3. ❷에 부침가루 입힌 배춧잎을 담가 반죽옷을 입힌다.
4. 팬에 카놀라유를 두른 뒤 배춧잎을 한 장씩 넣고 실고추, 흑임자, 통깨를 약간씩 올려 강불에서 반 정도 익히고 중불로 줄여 앞뒤로 노릇하게 지져 그릇에 담는다.
5. 볼에 분량의 초간장을 넣고 섞어 메밀찹쌀배추전에 곁들여낸다.

고수처럼

쫀득한 배추전을 부치려면 부침가루를 넣어주세요.
배추전을 부칠 때 메밀가루와 찹쌀가루만으로도 반죽이 충분하지만, 레시피처럼 반죽에 시판 부침가루를 넣으면 배추전이 훨씬 쫀득해지고 겉면의 바삭함이 잘 느껴져요. 메밀가루, 찹쌀가루, 부침가루를 1:1:1 비율로 반죽해 배추전을 만들어보세요.

옥수수빠스

달콤한 맛에 톡톡 씹히는 바삭함이 매력인 옥수수빠스예요.
옥수수에 찹쌀가루를 묻혀 튀겨낸 뒤 시럽에 버무린 중화 요리로,
달달한 디저트가 생각날 때 만들면 좋은 메뉴예요.

준비하기

옥수수가루 1/4컵, 밀가루 1/4컵, 찹쌀가루 2큰술, 통조림 옥수수 2큰술, 카놀라유 2컵, 물 1컵

시럽 물엿 3큰술, 카놀라유 2큰술, 물 5큰술, 설탕 2큰술

1. 옥수수가루, 밀가루, 찹쌀가루를 섞어 체에 내린 뒤 물을 조금씩 나누어 부어가면서 걸쭉하게 반죽한다.
2. 반죽에 옥수수를 넣고 고루 섞은 뒤 170℃로 달군 카놀라유에 넣어 노릇하게 튀긴다.
3. 팬에 분량의 시럽을 넣고 섞지 말고 그대로 약불에 올려 서서히 녹인다.
4. ❸에 튀긴 옥수수빠스를 넣고 고루 버무린다.

초보라면

쫄깃하고 바삭한 옥수수빠스를 만들려면~

옥수수빠스는 반죽 속에 박힌 옥수수 알갱이가 톡톡 씹히는 맛이 일품이죠. 옥수수의 식감을 살리려면 통조림 옥수수를 끓는 물에 데친 뒤 찬물에 헹구고 물기를 닦아서 반죽에 넣는 것이 좋아요. 그리고 빠스 반죽은 찹쌀가루를 넣어야 쫄깃한 맛이 좋아지니 찹쌀가루를 빼놓지 마세요.

단호박맛탕

단호박은 샐러드나 수프를 만들 때 인기가 좋은 재료죠. 이 단호박으로 맛탕을 하면 겉은 바삭하고 속은 부드럽고 달달해서 아이들은 물론 어르신들에게도 좋은 간식이 돼요.

준비하기

단호박 1개, 땅콩 1/2컵, 잣 1/4컵, 녹말가루 1큰술, 카놀라유 1컵

꿀소스 꿀 2큰술, 간장 1작은술, 물 1/2컵, 설탕 1/4컵

1. 단호박은 껍질을 적당히 벗기고 씨를 긁어낸 뒤 사방 3cm 크기로 썰어 녹말가루를 고루 묻힌다.
2. 땅콩은 굵게 다진다. 잣은 고깔을 떼어낸다.
3. 160℃로 달군 카놀라유에 단호박을 넣어 바삭하게 두 번 튀긴다.
4. 냄비에 분량의 꿀소스를 넣고 섞지 말고 그대로 강불에 올려 끓어오르면 불에서 내린다.
5. 볼에 튀긴 단호박, 땅콩, 잣을 넣고 꿀소스를 부어 고루 버무린다.

초보라면

녹말가루를 손쉽게 묻히세요.
재료에 가루를 묻힐 때, 재료를 뒤적이는 일이 번거롭고 주방이 지저분해져서 불편하죠? 이럴 때에는 비닐에 재료와 가루를 함께 넣고 고루 흔들면 손쉽게 재료에 가루를 묻힐 수 있어요.

스콘 & 밀크티

입안 가득 달콤함이 번지는 스콘은 간식이나 식사대용으로 좋아요.
잼을 곁들이면 더욱 맛있죠. 여기에 따뜻한 밀크티도 함께하면
묘한 매력에 빠지게 될 거예요.

준비하기

밀가루(박력분) 700g, 베이킹파우더 10g, 달걀 150g, 달걀노른자 30g, 버터 120g, 우유 150ml, 건포도 60g, 설탕 80g, 소금 8g

밀크티 홍차 15g, 끓인 물 3컵, 우유 1컵, 단풍시럽 1큰술

1. 버터는 실온에 두어 부드럽게 만든다.
2. 밀가루와 베이킹파우더를 섞어 체에 내린다.
3. 볼에 체 친 가루, 버터를 넣고 손으로 보슬보슬 비빈 뒤 설탕, 소금을 넣고 섞는다.
4. ❸에 달걀, 우유를 넣고 수제비 반죽처럼 말랑말랑하게 반죽하다가 거의 완성되면 건포도를 넣고 마무리한다.
5. 반죽을 삼각형 모양으로 빚은 뒤 180℃로 예열한 오븐에 넣고 30분 정도 굽는다.
6. 굽는 중간에 달걀노른자를 붓으로 얇게 펴 발라 색을 내어 굽는다.
7. 끓인 물을 살짝 식혀 홍차를 넣고 우린 뒤 체에 거르고 우유, 단풍시럽을 섞는다.

 고수처럼

취향에 따라 다양한 스콘을 만들어보세요.

취향에 따라 크랜베리, 아몬드, 호두를 잘라서 반죽에 넣고 구워도 좋아요. 그리고 스콘은 보슬거리는 반죽이 중요하기 때문에 가루와 버터를 손으로 부드럽게 잘 비벼줘야 고소하고 윤기 나는 스콘을 즐길 수 있어요.

포토퓨

각종 채소를 듬뿍 넣어 진하게 끓여낸 수프예요. 채소의 향이 은은하게 퍼지며 부드럽게 녹는 식감이 좋아서 속도 편안해져요. 좋아하는 채소를 넣어 끓이면 취향에 맞는 맞춤 수프가 되겠죠?

준비하기

프랑크소시지 4개, 베이컨 2줄, 당근 1개, 양파 1개, 양배추 1/4개, 방울토마토 6개, 치킨스톡 2개, 물 4컵, 월계수잎 2장, 파슬리 5g, 소금·후춧가루 약간씩

1. 프랑크소시지는 앞뒤로 칼집을 3~4개씩 넣는다. 베이컨은 4cm 폭으로 썬다.
2. 당근은 껍질을 벗겨 4cm 길이로 토막 낸 뒤 길게 2등분한다.
3. 양파는 4등분한다. 양배추는 심을 떼지 말고 사방 5cm 크기로 썬다.
4. 방울토마토는 씻어 꼭지를 떼어낸 뒤 4등분한다.
5. 냄비에 손질한 재료를 모두 넣고 치킨스톡, 물, 월계수잎, 파슬리를 넣은 뒤 강불에서 끓인다.
6. 끓기 시작하면 거품을 걷어내고 뚜껑을 덮어 약불에서 20분 정도 진하게 끓인 뒤 소금, 후춧가루로 간한다.

초보라면

자투리 채소는 어느 것이나 사용할 수 있어요.
포토퓨는 갖은 채소를 듬뿍 넣어 먹을 수 있는 진한 수프이기 때문에 냉장고에 남은 자투리 채소나 기호에 맞는 채소를 선택해 상황에 따라 다양하게 응용해서 만들 수 있어요. 단, 무, 비트 등의 딱딱한 채소는 피하는 것이 좋아요. 그리고 포토퓨에 들어가는 프랑크소시지는 칼집을 반드시 넣어줘야 해요. 그렇지 않으면 익는 과정에서 겉면이 터져 수프가 지저분해진답니다.

파프리카소스 그린샐러드

아삭하고 싱싱한 그린샐러드는 소스에 파프리카를 갈아 넣어 상큼하기까지 해요. 소스는 냉장고에 넣어두었다가 먹기 직전에 꺼내서 뿌리면 더욱 시원하게 즐길 수 있어요.

1. 양상추, 치커리는 씻어 물기를 털어내고 먹기 좋은 크기로 찢는다.
2. 방울토마토는 씻어 꼭지를 떼어낸 뒤 2등분한다.
3. 주황 파프리카는 씨를 제거한 뒤 잘게 썬다.
4. 믹서에 주황 파프리카, 꿀, 레몬즙, 포도씨유를 넣고 곱게 간 뒤 소금, 흰 후춧가루로 간해서 냉장고에 차게 둔다.
5. 그릇에 양상추, 치커리를 깔고 방울토마토를 올린 뒤 파프리카소스를 듬뿍 뿌린다.

준비하기

양상추 5장, 치커리 30g, 방울토마토 5개

파프리카소스 주황 파프리카 1/2개, 꿀 1작은술, 레몬즙 1큰술, 포도씨유 3큰술, 소금·흰 후춧가루 약간씩

초보라면

샐러드의 물기는 이렇게 빼세요.

채소를 씻고 물기를 제대로 제거하지 않으면 샐러드가 물 반 소스 반이 되어 보기 좋지 않죠? 채소의 물기를 제거할 때에는 채반에 마른 면보를 깐 뒤 씻은 채소를 올려 채반을 여러 번 털어주면 돼요. 물기가 제대로 빠져 채소가 질척이지 않고 아삭한 맛을 낸답니다.

구운가지 새우샐러드

구운 가지와 데친 칵테일새우에 새콤하고 깔끔한 오렌지드레싱을 곁들였어요. 새우살의 탱탱한 질감과 싱그럽게 씹히는 구운 가지가 환상적으로 어우러져요.

준비하기

가지 2개, 칵테일새우 12마리, 양배추 2장, 적채 1장, 포도씨유 1큰술, 소금·후춧가루 약간씩

미소오렌지드레싱 일본된장 3큰술, 오렌지과육 2큰술, 오렌지주스 1/4컵, 식초 1큰술, 꿀 1큰술, 포도씨유 3큰술

1. 가지는 길게 2등분하고 1cm 두께로 어슷썬 뒤 얼음물에 담가 소금을 넣고 2분 정도 절인 다음 물기를 닦는다.
2. 절인 가지에 포도씨유를 바르고 후춧가루를 뿌린 뒤 팬에 넣고 중불에서 노릇하게 굽는다.
3. 칵테일새우는 끓는 소금물에 데친 뒤 찬물에 헹구고 물기를 뺀다.
4. 양배추, 적채는 각각 얇게 채썬 뒤 얼음물에 담가 싱싱하게 준비한다.
5. 오렌지과육은 잘게 다져 볼에 넣고 나머지 미소오렌지드레싱을 넣어 섞는다.
6. 그릇에 양배추, 적채를 깔고 가지, 칵테일새우를 올린 뒤 드레싱을 듬뿍 뿌린다.

초보라면

미소오렌지드레싱에 풍부한 맛을 더하세요.
오렌지과육과 오렌지주스는 새콤한 맛이 좋지만 부드럽고 연한 맛은 없죠. 그래서 여기에 포도씨유와 일본된장을 넣어 새콤하면서 담백하고 깔끔한 뒷맛을 냈어요. 호두를 잘게 잘라 넣으면 훨씬 더 고소한 맛을 낼 수 있으니 호두가 있다면 넣어보세요. 견과류로 땅콩을 넣어도 좋지만 잣은 특유의 고소한 맛이 자칫 오렌지과육의 새콤함을 없앨 수 있으니 삼가세요.

호두드레싱 바나나샐러드

아침에 든든하게 속을 채울 수 있는 샐러드입니다.
고소한 호두에 든든한 바나나를 곁들였으니
출근하는 남편, 등교하는 아이들의 건강한 아침을 챙겨주세요.

1. 호두는 2큰술 분량만 잘게 다지고 나머지는 먹기 좋은 크기로 썬다.
2. 양상추는 먹기 좋은 크기로 찢은 뒤 소금물에 흔들어 씻고 물기를 털어낸다. 적채는 얇게 채썬다.
3. 바나나는 껍질을 벗겨 1cm 두께로 동그랗게 썬다.
4. 볼에 다진 호두 2큰술을 넣고 분량의 호두드레싱을 넣어 섞는다.
5. 그릇에 양상추, 적채를 깔고 바나나, 나머지 호두를 올린 뒤 호두드레싱을 듬뿍 뿌린다.

준비하기

양상추 7장, 적채 1장, 바나나 1개, 호두 1/2컵, 소금 약간

호두드레싱 플레인 요구르트 1/2컵, 꿀 1작은술, 레몬즙 1작은술

고수처럼

호두드레싱에 치즈를 넣으면 풍미가 더욱 살아나요.
호두드레싱의 호두는 아삭한 양상추와 잘 어울리고, 플레인 요구르트는 호두의 떫은맛을 없애주는 역할을 해서 궁합이 잘 맞아요. 호두드레싱에 치즈를 넣기도 하는데, 크림 치즈나 잘게 썬 파마산 치즈를 넣으면 훨씬 고소한 맛을 내고 치즈의 진한 풍미가 더해져 좋아요.

한 방울, 한 방울
천천히, 천천히

황금빛 참깨의 색과 향을
당신께 고스란히 전하기 위해 –
조금 더디더라도 저온에서 만든
참기름을 소개합니다.

**참깨 본연의
깔끔하게 고소한 맛과 향을 살린
프리미엄 백설 황금참기름**

1953년부터
맛은 쌓인다

www.daesunfm.co.kr

우수한 품질의 소맥분 및 미분제품 가공기술을 바탕으로
새로운 식문화를 창조하고
고객에게 믿음과 기쁨을 주는 기업

DAESUN
Creative Leader in total grain flour maker

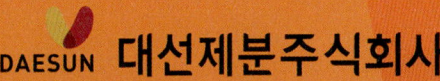

한국인이 즐겨찾는
매일 레시피